镇江统计年鉴 2013

STATISTICAL YEARBOOK OF ZHENJIANG

镇江市统计局
国家统计局镇江调查队 编

（京）新登字041号

图书在版编目（CIP）数据

镇江统计年鉴 . 2013/镇江市统计局 国家统计局镇江调查队编 . –北京：中国统计出版社，2013.8

ISBN 978 - 7 - 5037 - 6858 - 3

Ⅰ. ①镇… Ⅱ. ①镇… ②国… Ⅲ. 统计资料—镇江市—2013—年鉴 Ⅳ. ①C832.533—54

中国版本图书馆CIP数据核字（2013）第 154775 号

镇江统计年鉴－2013

作　　者 / 镇江市统计局 国家统计局镇江调查队
责任编辑 / 陈越月
责任校对 / 胥　畅
封面设计 / 陈正群
出版发行 / 中国统计出版社
通信地址 / 北京市西城区月坛南街75号
邮　　编 / 100826
办公地址 / 北京市丰台区西三环南路甲6号
电　　话 / （010）63376909
书　　店 / （010）68783171
网　　址 / http://csp.stats.gov.cn
印　　刷 / 南京顺和印刷有限责任公司
经　　销 / 新华书店
开　　本 / 880×1230毫米　1/16
字　　数 / 1265千字
印　　张 / 29
版　　别 / 2013年8月第1版
版　　次 / 2013年8月第1次印刷
书　　号 / ISBN 978 - 7 - 5037 - 6858 - 3
定　　价 / 200.00元

编辑委员会

编辑部

编 辑 说 明

《镇江统计年鉴-2013》以大量翔实的统计数据，全面、系统地反映了2012年镇江经济、科技、社会各方面的发展变革情况，是一本信息密集的资料性年刊和工具书。

本年鉴内容包括：发展成果图表；综合、人口、劳动、人民生活、物价、投资、城市建设、环境保护、农业、工业能源、交通邮电、国内贸易、外贸旅游、私营个体经济、财政金融保险、科技、教育、文化卫生体育、民政及其他和城市比较等二十一个部分。书中还附有统计公报、主要统计指标解释等附录资料。

本年鉴辑入的统计数据，以2012年为主，主要指标还列示了建国以来主要历史年份的统计数据。

本年鉴数据均为新行政区划统计口径。读者在使用历史数据时，凡与本年鉴有出入的，均以本年鉴为准。

《镇江统计年鉴-2013》在前几年的基础上，根据统计制度的变化及正式出版的要求，作了一些调整和改进，在内容结构、指标体系、统计口径等方面保持了连贯性。

本年鉴中的符号说明：

"…"表示数据不足本表最小单位数；

"空格"表示该项统计数据不详；

"-"表示无该项统计数据；

"#"表示其中。

《镇江统计年鉴-2013》编印出版，受到社会各界的关注和支持，不少读者对于年鉴的内容和编辑工作提出了许多宝贵意见，对此，我们深表感谢。热忱欢迎读者一如既往地对不足之处给予批评指正，使我们的编辑工作水平进一步提高。

地区生产总值（亿元）

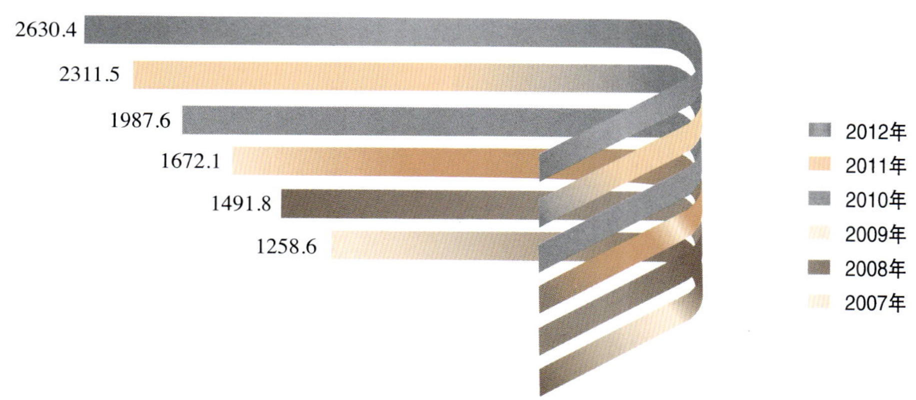

国民经济三次产业构成(%)

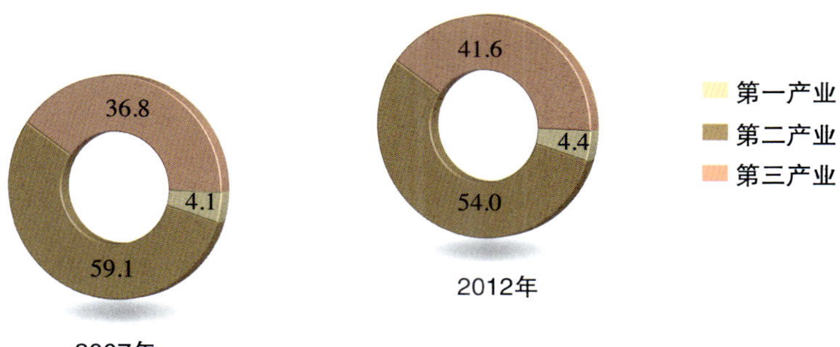

人均地区生产总值（元）

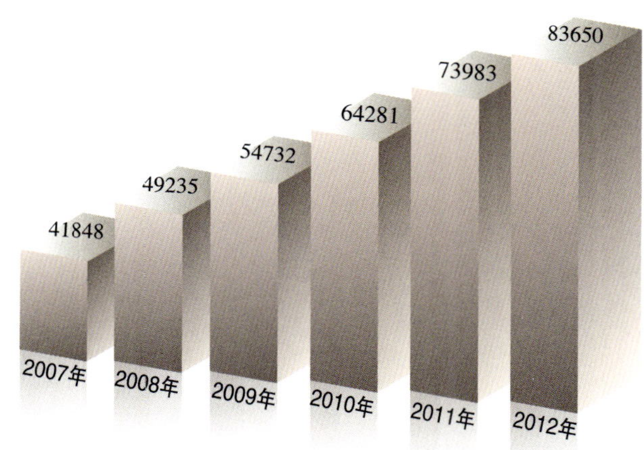

农林牧渔业总产值构成(%)

53.7
4.1
14.3
13.7
14.1

农业　林业　牧业
渔业　农林牧渔服务业

设施农业比重(%)

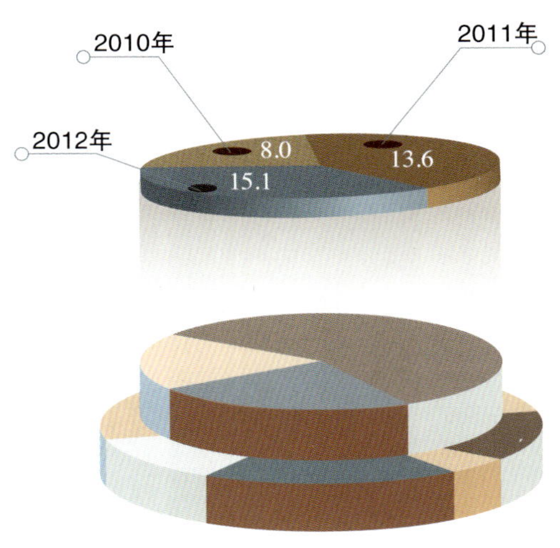

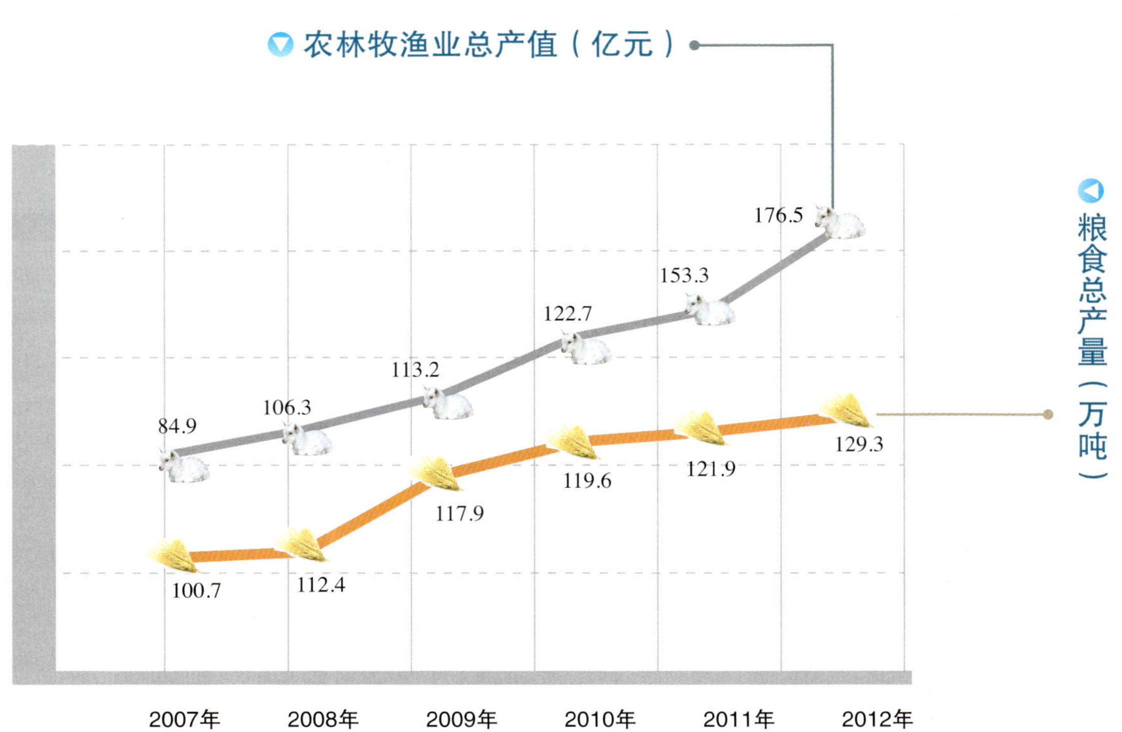

规模工业利税总额（亿元）

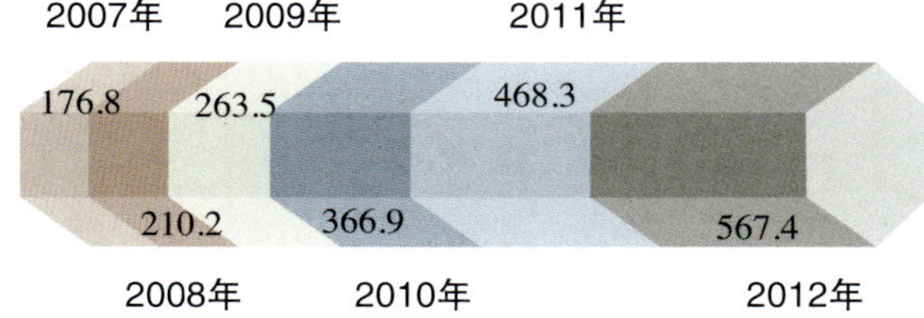

规模工业利润总额（亿元）

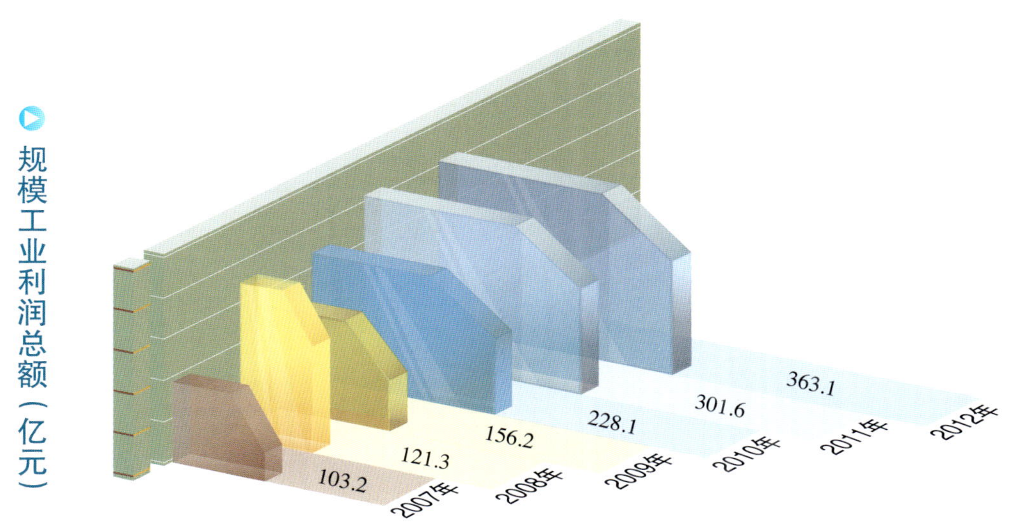

规模工业总产值（亿元）

规模工业主营业务收入（亿元）

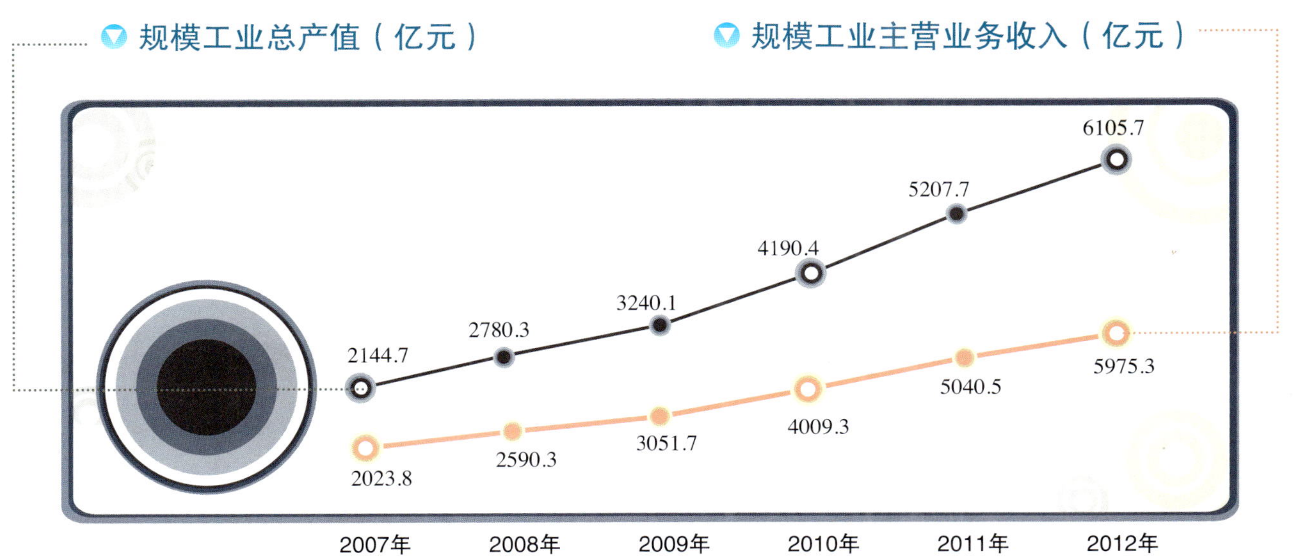

固定资产投资（亿元）

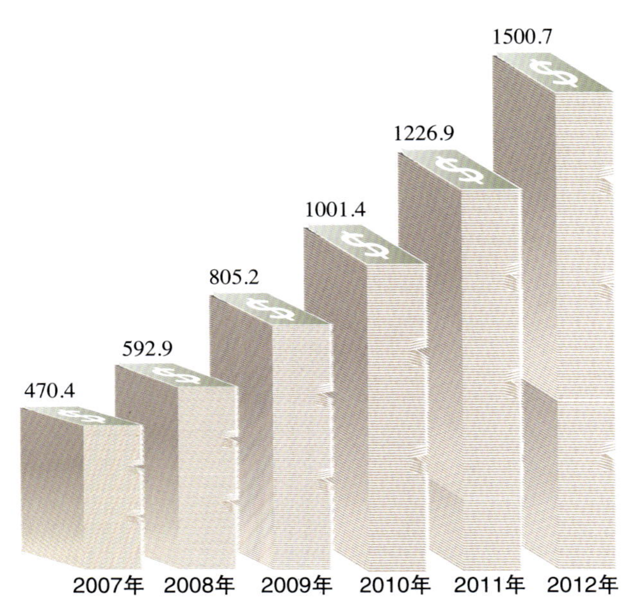

房地产开发投资（亿元）

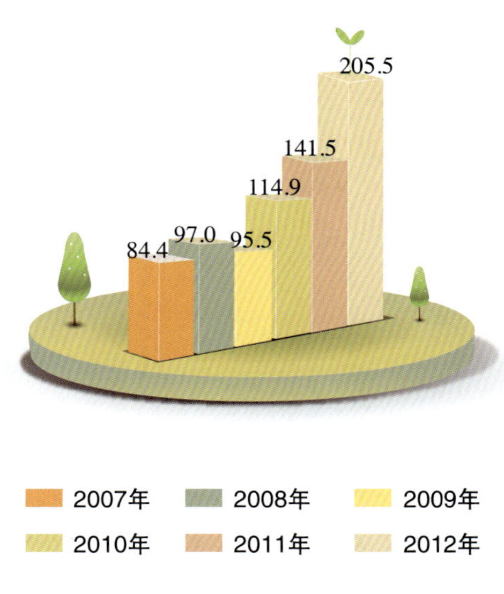

工业固定资产投资（亿元）

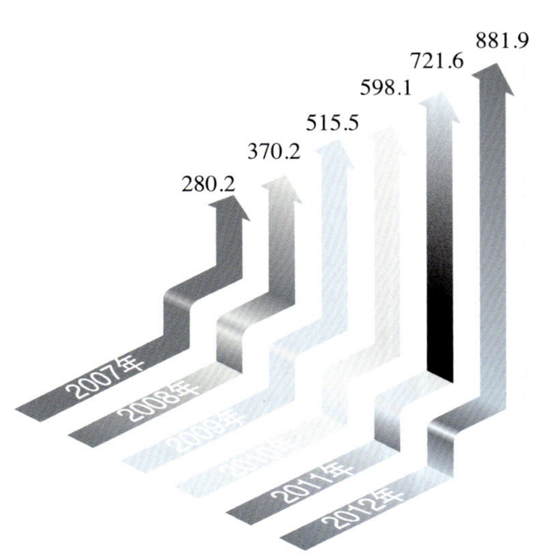

社会消费品零售总额（亿元）
批发零售业零售额（亿元）

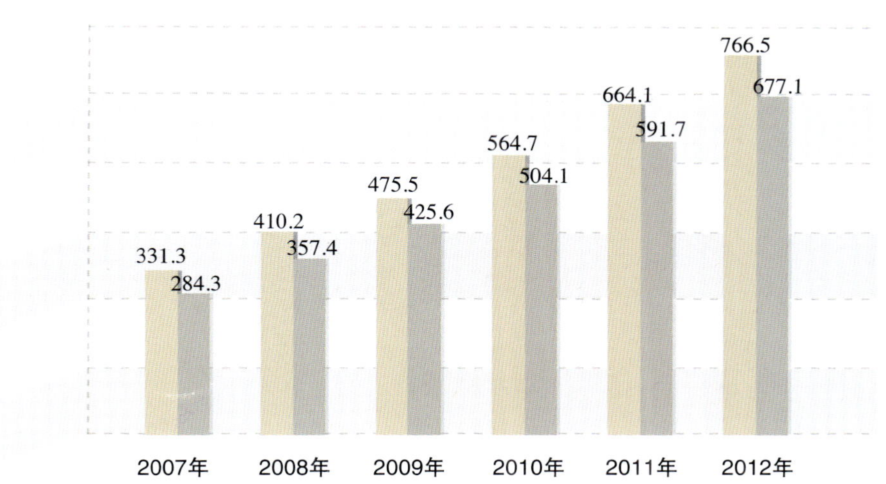

社会消费品零售总额发展指数（%）

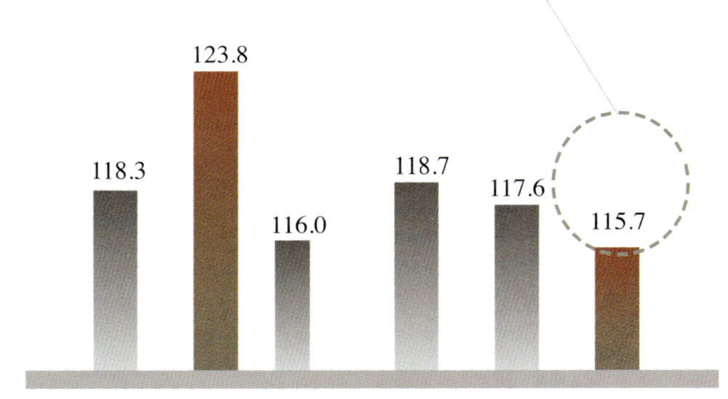

社会消费品零售总额构成（%）

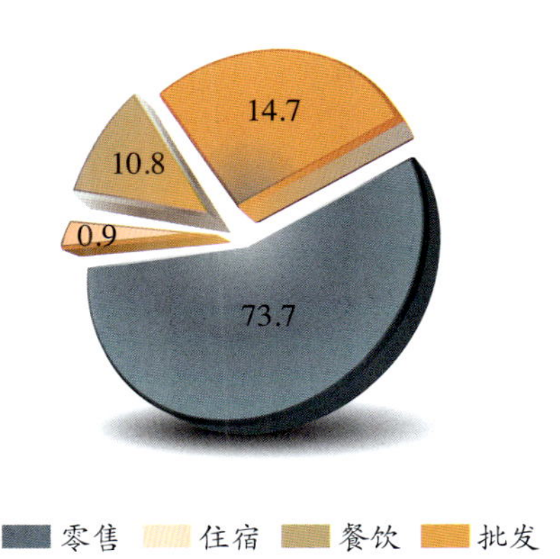

公共财政预算收入（亿元）

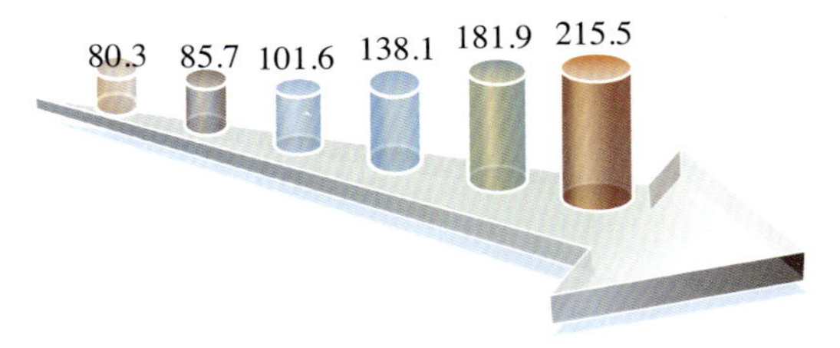

财政总收入（亿元）

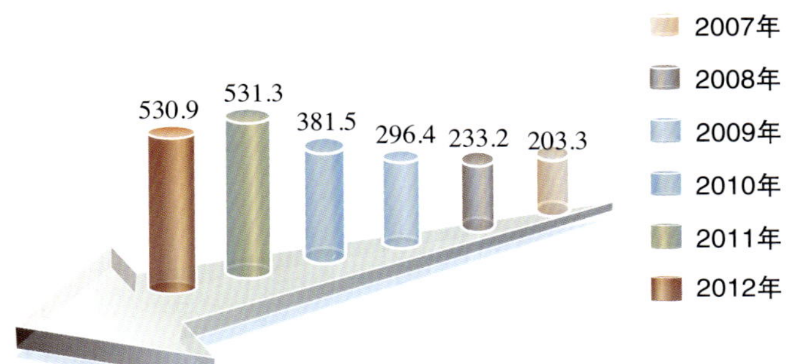

金融机构人民币存贷款余额（亿元）

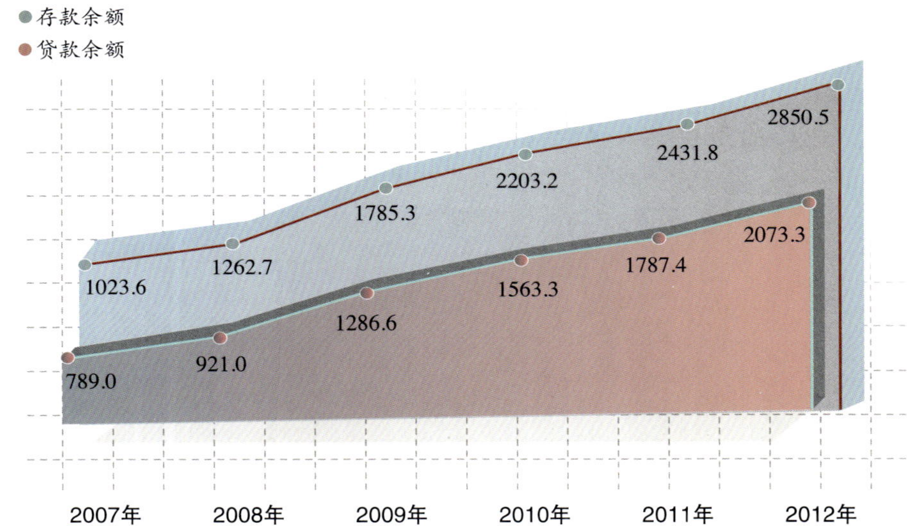

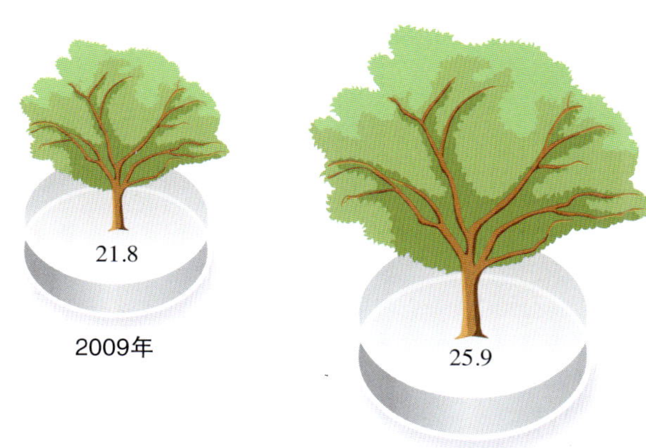

建成区绿化覆盖率（%）

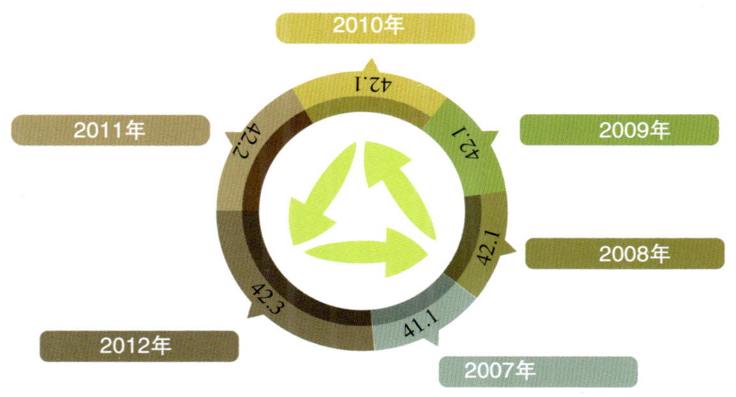

空气质量良好天数（天）

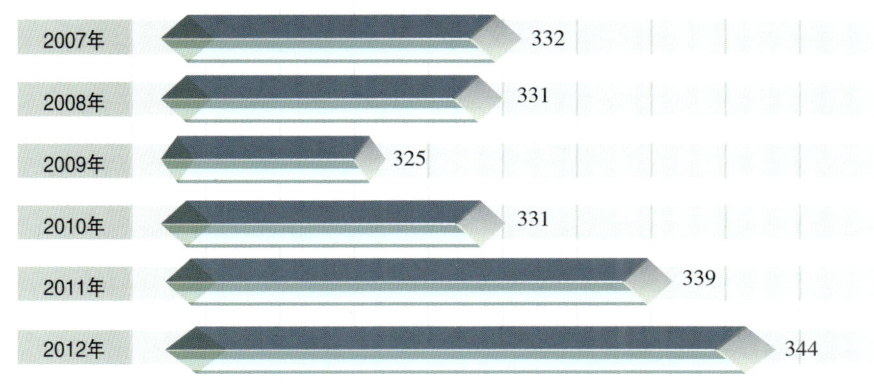

进出口总额（亿美元）

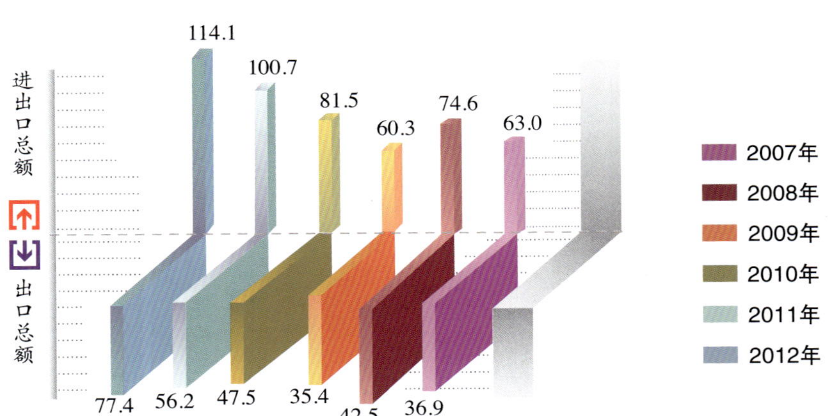

协议利用外资和实际利用外资（亿美元）

● 协议利用外资
● 实际利用外资

23.1 23.3 28.0 23.3 20.6 25.6

10.6 12.0 14.4 16.1 18.1 22.1

2007年 2008年 2009年 2010年 2011年 2012年

旅游外汇收入（亿美元）

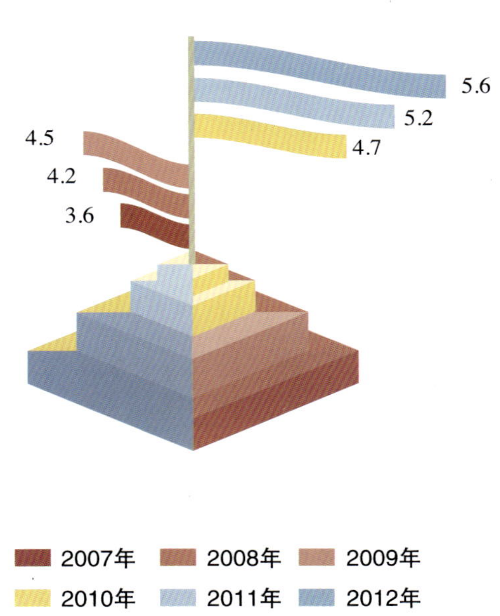

研发（R&D）支出（亿元）

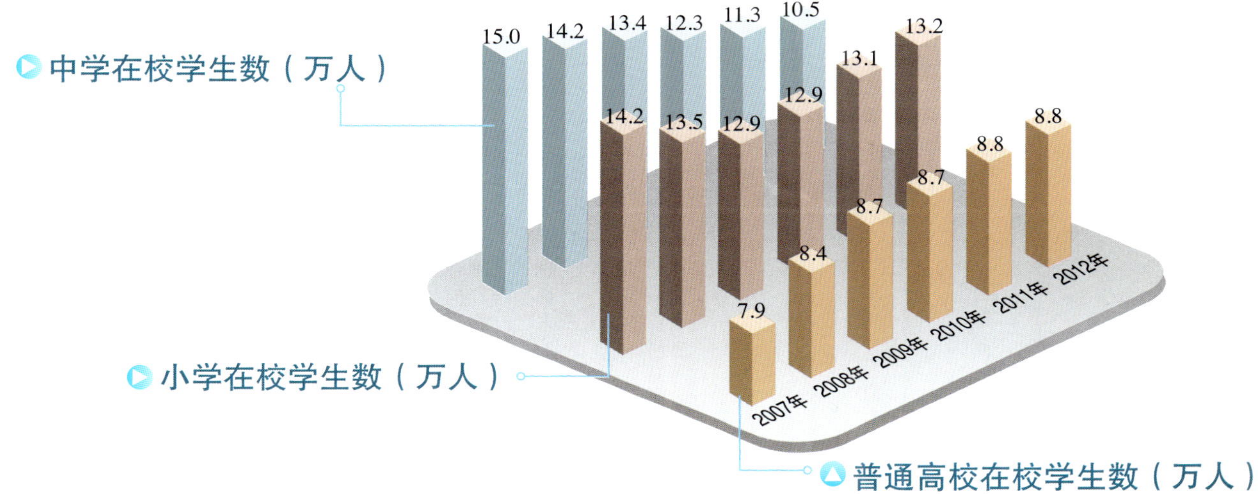

万人拥有卫生机构床位和医生数

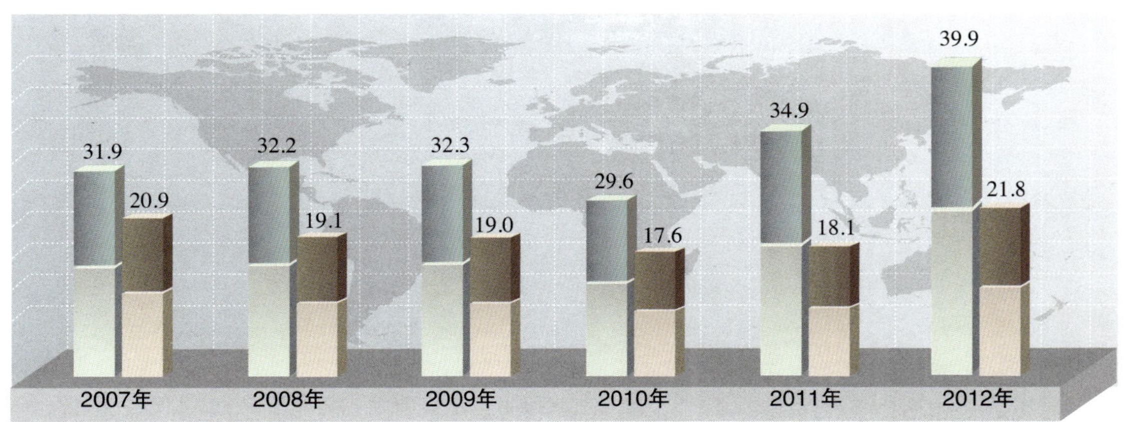

城市居民人均可支配收入（元）

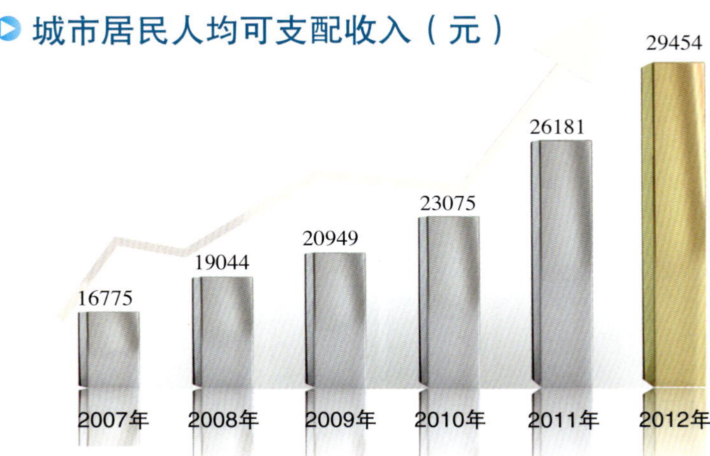

农民人均纯收入（元）

“三大”保险参保人数（万人）

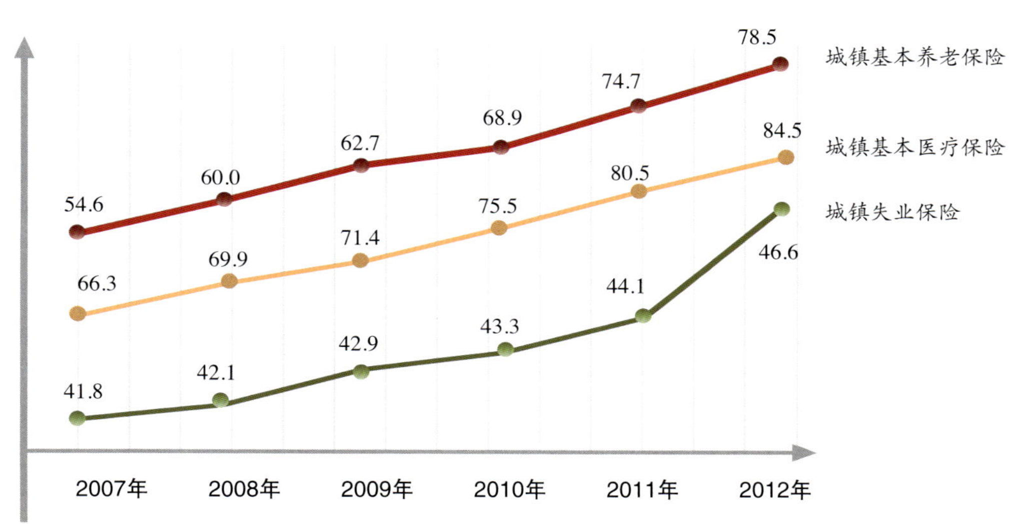

目　录

第一篇　综　合

第二篇　人　口

第三篇　劳　动

第四篇 人民生活

第五篇 物 价

第六篇 固定资产

第七篇 城市建设

第八篇 环境保护

第九篇 农 业

第十篇 工业、能源

第十一篇 交通、邮电

第十二篇 国内贸易

第十三篇 外向型经济、旅游

第十四篇 私营个体经济

第十五篇 财政、金融、保险

第十六篇 科 技

第十七篇 教 育

第十八篇 文化、卫生、体育

第十九篇 民政及其他

第二十篇 省内资料

第二十一篇 统计公报

第二十二篇 主要统计指标解释

综 合

CHAPTER 1

GENERAL SURVEY

自 然 概 况

位 置

镇江市位于江苏省西南部，长江下游南岸，地处长江三角洲的顶端。北纬31度37分至32度19分，东经118度58分至119度58分。西邻南京，东南连接常州，北滨长江，与扬州、泰州隔江相望。

面 积

镇江市土地总面积3847平方公里，其中水域面积为526平方公里，占总面积的13.7%,城市建成区面积180.4平方公里。

地 貌

镇江地貌大势为南高北低，西高东低，以宁镇山脉和茅山山脉组成的山字型构造为骨架，山脉两侧由丘陵、岗地、平原分布。镇江的西南部丘陵起伏，群山连绵，其中大华山为最高峰，海拔为437.2米。市区最高峰为十里长山，海拔349米。

气 候

镇江属于亚热带季风气候，四季分明，温暖湿润，热量丰富，雨量充沛，无霜期长，全年平均气温16摄氏度，全年降水量1112.4毫米。

行政区划

镇江为江苏省省辖市，下辖：京口区、润州区、丹徒区，镇江新区、丹阳市、扬中市、句容市。全市共有镇35个，街道18个。

1－1 行政区划和土地面积

地 区	镇（个）	街 道（个）	居民委员会（个）	村民委员会（个）	土地面积（平方公里）	丘陵山地
合 计	**35**	**18**	**286**	**504**	**3 847**	**744.1**
市 区	**9**	**16**	**159**	**139**	**1 082**	**236.7**
京口区		6	68	10	118	
润州区		7	61	13	130	
丹徒区	6	1	14	83	611	
新 区	3	2	16	33	223	
辖 市	**26**	**2**	**127**	**365**	**2 765**	**507.4**
丹阳市	13		58	154	1 047	52.9
扬中市	4	2	23	58	331	1.7
句容市	9		46	153	1 387	452.8

1－2　各地区镇、街道名称

地　区	镇、街道（个）	镇、街道名称		
京口区	6	正东路街道	健康路街道	大市口街道
		四牌楼街道	谏壁镇	象山街道
润州区	7	宝塔路街道	七里甸街道	金山街道
		和平路街道	蒋乔街道	韦岗街道
		官塘街道		
丹徒区	7	高资街道	辛丰镇	上党镇
		宝堰镇	谷阳镇	高桥镇
		世业镇		
新　区	5	大港街道	丁卯街道	姚桥镇
		大路镇	丁岗镇	
丹阳市	13	云阳镇	延陵镇	珥陵镇
		皇塘镇	司徒镇	吕城镇
		访仙镇	界牌镇	新桥镇
		埤城镇	导墅镇	陵口镇
		后巷镇		
扬中市	6	三茅街道	兴隆街道	新坝镇
		油坊镇	八桥镇	西来桥镇
句容市	9	华阳镇	下蜀镇	白兔镇
		郭庄镇	后白镇	宝华镇
		茅山镇	边城镇	天王镇

1－3 全市分月气象情况

项 目	平均气温（摄氏度）	极端最高气温（摄氏度）	极端最低气温（摄氏度）
常年值	**15.7**	**39.5**	**-12.0**
全 年	**16.0**	**37.3**	**-6.8**
1月	3.0	10.3	-6.8
2月	2.8	9.5	-6.2
3月	8.8	24.5	-2.3
4月	17.7	30.9	5.6
5月	22.0	32.5	13.4
6月	25.3	34.5	18.4
7月	29.1	37.3	21.2
8月	28.0	36.5	21.9
9月	22.6	32.2	14.2
10月	18.6	27.9	7.8
11月	10.3	20.2	0.6
12月	3.8	14.4	-5.4

1–3（续）

项 目	降水量（毫米）	连续降水量（毫米）	日照时数（小时）
常年值	**1 106.0**	**117.7**	**2 025.7**
全 年	**1 112.4**	**163.0**	**1 999.9**
1月	16.6	9.0	120.3
2月	66.0	17.0	100.0
3月	83.3	17.0	144.1
4月	35.0	15.0	209.7
5月	38.7	15.0	213.0
6月	13.5	13.0	114.5
7月	305.1	11.0	223.2
8月	293.6	19.0	179.3
9月	80.0	9.0	185.6
10月	44.4	12.0	195.9
11月	55.6	12.0	177.8
12月	80.6	14.0	136.5

1－4　地区生产总值

单位：亿元

地　区	地区生产总　值	第一产业	第二产业	工业	第三产业	人均地区生产总值（元）
全　市	**2 630.42**	**115.77**	**1 419.54**	**1 309.54**	**1 095.11**	**83 650**
#市　区	1 151.97	27.77	601.83	531.19	522.37	94 880
#京口区	355.56	2.51	118.29	97.94	234.76	90 577
润州区	251.20	2.54	104.92	66.32	143.74	83 705
丹徒区	255.15	15.52	142.37	134.09	97.26	83 437
新　区	378.04	7.77	273.28	269.72	96.99	176 407
丹阳市	830.51	44.79	447.76	428.85	337.96	85 549
扬中市	360.20	11.50	202.69	195.20	146.01	106 269
句容市	336.86	31.71	177.89	164.64	127.26	54 275

1－5　地区生产总值指数

（按可比价格计算：以 2011 年为 100）

地　区	地区生产总　值	第一产业	第二产业	工业	第三产业	人均地区生产总值
全　市	**112.8**	**105.2**	**113.1**	**112.7**	**113.0**	**112.0**
#市　区	112.8	105.0	113.1	112.8	112.8	112.0
#京口区	112.6	105.0	110.2	108.8	114.1	111.7
润州区	112.8	107.9	113.3	113.2	112.7	112.1
丹徒区	112.8	107.9	113.3	113.2	112.7	112.1
新　区	114.1	105.5	114.8	114.9	112.7	112.3
丹阳市	113.1	105.3	113.9	113.8	113.0	112.4
扬中市	114.2	110.2	115.1	115.4	113.2	113.3
句容市	112.5	105.2	113.9	114.9	112.1	112.1

1－6 主要年份地区生产总值

（当年价格） 单位：亿元

年 份	地区生产总 值	第一产业	第二产业	第三产业	人均地区生产总 值（元）
1978	12.18	3.06	7.36	1.76	527
1979	13.41	3.43	7.93	2.04	573
1980	14.94	3.65	8.99	2.30	633
1981	16.45	3.86	9.99	2.60	691
1982	18.09	4.40	10.69	3.00	748
1983	20.48	5.30	11.73	3.44	836
1984	26.10	6.75	14.74	4.61	1 067
1985	32.04	7.64	18.74	5.66	1 304
1986	36.30	8.72	20.21	7.36	1 469
1987	43.90	10.23	24.59	9.08	1 747
1988	53.89	11.79	30.64	11.46	2 139
1989	58.93	11.56	34.06	13.31	2 312
1990	65.32	14.48	37.27	13.57	2 540
1991	72.11	14.54	40.86	16.70	2 786
1992	101.91	17.00	60.11	24.81	3 924
1993	165.46	29.67	92.80	42.99	6 346
1994	221.29	33.62	126.98	60.69	8 447
1995	281.72	36.43	159.32	85.98	10 719
1996	319.35	31.62	183.81	103.92	12 095
1997	345.77	32.03	198.07	115.67	13 043
1998	370.22	31.71	210.54	127.97	13 943
1999	392.40	32.20	221.94	138.25	14 757
2000	423.25	33.44	239.35	150.46	15 887
2001	466.84	34.66	264.31	167.88	17 509
2002	513.46	32.46	296.74	184.26	19 241
2003	587.67	34.11	346.39	207.17	21 997
2004	711.97	37.06	433.54	241.35	26 645
2005	881.89	38.69	533.57	309.63	29 880
2006	1 044.83	40.19	631.51	373.13	35 076
2007	1 258.55	51.17	744.47	462.92	41 848
2008	1 491.83	70.30	878.95	542.58	49 235
2009	1 672.08	75.05	973.08	623.95	54 732
2010	1 987.64	81.53	1 120.63	785.48	64 281
2011	2 311.45	100.77	1 272.39	938.29	73 983
2012	**2 630.42**	**115.77**	**1 419.54**	**1 095.11**	**83 650**

注：2005 年起人均地区生产总值按常住人口计算。

1－7　主要年份地区生产总值构成

单位：%

年　份	地区生产总　值	第一产业	第二产业	第三产业
1978	100.0	25.1	60.4	14.5
1979	100.0	25.6	59.2	15.2
1980	100.0	24.4	60.2	15.4
1981	100.0	23.5	60.7	15.8
1982	100.0	24.3	59.1	16.6
1983	100.0	25.9	57.3	16.8
1984	100.0	25.9	56.4	17.7
1985	100.0	23.8	58.5	17.7
1986	100.0	24.0	55.7	20.3
1987	100.0	23.3	56.0	20.7
1988	100.0	21.9	56.8	21.3
1989	100.0	19.6	57.8	22.6
1990	100.0	22.1	57.1	20.8
1991	100.0	20.1	56.7	23.2
1992	100.0	16.7	59.0	24.3
1993	100.0	17.9	56.1	26.0
1994	100.0	15.2	57.4	27.4
1995	100.0	12.9	56.6	30.5
1996	100.0	9.9	57.6	32.5
1997	100.0	9.3	57.3	33.5
1998	100.0	8.6	56.9	34.6
1999	100.0	8.2	56.6	35.2
2000	100.0	7.9	56.6	35.5
2001	100.0	7.4	56.6	36.0
2002	100.0	6.3	57.8	35.9
2003	100.0	5.8	58.9	35.3
2004	100.0	5.2	60.9	33.9
2005	100.0	4.4	60.5	35.1
2006	100.0	3.9	60.4	35.7
2007	100.0	4.1	59.1	36.8
2008	100.0	4.7	58.9	36.4
2009	100.0	4.5	58.2	37.3
2010	100.0	4.1	56.4	39.5
2011	100.0	4.4	55.1	40.6
2012	**100.0**	**4.4**	**54.0**	**41.6**

1－8 重要年份

指 标	单 位	1952年	1970年	1978年	1980年	1985年
人 口						
年末户籍总人口	万人	149.32	212.89	233.90	236.91	246.19
人口自然增长率	‰	19.00	18.19	8.58	6.58	3.26
劳动力						
年末从业人员	万人	61.87	100.54	114.75	118.94	140.08
#职工	万人	4.84	19.11	29.39	31.86	39.48
地区生产总值	亿元	2.45	6.23	12.18	14.94	32.04
农 业						
农林牧渔业总产值	亿元	1.36	3.20	5.94	7.34	11.00
粮食产量	万吨	54.64	77.71	98.90	97.70	115.38
油料产量	万吨	0.80	0.58	0.90	0.81	4.76
肉类产量	万吨					5.71
水产品产量	万吨	0.15	0.46	0.51	0.70	1.54
工 业						
规模以上工业总产值	亿元	0.65	5.70	16.67	21.90	54.82
工业用电量	亿千瓦时			4.14	5.82	7.69
运输邮电						
全社会货运量	万吨	83	588	1 170	1 207	3 370
全社会客运量	万人次	11	781	1 736	2 289	4 008
邮电业务总量	万元	239	765	1 204	1 414	2 508
国内贸易						
社会消费品零售总额	亿元	0.78	1.90	3.63	5.60	11.73
对外经济和国际旅游						
进出口总额	亿美元					
#出口总额	亿美元					
合同外资金额	万美元					48
实际利用外资	万美元					
接待境外旅游者人数	万人次					1.60
旅游外汇收入	万美元					77

国民经济主要指标

1990年	1995年	2000年	2005年	2010年	2011年	2012年
258.13	263.27	266.67	267.61	270.71	271.86	271.39
7.84	3.08	0.81	2.09	0.07	1.49	-1.90
149.08	162.95	153.07	148.46	189.30	190.26	191.55
44.01	45.55	34.81	30.52	37.26	39.27	40.67
65.32	281.72	423.25	881.89	1 987.64	2 311.45	2 630.42
23.59	63.90	61.79	68.36	122.72	153.25	176.49
122.66	125.57	118.03	90.68	119.56	121.89	129.26
4.51	6.63	8.72	8.57	5.85	4.37	5.67
9.08	13.16	6.21	7.59	6.89	8.25	8.49
3.19	4.78	6.00	7.38	8.56	8.81	8.90
151.11	535.02	546.17	1 331.56	4 190.42	5 207.67	6 105.69
20.32	26.63	35.66	79.96	131.81	148.95	151.61
3 631	4 220	4 100	5 231	10 435	12 335	14 485
3 509	4 839	5 638	7 223	15 868	18 898	22 452
6 199	42 214	109 830	214 180	382 142	289 242	317 336
23.11	86.26	134.49	241.37	564.68	664.07	766.46
	5.59	14.61	39.61	81.54	100.73	114.14
	5.06	6.59	20.35	47.51	56.19	77.37
2 772	105 333	23 923	321 651	232 524	206 407	255 748
515	21 897	29 703	59 590	161 462	180 759	221 410
1.70	3.75	10.49	30.65	61.33	65.01	66.28
111	761	4 988	17 900	46 966	52 200	55 818

1-8（续）

指　标	单　位	1952年	1970年	1978年	1980年	1985年
固定资产投资及房地产						
固定资产投资	亿元	0.04	1.43	2.47	5.24	8.92
房地产投资	亿元					
房屋竣工面积	万平方米		9.59	37.46	56.81	80.71
财　政						
财政收入	亿元	0.28	0.89	2.19	2.29	4.00
财政支出	亿元	0.04	0.37	0.90	0.85	1.68
金　融						
金融机构存款余额	亿元	0.01	1.09	2.52	4.22	11.42
金融机构贷款余额	亿元	0.07	2.50	5.60	8.89	20.48
物价指数(以上年价格为100）						
居民消费价格总指数	%					109.9
商品零售价格总指数	%					110.1
人民生活						
职工工资总额	亿元	0.20	0.77	1.54	2.06	3.96
职工平均工资	元	461	462	515	694	1 039
农民人均纯收入	元					560
城市居民人均可支配收入	元					835
城乡居民储蓄存款余额	亿元	0.03	0.36	0.97	1.11	4.81
教　育						
在校学生数	万人	19.19	24.77	50.64	45.74	39.11
#高等学校	人	621	1 497	2 286	4 707	7 593
中等专业学校	人	2 887	1 421	1 882	2 042	2 741
普通中学	万人	2.00	4.12	16.90	13.55	12.58
小　学	万人	16.84	20.36	33.32	31.52	25.50
卫　生						
卫生机构数	所	126	1 387	524	546	620
卫生技术人员	人	1 440	3 038	6 488	6 542	8 119
#医生	人	596	1 258	2 686	2 708	3 303
床位数	张	507	3 685	5 855	5 871	6 115

1990年	1995年	2000年	2005年	2010年	2011年	2012年
15.14	68.55	140.95	404.75	1 001.43	1 226.94	1 500.67
1.01	7.35	12.86	60.48	114.88	141.47	205.48
74.90	150.90	204.07	213.20	229.58	386.30	403.65
6.04	15.23	32.41	118.42	381.50	531.27	530.86
3.69	9.03	20.81	80.06	303.38	426.96	503.14
39.13	141.16	337.22	803.96	2 203.22	2 431.84	2 850.51
50.11	135.24	252.13	560.50	1 563.34	1 787.42	2 073.29
103.6	115.0	99.9	102.2	103.7	105.0	102.4
103.3	110.8	98.0	101.2	102.9	104.3	102.1
9.16	27.19	35.61	58.66	137.41	165.49	180.45
2 116	6 018	10 276	19 894	37 675	42 659	47 626
1 083	2 879	4 042	5 916	10 874	12 825	14 518
1 713	5 080	7 170	12 394	23 075	26 181	29 454
21.42	87.43	203.97	458.45	993.57	1 108.83	1 301.35
37.03	38.71	42.04	43.37	37.13	37.35	36.37
9 269	15 829	25 554	60 196	86 513	88 013	88 479
5 325	16 718	21 823	23 657	24 305	25 367	23 744
12.15	12.63	14.12	16.14	12.34	11.28	10.46
22.51	21.53	22.46	15.88	12.93	13.09	13.19
722	731	723	920	877	868	906
9 744	11 286	10 773	13 485	13 204	14 225	16 402
4 551	5 341	3 860	5 437	5 476	5 684	6 881
6 997	7 368	7 409	8 099	9 204	10 940	12 574

1－9 重要年份国民经济

指 标	单位	1952年	1970年	1978年	1980年	1985年
地区生产总值	万元	67	171	334	409	878
农 业						
农林牧渔业总产值	万元	37	88	163	201	301
粮食产量	吨	1 497.0	2 129.1	2 709.6	2 676.8	3 161.0
油料产量	吨	22.0	15.8	24.7	22.1	130.4
肉类产量	吨					156.4
水产品产量	吨	4.1	12.6	14.0	19.2	42.2
工 业						
规模以上工业总产值	万元	18	156	457	600	1 502
工业用电量	万千瓦时			113.4	159.5	210.7
运输邮电						
全社会货运量	万吨	0.23	1.61	3.21	3.31	9.23
全社会客运量	万人次	0.03	2.14	4.76	6.27	10.98
邮电业务总收入	万元	0.65	2.10	3.30	3.87	6.87
国内贸易						
社会消费品零售总额	万元	21.4	52.1	99.3	153.5	321.3
对外经济和国际旅游						
进出口总额	万美元					
#出口总额	万美元					
合同外资金额	万美元					0.1
实际利用外资	万美元					
接待境外旅游者人数	人次					44
旅游外汇收入	万美元					0.2
固定资产投资及房地产						
固定资产投资	万元	1.2	39.1	67.6	143.6	244.4
房地产投资	万元					
财 政						
财政收入	万元	7.6	24.4	60.1	62.7	109.5
财政支出	万元	1.2	10.0	24.8	23.2	46.1
金 融						
金融机构存款余额	万元	2.7	29.7	69.0	115.6	312.8
金融机构贷款余额	万元	2.0	68.5	153.4	243.5	561.2

主要指标日均水平

1990年	1995年	2000年	2005年	2010年	2011年	2012年
1 790	7 718	11 596	24 161	54 456	63 327	72 066
646	1 751	1 693	1 873	3 362	4 199	4 835
3 360.5	3 440.2	3 233.6	2 484.5	3 275.6	3 339.5	3 541.4
123.6	181.6	239.0	234.8	160.2	119.7	155.3
248.8	360.5	170.1	207.9	188.8	226.0	232.6
87.4	131.0	164.4	202.2	234.5	241.4	243.8
4 140	14 658	14 964	36 481	114 806	142 676	167 279
556.7	729.6	977.0	2 190.7	3 611.2	4 080.8	4 153.7
9.95	11.56	11.23	14.33	28.59	33.79	39.68
9.61	13.26	15.45	19.79	43.47	51.78	61.51
16.98	115.65	300.90	586.79	1 046.96	792.44	869.41
633.2	2 363.2	3 684.6	6 613.0	15 470.7	18 193.7	20 998.9
	153.0	400.4	1 085.3	2 234.0	2 759.7	3 127.1
	138.5	180.4	557.6	1 301.6	1 539.5	2 119.7
7.6	288.6	65.5	881.2	637.1	565.5	700.7
1.4	60.0	81.4	163.3	442.4	495.2	606.6
47	103	287	840	1 680	1 781	1 816
0.3	2.1	13.7	49.0	128.7	143.0	152.9
414.7	1 878.2	3 861.7	9073.7	27 436.4	33 614.8	41 114.3
27.8	201.5	352.3	1 657.0	3 147.3	3 875.9	5 629.7
165.4	417.3	887.9	3 244.5	10 452.1	14 555.3	14 544.1
101.1	247.3	570.2	2 193.4	8 311.8	11 697.5	13 784.5
1 072.0	3 867.4	9 239.0	22 026.2	60 362.2	66 625.8	78 096.3
1 373.0	3 705.1	6 907.6	15 356.1	42 831.2	48 970.4	56 802.5

1－10　重要年份镇江国民经济

指　标	1952年	1970年	1978年	1980年	1985年
年末户籍总人口	3.99	4.05	4.01	3.99	3.96
劳动力					
年末从业人员	3.56	4.41	4.13	4.22	4.29
#职工	5.76	8.71	5.05	4.95	5.05
地区生产总值	5.06	4.82	4.89	4.67	4.92
农　业					
农林牧渔业总产值	4.27	4.49	5.61	5.30	3.81
粮　食	5.48	4.56	4.12	4.04	3.69
油　料	3.70	2.66	2.41	2.09	4.38
肉类产量					4.11
水产品	0.89	1.72	1.28	1.64	2.28
工　业					
规模以上工业总产值	2.55	4.21	4.94	4.68	5.29
运输邮电					
全社会货运量	5.37	7.40	8.00	7.30	7.19
全社会客运量	0.56	7.14	6.78	6.73	7.43
邮电业务总收入	8.54	7.57	6.58	6.40	6.45
国内贸易					
社会消费品零售总额	4.49	4.36	4.28	4.57	4.47
对外经济					
进出口总额					
#出口总额					
财　政					
财政收入	4.09	3.10	3.59	3.67	4.49
财政支出	2.03	3.22	3.19	1.68	3.33
金　融					
金融机构存款余额	2.96	3.19	4.15	4.42	4.62
金融机构贷款余额	5.51	4.44	4.86	5.58	5.29

主要指标占全省的比重

单位：%

1990年	1995年	2000年	2005年	2010年	2011年	2012年
3.81	3.73	3.64	3.58	3.44	3.44	3.44
3.53	3.72	3.46	3.29	3.83	4.00	4.02
5.00	4.97	5.17	5.06	5.24	5.07	5.13
4.61	5.46	4.95	4.74	4.80	4.71	4.87
4.06	3.79	3.30	2.65	2.86	2.93	3.04
3.76	3.82	3.80	3.20	3.70	3.68	3.83
4.01	4.16	3.87	3.97	3.85	3.03	3.86
5.73	6.04	2.73	3.13	3.08	3.64	3.71
2.70	2.18	1.94	1.90	1.86	1.85	1.80
5.47	5.46	5.23	4.07	4.55	4.84	5.08
7.35	5.16	4.53	4.63	5.53	5.80	6.26
7.26	5.71	5.26	4.97	7.88	7.64	8.37
6.21	5.84	3.40	2.94	1.74	2.97	2.83
4.48	4.95	4.62	4.21	4.15	4.15	4.18
	3.43	3.20	1.74	1.75	1.87	2.08
	5.17	2.56	1.66	1.76	1.80	2.35
4.43	4.35	3.75	3.79	3.25	3.76	3.90
3.66	3.56	3.22	3.61	3.46	3.51	3.60
4.55	4.03	4.01	3.65	3.74	3.70	3.78
4.94	4.70	4.22	3.64	3.71	3.73	3.81

02篇 人口

CHAPTER 2 POPULATION

2－1 户数、人口、自然增长率

地　区	户籍人口数					自　然增长率（‰）
	户　数（户）	人口数（人）	男	女	平均户均人　口	
全　市	**1 013 816**	**2 713 974**	**1 349 319**	**1 364 655**	**2.68**	**-1.90**
市　区	398 835	1 032 953	516 321	516 632	2.59	-1.96
京口区	123 216	318 255	161 467	156 788	2.58	1.31
润州区	101 943	247 078	125 256	121 822	2.42	-5.31
丹徒区	103 093	287 339	141 247	146 092	2.79	-4.02
新　区	70 583	180 281	88 351	91 930	2.55	0.17
丹阳市	282 797	811 746	402 417	409 329	2.87	-3.44
扬中市	107 731	280 873	137 983	142 890	2.61	1.03
句容市	224 453	588 402	292 598	295 804	2.62	-1.10

2－2 主要年份常住人口数

单位：万人

地　区	2007年	2008年	2009年	2010年	2011年	2012年
全　市	**301.93**	**304.07**	**306.94**	**311.45**	**313.43**	**315.48**
市　区	115.33	116.69	117.92	120.09	120.98	121.85
京口区	38.04	38.05	38.21	38.84	39.14	39.40
润州区	28.23	28.60	28.87	29.66	29.90	30.12
丹徒区	29.14	29.48	29.80	30.23	30.40	30.61
新　区	19.92	20.56	21.04	21.36	21.54	21.72
丹阳市	92.96	93.38	94.18	96.07	96.76	97.40
扬中市	32.48	32.77	33.13	33.50	33.78	34.01
句容市	61.16	61.23	61.71	61.79	61.91	62.22

2－3　主要年份全市人口及自然变动情况

年　份	年末总人口（万人）	男	女	出生率（‰）	死亡率（‰）	自然增长率（‰）
1954	157.85	78.65	79.20	41.77	14.99	26.78
1957	166.26	81.16	85.10	35.22	12.90	22.32
1962	172.53	84.41	88.12	38.91	8.52	30.39
1965	188.48	93.21	95.27	36.56	8.04	28.52
1970	212.89	105.66	107.23	29.23	6.27	22.96
1975	227.53	113.53	114.00	16.75	6.45	10.30
1978	233.90	117.48	116.42	14.97	6.39	8.58
1979	235.36	118.16	117.20	13.33	6.23	7.10
1980	236.91	119.26	117.65	13.61	7.03	6.58
1981	239.30	120.62	118.68	16.84	6.26	10.58
1982	242.77	122.79	119.98	16.05	6.14	9.91
1983	244.29	123.91	120.38	11.13	6.37	4.76
1984	245.07	124.49	120.58	9.06	6.58	2.48
1985	246.19	125.26	120.93	9.99	6.73	3.26
1986	247.97	126.21	121.76	13.46	6.57	6.89
1987	250.52	127.62	122.90	15.35	6.47	8.88
1988	253.50	129.21	124.29	14.69	6.60	8.09
1989	256.18	130.45	125.73	15.32	6.44	8.88
1990	258.13	131.38	126.75	14.38	6.54	7.84
1991	259.05	131.71	127.34	11.92	6.48	5.44
1992	259.91	132.29	127.62	11.45	6.74	4.71
1993	261.54	132.98	128.56	11.17	6.30	4.87
1994	262.46	133.41	129.05	10.36	6.64	3.72
1995	263.27	134.03	129.24	9.69	6.61	3.08
1996	264.80	134.85	129.95	10.01	6.56	3.45
1997	265.41	134.99	130.42	8.89	6.39	2.50
1998	265.64	135.12	130.52	8.60	6.96	1.64
1999	266.17	135.29	130.88	8.53	6.03	2.50
2000	266.67	135.45	131.22	8.70	7.89	0.81
2001	266.58	135.31	131.27	7.45	5.41	2.04
2002	267.13	135.84	131.29	7.47	5.69	1.78
2003	267.19	135.29	131.90	6.75	5.87	0.88
2004	267.21	135.06	132.15	7.64	8.35	-0.71
2005	267.61	135.10	132.51	8.04	5.95	2.09
2006	268.79	133.92	134.87	7.81	6.16	1.65
2007	268.78	135.22	133.56	7.42	7.64	-0.22
2008	268.77	134.68	134.09	7.45	8.31	-0.86
2009	269.88	135.19	134.69	6.95	6.15	0.80
2010	270.71	135.16	135.55	7.86	7.79	0.07
2011	271.86	135.40	136.46	7.98	6.48	1.49
2012	**271.40**	**134.93**	**136.47**	**8.65**	**10.55**	**-1.90**

2－4　主要年份市区人口及自然变动情况

年　份	年末总人口（万人）	男	女	出生率（‰）	死亡率（‰）	自然增长率（‰）
1954	53.48	26.92	26.56	41.51	15.26	26.25
1957	56.16	27.01	29.15	36.60	14.13	22.47
1962	60.03	29.25	30.78	29.83	8.05	21.78
1965	64.91	32.02	32.89	32.78	8.39	24.39
1970	71.01	35.28	35.73	24.73	6.54	18.19
1975	76.50	38.27	38.23	17.35	6.72	10.63
1978	79.77	40.26	39.51	18.83	8.76	10.08
1979	81.55	41.11	40.44	13.31	6.14	7.18
1980	82.50	41.80	40.70	14.31	6.85	7.46
1981	83.74	42.53	41.21	17.66	6.06	11.60
1982	85.15	43.28	41.87	16.89	5.91	10.98
1983	85.91	43.81	42.10	11.53	6.34	5.20
1984	86.35	44.06	42.29	9.52	6.47	3.05
1985	87.20	44.57	42.63	9.82	6.65	3.17
1986	88.24	45.13	43.11	12.19	7.77	4.42
1987	89.24	45.67	43.57	13.16	6.31	6.85
1988	90.47	46.31	44.16	13.67	6.23	7.44
1989	91.39	46.88	44.51	13.50	5.95	7.55
1990	91.88	47.13	44.75	12.21	6.25	5.97
1991	92.35	47.39	44.96	10.27	6.09	4.19
1992	92.76	47.60	45.16	11.52	6.16	5.36
1993	93.53	48.02	45.51	10.99	6.32	4.67
1994	94.24	48.36	45.88	10.66	6.31	4.35
1995	94.66	48.58	46.08	9.30	6.09	3.21
1996	95.83	49.15	46.68	11.34	6.41	4.93
1997	96.28	49.16	47.12	10.77	6.31	4.46
1998	97.30	49.77	47.53	9.34	6.22	3.12
1999	98.33	50.28	48.05	10.16	5.59	4.57
2000	99.29	50.75	48.54	8.74	7.17	1.57
2001	99.53	51.01	48.52	7.36	5.42	1.94
2002	100.04	51.32	48.72	7.31	5.55	1.76
2003	100.51	51.42	49.09	6.73	5.49	1.24
2004	101.36	51.69	49.67	7.46	6.29	1.17
2005	102.01	51.94	50.07	7.33	5.40	1.93
2006	102.72	52.15	50.57	7.14	5.26	1.88
2007	102.82	52.09	50.73	7.23	6.86	0.37
2008	102.82	52.01	50.81	7.68	5.82	1.86
2009	103.45	52.30	51.15	8.40	5.40	3.00
2010	103.53	52.06	51.47	7.46	6.23	1.23
2011	103.65	51.94	51.71	7.13	5.94	1.19
2012	**103.30**	**51.63**	**51.66**	**7.99**	**9.95**	**-1.96**

2－5 主要年份丹徒区人口及自然变动情况

年 份	年末总人口（万人）	男	女	出生率（‰）	死亡率（‰）	自然增长率（‰）
1954	32.84	15.01	17.83	43.30	16.16	27.14
1957	34.73	15.69	19.04	33.32	16.38	16.94
1962	37.45	17.50	19.95	36.70	9.51	27.19
1965	41.40	19.71	21.69	37.60	8.80	28.80
1970	46.83	22.53	24.30	27.50	5.90	21.60
1975	49.89	24.00	25.89	19.37	6.76	12.61
1978	50.95	24.73	26.22	16.39	6.53	9.86
1979	50.44	24.48	25.96	13.74	6.27	7.47
1980	50.48	24.64	25.84	15.20	6.90	8.30
1981	50.79	24.84	25.95	17.81	6.11	11.70
1982	51.27	25.12	26.15	16.85	6.13	10.72
1983	51.17	25.18	25.99	10.19	6.61	3.58
1984	51.06	25.15	25.91	9.58	6.81	2.77
1985	50.94	25.12	25.82	10.00	6.91	3.09
1986	46.04	22.74	23.30	13.03	9.71	3.32
1987	46.17	22.82	23.35	14.46	6.62	7.84
1988	46.38	22.94	23.44	13.53	6.61	6.92
1989	46.49	23.09	23.40	13.86	6.38	7.48
1990	46.56	23.14	23.42	12.81	6.97	5.84
1991	46.54	23.16	23.38	10.56	6.80	3.76
1992	42.73	21.32	21.41	11.16	7.50	3.66
1993	42.54	21.23	21.31	10.38	7.61	2.77
1994	42.48	21.21	21.27	10.76	7.51	3.25
1995	42.20	21.09	21.11	9.15	8.19	0.96
1996	41.58	20.82	20.76	9.46	7.96	1.50
1997	38.13	18.96	19.17	7.70	7.36	0.34
1998	38.03	19.01	19.02	6.79	8.08	-1.29
1999	37.19	18.67	18.52	7.56	7.71	-0.15
2000	36.75	18.40	18.35	6.84	8.21	-1.37
2001	36.71	18.40	18.31	6.94	7.50	-0.56
2002	36.41	18.26	18.15	6.82	7.74	-0.92
2003	36.17	18.13	18.04	5.66	7.57	-1.90
2004	36.11	17.99	18.12	7.83	9.31	-1.48
2005	27.04	13.47	13.57	7.70	6.44	1.26
2006	27.65	13.71	13.94	8.38	6.85	1.53
2007	27.66	13.69	13.97	6.90	10.04	-3.14
2008	27.91	13.79	14.12	7.10	6.86	0.24
2009	28.14	13.88	14.26	7.03	6.85	0.18
2010	28.54	14.06	14.48	7.47	8.66	-1.19
2011	28.67	14.10	14.57	7.65	6.22	1.43
2012	**28.73**	**14.12**	**14.61**	**8.24**	**12.26**	**-4.02**

2－6　主要年份丹阳市人口及自然变动情况

年　份	年末总人口（万人）	男	女	出生率（‰）	死亡率（‰）	自然增长率（‰）
1954	51.83	25.11	26.72	42.43	15.04	27.39
1957	54.86	26.06	28.80	31.47	14.83	16.64
1962	56.30	26.99	29.31	38.50	7.84	30.66
1965	61.82	30.14	31.68	35.90	8.00	27.90
1970	70.15	34.40	35.75	28.50	6.50	22.00
1975	73.91	36.38	37.53	17.13	6.69	10.44
1978	75.04	37.16	37.88	14.84	6.89	7.95
1979	74.86	37.09	37.77	13.68	6.69	6.99
1980	75.08	37.26	37.82	13.12	7.36	5.76
1981	75.48	37.53	37.95	15.66	6.98	8.68
1982	76.16	38.02	38.14	15.18	6.77	8.41
1983	76.36	38.20	38.16	11.18	6.73	4.45
1984	76.46	38.30	38.16	9.25	6.92	2.33
1985	76.53	38.44	38.09	10.14	7.00	3.14
1986	76.92	38.64	38.28	14.23	7.01	7.22
1987	77.68	39.11	38.57	16.40	6.85	9.55
1988	78.59	39.54	39.05	15.07	7.05	8.02
1989	79.47	39.91	39.56	15.75	6.20	9.55
1990	80.08	40.26	39.82	15.55	6.68	8.87
1991	80.15	40.15	40.00	13.00	7.05	5.95
1992	80.08	40.25	39.83	11.22	7.15	4.07
1993	80.53	40.48	40.05	11.34	6.56	4.78
1994	80.53	40.50	40.03	10.20	7.28	2.92
1995	80.77	40.62	40.15	10.48	7.16	3.32
1996	80.96	40.73	40.23	9.68	6.98	2.70
1997	80.91	40.75	40.16	7.14	6.80	0.34
1998	80.43	40.35	40.08	7.63	7.67	-0.04
1999	80.09	40.18	39.91	7.23	6.61	0.62
2000	80.20	40.22	40.05	8.43	9.27	-0.84
2001	80.31	40.22	40.09	7.25	5.54	1.71
2002	80.37	40.22	40.15	7.41	6.20	1.21
2003	80.25	40.12	40.13	6.73	6.29	0.43
2004	80.16	40.00	40.16	9.02	10.66	-1.64
2005	80.30	40.10	40.20	8.77	7.29	1.48
2006	80.61	40.22	40.39	8.56	7.40	1.16
2007	80.61	40.17	40.44	8.21	9.17	-0.96
2008	80.64	40.15	40.49	7.75	9.37	-1.62
2009	80.82	40.21	40.61	7.32	8.52	-1.20
2010	80.88	40.19	40.69	7.43	7.83	-0.40
2011	81.29	40.30	40.99	8.76	8.47	0.29
2012	**81.17**	**40.24**	**40.93**	**8.72**	**12.16**	**-3.44**

2－7 主要年份扬中市人口及自然变动情况

年 份	年末总人口（万人）	男	女	出生率（‰）	死亡率（‰）	自然增长率（‰）
1954	18.07	8.42	9.65	34.14	15.86	18.28
1957	19.01	8.98	10.03	44.13	14.35	29.78
1962	19.73	9.30	10.43	42.76	10.30	32.46
1965	21.05	10.19	10.86	36.60	10.30	26.30
1970	23.62	11.37	12.25	28.30	6.30	22.00
1975	24.99	12.14	12.85	15.77	7.56	8.21
1978	25.36	12.38	12.98	15.10	7.09	8.01
1979	25.45	12.45	13.00	13.50	6.91	6.59
1980	25.56	12.51	13.05	11.88	7.96	3.92
1981	25.76	12.66	13.10	15.43	6.34	9.09
1982	26.04	12.84	13.20	15.99	6.61	9.38
1983	26.09	12.87	13.22	10.78	6.97	3.81
1984	26.09	12.90	13.19	8.34	7.30	1.04
1985	26.08	12.90	13.18	8.84	7.49	1.35
1986	26.25	13.03	13.22	14.31	7.43	6.88
1987	26.52	13.18	13.34	17.56	7.20	10.36
1988	26.71	13.31	13.40	15.29	7.69	7.60
1989	26.99	13.47	13.52	16.02	3.29	12.73
1990	27.27	13.61	13.66	15.33	7.57	7.76
1991	27.47	13.67	13.80	13.91	7.40	6.51
1992	27.60	13.75	13.85	12.66	7.38	5.28
1993	27.70	13.77	13.93	12.52	7.49	5.03
1994	27.69	13.78	13.91	10.55	7.63	2.92
1995	27.66	13.77	13.89	10.69	7.66	3.03
1996	27.73	13.80	13.93	9.78	7.67	2.11
1997	27.65	13.76	13.89	9.80	7.43	2.37
1998	27.62	13.75	13.87	12.85	8.27	4.58
1999	27.55	13.71	13.84	10.29	7.39	2.90
2000	27.52	13.70	13.82	12.26	8.02	4.24
2001	27.32	13.57	13.75	11.16	7.53	3.63
2002	27.28	13.54	13.74	11.61	7.56	4.05
2003	27.24	13.50	13.74	8.02	8.24	-0.21
2004	27.24	13.50	13.74	8.03	7.97	0.06
2005	27.28	13.51	13.77	10.37	8.13	2.24
2006	27.39	13.55	13.84	10.26	7.62	2.64
2007	27.48	13.59	13.89	6.36	7.87	-1.51
2008	27.49	13.58	13.91	5.55	7.95	-2.40
2009	27.66	13.66	14.00	5.74	7.98	-2.24
2010	27.82	13.71	14.11	8.19	8.16	0.03
2011	28.01	13.78	14.22	8.42	7.83	0.59
2012	**28.09**	**13.80**	**14.29**	**9.97**	**8.94**	**1.03**

2－8　主要年份句容市人口及自然变动情况

年　份	年末总人口（万人）	男	女	出生率（‰）	死亡率（‰）	自然增长率（‰）
1954	34.47	18.19	16.28	45.68	13.73	31.95
1957	36.23	19.11	17.12	35.05	7.35	27.70
1962	36.47	18.86	17.61	42.92	6.51	36.41
1965	40.71	20.87	19.84	43.40	6.20	37.20
1970	48.11	24.62	23.49	35.64	5.18	30.46
1975	52.14	26.74	25.40	15.86	5.20	10.66
1978	53.72	27.68	26.04	15.72	5.32	10.40
1979	53.51	27.52	25.99	12.81	5.41	7.40
1980	53.77	27.69	26.08	14.12	6.45	7.67
1981	54.32	27.90	26.42	18.04	5.58	12.46
1982	55.42	28.64	26.78	16.15	5.45	10.70
1983	55.93	29.03	26.90	10.55	5.73	4.82
1984	56.18	29.24	26.94	8.48	6.04	2.44
1985	56.37	29.34	27.03	10.62	6.19	4.43
1986	56.56	29.41	27.15	14.05	6.17	7.88
1987	57.08	29.66	27.42	16.35	6.03	10.32
1988	57.73	30.05	27.68	15.58	6.09	9.49
1989	58.33	30.19	28.14	17.34	7.43	9.91
1990	58.90	30.38	28.52	15.79	6.36	9.43
1991	59.08	30.50	28.58	12.12	5.91	6.21
1992	59.47	30.69	28.78	11.16	6.79	4.37
1993	59.79	30.70	29.09	10.64	5.37	5.27
1994	60.00	30.77	29.23	10.04	5.86	4.18
1995	60.17	31.05	29.12	8.81	6.21	2.60
1996	60.28	31.17	29.11	8.52	5.74	2.78
1997	60.28	31.03	29.25	8.03	5.44	2.59
1998	60.28	31.25	29.04	6.83	6.59	0.24
1999	60.20	31.12	29.08	6.79	5.35	1.44
2000	59.58	30.79	28.79	7.36	7.18	0.18
2001	59.43	30.52	28.91	6.16	4.27	1.89
2002	59.44	30.75	28.69	5.93	4.35	1.58
2003	59.19	30.25	28.94	6.20	4.84	1.36
2004	58.44	29.86	28.57	5.90	8.94	-3.04
2005	58.03	29.55	28.47	7.18	4.04	3.14
2006	58.07	28.00	30.07	6.81	5.35	1.46
2007	57.87	29.37	28.50	7.17	6.79	0.38
2008	57.82	28.94	28.88	7.53	11.42	-3.89
2009	57.95	29.02	28.93	7.47	5.80	1.67
2010	58.48	29.19	29.29	9.02	10.32	-1.30
2011	58.91	29.38	29.54	8.18	4.07	4.11
2012	**58.84**	**29.26**	**29.58**	**9.06**	**10.16**	**-1.10**

03篇 劳动

CHAPTER 3

LABOR

3－1 城镇非私营单位年末从业人员

单位：人

项　目	全　部从业人员	在岗职工	其　他从业人员	劳　务派遣人员	女　性
合　计	**406 699**	**389 461**	**17 238**	**18 648**	**166 995**
一、按地区分					
市　区	202 972	192 783	10 189	15 740	83 749
京口区	68 529	61 328	7 201	4 135	30 993
润州区	57 488	55 655	1 833	6 847	18 907
丹徒区	43 285	42 568	717	907	19 679
新　区	33 670	33 232	438	3 851	14 170
丹阳市	88 472	84 986	3 486	1 254	36 984
扬中市	46 012	44 007	2 005	897	20 087
句容市	69 243	67 685	1 558	757	26 175
二、按企业、事业、机关分					
企　业	297 138	286 571	10 567	12 492	119 929
事　业	76 133	71 872	4 261	5 378	37 782
机　关	33 428	31 018	2 410	778	9 284
三、按国民经济行业分					
农、林、牧、渔业	1 377	1 365	12		496
采矿业	2 143	2 143		263	780
制造业	197 770	196 463	1 307	5 588	83 862
电力、热力、燃气及水生产和供应业	7 503	7 459	44	301	2 218
建筑业	28 329	26 783	1 546	2 465	4 771
批发和零售业	13 477	13 101	376	653	8 265
交通运输、仓储和邮政业	15 090	14 532	558	879	4 298
住宿和餐饮业	4 163	3 995	168	331	2 475
信息传输、软件和信息技术服务业	2 699	2 630	69	593	752
金融业	16 965	10 932	6 033	788	9 423
房地产业	5 568	5 424	144	149	1 863
租赁和商务服务业	4 173	3 012	1 161	258	1 371
科学研究和技术服务业	8 166	7 851	315	1 696	1 908
水利、环境和公共设施管理业	7 664	7 493	171	71	2 410
居民服务、修理和其他服务业	615	614	1	236	105
教　育	35 947	34 716	1 231	594	18 957
卫生和社会工作	19 758	18 662	1 096	2 474	12 539
文化、体育和娱乐业	2 539	2 270	269	431	1 113
公共管理、社会保障和社会组织	32 753	30 016	2 737	878	9 389
国际组织					

3－2 城镇非私营单位年末从业人员（国有单位）

单位：人

项目	全部从业人员	在岗职工	其他从业人员	劳务派遣人员	女性
合计	**155 589**	**147 302**	**8 287**	**10 736**	**63 030**
一、按地区分					
市区	84 861	81 212	3 649	8 981	33 838
京口区	33 953	31 831	2 122	2 208	14 774
润州区	28 755	27 538	1 217	4 616	9 661
丹徒区	11 427	11 194	233	276	4 357
新区	10 726	10 649	77	1 881	5 046
丹阳市	37 662	35 101	2 561	951	15 731
扬中市	11 175	10 604	571	249	5 559
句容市	21 891	20 385	1 506	555	7 902
二、按企业、事业、机关分					
企业	49 923	48 119	1 804	4 589	18 161
事业	72 238	68 165	4 073	5 369	35 585
机关	33 428	31 018	2 410	778	9 284
三、按国民经济行业分					
农、林、牧、渔业	1 349	1 337	12		484
采矿业	12	12			
制造业	21 476	21 345	131	424	7 562
电力、热力、燃气及水生产和供应业	4 935	4 905	30		1 420
建筑业	5 828	5 346	482	2 002	2 233
批发和零售业	3 035	3 011	24	434	1 284
交通运输、仓储和邮政业	6 754	6 434	320	857	2 061
住宿和餐饮业	1 078	1 047	31	331	618
信息传输、软件和信息技术服务业	785	785			286
金融业	3 922	3 334	588	287	1 836
房地产业	2 464	2 375	89	109	894
租赁和商务服务业	3 428	2 289	1 139	50	1 023
科学研究和技术服务业	6 145	5 994	151	1 632	1 302
水利、环境和公共设施管理业	6 292	6 121	171	6	2 071
居民服务、修理和其他服务业	557	556	1	236	91
教育	35 329	34 190	1 139	594	18 462
卫生和社会工作	16 987	16 011	976	2 465	10 936
文化、体育和娱乐业	2 478	2 212	266	431	1 086
公共管理、社会保障和社会组织	32 735	29 998	2 737	878	9 381
国际组织					

3－3 城镇非私营单位年末从业人员（集体单位）

单位：人

项　　目	全　部 从业人员	在岗职工	其　他 从业人员	劳　务 派遣人员	女　性
合　计	**19 343**	**18 865**	**478**	**332**	**8 748**
一、按地区分					
市　区	6 233	5 909	324	293	2 985
京口区	1 101	1 053	48		787
润州区	925	727	198	208	472
丹徒区	3 739	3 664	75	11	1 585
新　区	468	465	3	74	141
丹阳市	4 325	4 300	25	4	1 592
扬中市	4 997	4 906	91	35	2 329
句容市	3 788	3 750	38		1 842
二、按企业、事业、机关分					
企　业	15 448	15 158	290	323	6 551
事　业	3 895	3 707	188	9	2 197
机　关					
三、按国民经济行业分					
农、林、牧、渔业					
采矿业	10	10			
制造业	10 495	10 439	56	4	4 391
电力、热力、燃气及水生产和供应业	226	226			61
建筑业	300	300			52
批发和零售业	866	865	1		553
交通运输、仓储和邮政业	713	542	171		252
住宿和餐饮业	399	399			308
信息传输、软件和信息技术服务业	31	31			5
金融业	1 837	1 805	32	46	644
房地产业	55	55			24
租赁和商务服务业	548	540	8	208	254
科学研究和技术服务业	112	112			41
水利、环境和公共设施管理业	703	703		65	304
居民服务、修理和其他服务业	12	12			4
教　育	335	245	90		313
卫生和社会工作	2 638	2 518	120	9	1 514
文化、体育和娱乐业	45	45			20
公共管理、社会保障和社会组织	18	18			8
国际组织					

3－4 城镇非私营单位年末从业人员（其他单位）

单位：人

项目	全部从业人员	在岗职工	其他从业人员	劳务派遣人员	女性
合计	**231 767**	**223 294**	**8 473**	**7 580**	**95 217**
一、按地区分					
市区	111 878	105 662	6 216	6 466	46 926
京口区	33 475	28 444	5 031	1 927	15 432
润州区	27 808	27 390	418	2 023	8 774
丹徒区	28 119	27 710	409	620	13 737
新区	22 476	22 118	358	1 896	8 983
丹阳市	46 485	45 585	900	299	19 661
扬中市	29 840	28 497	1 343	613	12 199
句容市	43 564	43 550	14	202	16 431
二、按企业、事业、机关分					
企业	231 767	223 294	8 473	7 580	95 217
事业					
机关					
三、按国民经济行业分					
农、林、牧、渔业	28	28			12
采矿业	2 121	2 121		263	780
制造业	165 799	164 679	1 120	5 160	71 909
电力、热力、燃气及水生产和供应业	2 342	2 328	14	301	737
建筑业	22 201	21 137	1 064	463	2 486
批发和零售业	9 576	9 225	351	219	6 428
交通运输、仓储和邮政业	7 623	7 556	67	22	1 985
住宿和餐饮业	2 686	2 549	137		1 549
信息传输、软件和信息技术服务业	1 883	1 814	69	593	461
金融业	11 206	5 793	5 413	455	6 943
房地产业	3 049	2 994	55	40	945
租赁和商务服务业	197	183	14		94
科学研究和技术服务业	1 909	1 745	164	64	565
水利、环境和公共设施管理业	669	669			35
居民服务、修理和其他服务业	46	46			10
教育	283	281	2		182
卫生和社会工作	133	133			89
文化、体育和娱乐业	16	13	3		7
公共管理、社会保障和社会组织					
国际组织					

3－5 城镇非私营单位劳动报酬

单位：万元

项 目	全部从业人员劳动报酬	在岗职工	其他从业人员	劳务派遣人员	在岗职工平均工资（元）
合 计	**1 919 437**	**1 863 557**	**55 880**	**59 030**	**47 626**
一、按地区分					
市 区	995 185	961 488	33 697	48 492	49 884
京口区	342 038	322 657	19 381	13 049	52 573
润州区	288 122	281 666	6 457	19 024	50 569
丹徒区	191 599	189 759	1 840	2 886	44 721
新 区	173 426	167 406	6 020	13 534	50 360
丹阳市	407 071	395 327	11 744	5 242	45 844
扬中市	222 732	215 782	6 951	3 069	48 569
句容市	294 448	290 960	3 488	2 227	42 863
二、按企业、事业、机关分					
企 业	1 198 309	1 163 010	35 299	39 968	40 317
事 业	472 289	459 208	13 081	16 960	63 892
机 关	248 839	241 339	7 500	2 102	77 980
三、按国民经济行业分					
农、林、牧、渔业	10 197	10 100	97		75 767
采矿业	8 045	8 045		848	37 177
制造业	754 516	746 254	8 262	17 147	37 856
电力、热力、燃气及水生产和供应业	53 074	52 906	168	888	69 659
建筑业	119 773	114 049	5 725	8 115	41 648
批发和零售业	44 423	43 802	621	1 844	33 201
交通运输、仓储和邮政业	58 848	56 917	1 932	2 706	38 963
住宿和餐饮业	11 465	11 268	196	1 045	27 423
信息传输、软件和信息技术服务业	14 988	14 257	731	1 471	54 271
金融业	105 538	89 358	16 180	4 108	80 684
房地产业	27 065	26 600	464	361	49 785
租赁和商务服务业	16 649	13 875	2 774	709	46 530
科学研究和技术服务业	42 761	41 521	1 240	4 012	53 294
水利、环境和公共设施管理业	34 858	34 300	557	150	44 743
居民服务、修理和其他服务业	2 832	2 828	4	689	44 952
教 育	242 900	238 973	3 927	1 633	68 886
卫生和社会工作	122 512	118 774	3 738	9 008	63 434
文化、体育和娱乐业	13 671	12 451	1 220	1 725	55 092
公共管理、社会保障和社会组织	235 324	227 280	8 044	2 572	75 800
国际组织					

3－6 城镇非私营单位劳动报酬（国有单位）

单位：万元

项 目	全部从业人员劳动报酬	在岗职工	其他从业人员	劳务派遣人员	在岗职工平均工资（元）
合 计	**936 027**	**910 586**	**25 441**	**34 117**	**62 087**
一、按地区分					
市 区	506 092	494 957	11 135	27 678	61 128
京口区	205 580	200 181	5 399	6 910	62 853
润州区	179 538	174 545	4 993	13 077	63 726
丹徒区	65 452	65 007	445	967	58 507
新 区	55 523	55 225	298	6 724	51 996
丹阳市	214 671	205 665	9 006	3 935	59 264
扬中市	77 254	75 257	1 997	966	70 984
句容市	138 010	134 706	3 304	1 539	66 075
二、按企业、事业、机关分					
企 业	233 114	227 766	5 348	15 086	47 885
事 业	454 074	441 481	12 593	16 929	64 782
机 关	248 839	241 339	7 500	2 102	77 980
三、按国民经济行业分					
农、林、牧、渔业	10 151	10 054	97		77 040
采矿业	62	62			51 833
制造业	95 751	95 495	256	1 535	46 287
电力、热力、燃气及水生产和供应业	39 376	39 297	79		78 002
建筑业	24 771	22 523	2 248	6 774	41 608
批发和零售业	14 166	14 117	49	1 131	46 622
交通运输、仓储和邮政业	30 788	29 671	1 116	2 648	46 138
住宿和餐饮业	2 752	2 688	64	1 045	25 336
信息传输、软件和信息技术服务业	4 960	4 960			61 538
金融业	25 463	24 632	831	1 169	74 170
房地产业	11 516	11 237	278	265	49 287
租赁和商务服务业	13 465	10 742	2 722	138	47 511
科学研究和技术服务业	32 124	31 404	720	3 800	52 833
水利、环境和公共设施管理业	29 590	29 033	557	16	47 101
居民服务、修理和其他服务业	2 660	2 655	4	689	46 503
教 育	240 962	237 165	3 797	1 633	69 411
卫生和社会工作	108 740	105 380	3 360	8 978	65 608
文化、体育和娱乐业	13 490	12 272	1 218	1 725	55 756
公共管理、社会保障和社会组织	235 242	227 198	8 044	2 572	75 819
国际组织					

3－7 城镇非私营单位劳动报酬（集体单位）

单位：万元

项　目	全　部 从业人员 劳动报酬	在岗职工	其　他 从业人员	劳　务 派遣人员	在岗职工 平均工资 （元）
合　计	**80 906**	**79 403**	**1 504**	**859**	**42 475**
一、按地区分					
市　区	25 027	24 027	1 000	765	40 821
京口区	3 818	3 746	71		34 338
润州区	3 412	2 673	739	571	36 718
丹徒区	15 606	15 420	186	30	42 857
新　区	2 190	2 188	3	164	46 646
丹阳市	20 491	20 415	76	10	48 330
扬中市	21 362	21 097	265	84	43 951
句容市	14 027	13 865	163		36 640
二、按企业、事业、机关分					
企　业	62 691	61 675	1 016	829	41 199
事　业	18 215	17 728	488	30	47 604
机　关					
三、按国民经济行业分					
农、林、牧、渔业					
采矿业	31	31			30 800
制造业	34 827	34 656	171	10	33 801
电力、热力、燃气及水生产和供应业	745	745			33 116
建筑业	890	890			28 438
批发和零售业	2 763	2 760	2		32 664
交通运输、仓储和邮政业	3 036	2 324	711		42 886
住宿和餐饮业	1 190	1 190			27 478
信息传输、软件和信息技术服务业	148	148			49 367
金融业	17 472	17 379	94	114	97 577
房地产业	223	223			40 564
租赁和商务服务业	1 926	1 904	22	571	35 585
科学研究和技术服务业	567	567			50 150
水利、环境和公共设施管理业	2 492	2 492		134	34 993
居民服务、修理和其他服务业	49	49			40 417
教　育	952	827	125		34 033
卫生和社会工作	13 385	13 007	378	30	51 430
文化、体育和娱乐业	131	131			29 067
公共管理、社会保障和社会组织	82	82			45 556
国际组织					

3－8 城镇非私营单位劳动报酬（其他单位）

单位：万元

项 目	全 部 从业人员 劳动报酬	在岗职工	其 他 从业人员	劳 务 派遣人员	在岗职工 平均工资 （元）
合 计	**902 503**	**873 568**	**28 935**	**24 054**	**38 665**
一、按地区分					
市 区	464 067	442 504	21 563	20 050	41 789
京口区	132 641	118 730	13 911	6 139	41 758
润州区	105 172	104 448	724	5 377	37 869
丹徒区	110 541	109 333	1 208	1 888	39 438
新 区	115 713	109 993	5 720	6 645	49 654
丹阳市	171 909	169 248	2 662	1 297	35 777
扬中市	124 116	119 428	4 689	2 019	41 145
句容市	142 411	142 389	22	689	32 576
二、按企业、事业、机关分					
企 业	902 503	873 568	28 935	24 054	38 665
事 业					
机 关					
三、按国民经济行业分					
农、林、牧、渔业	46	46			16 464
采矿业	7 952	7 952		848	37 125
制造业	623 938	616 103	7 835	15 602	37 060
电力、热力、燃气及水生产和供应业	12 953	12 863	89	888	55 160
建筑业	94 113	90 636	3 477	1 340	41 849
批发和零售业	27 494	26 925	569	713	28 890
交通运输、仓储和邮政业	25 025	24 921	104	58	32 640
住宿和餐饮业	7 523	7 390	133		28 261
信息传输、软件和信息技术服务业	9 880	9 149	731	1 471	51 083
金融业	62 603	47 347	15 255	2 824	79 269
房地产业	15 326	15 140	186	96	50 332
租赁和商务服务业	1 259	1 229	29		66 091
科学研究和技术服务业	10 070	9 550	519	212	55 077
水利、环境和公共设施管理业	2 776	2 776			35 137
居民服务、修理和其他服务业	124	124			26 891
教 育	987	981	5		35 046
卫生和社会工作	387	387			29 068
文化、体育和娱乐业	50	48	2		34 429
公共管理、社会保障和社会组织					
国际组织					

3－9　城镇就业和失业变化情况

单位：人

项　目	全　市	市　区	丹阳市	扬中市	句容市
年末失业人员总数	**62 102**	**32 186**	**16 974**	**5 184**	**7 758**
上年末结转人数	17 569	8 719	4 588	1 186	3 076
本年增加失业人数	44 533	23 467	12 386	3 998	4 682
#就业转失业	29 319	15 733	7 305	2 775	3 506
年末失业人员就业数	43 251	22 635	12 385	3 949	4 282
其他原因减少的失业人员数	1 339	471		38	830
年末尚有失业人员数	17 512	9 080	4 589	1 197	2 646
#女性	9 582	4 981	2 314	571	1 716
城镇登记失业率（%）	**2.32**	**2.46**	**2.50**	**1.36**	**2.35**

3－10　职业介绍机构中介业务基本情况

单位：人

项　目	全　市	市　区	丹阳市	扬中市	句容市
职业介绍机构数（个）	**116**	**57**	**27**	**15**	**17**
中介成功人数	85 141	43 533	19 865	4 352	17 391
失业人员	38 291	26 687	5 747	1 565	4 292
农村劳动力	33 909	7 015	12 666	2 631	11 597
其　他	12 941	9 831	1 452	156	1 502

3－11 主要年份从业人员数

单位：万人

年 份	总 计	第一产业	第二产业	工 业	建筑业	第三产业	交通运输和邮政仓储业	批发和零售业
1990	149.08	55.02	66.05	56.36	9.69	28.01	5.47	7.35
1991	157.73	56.33	69.18	59.30	9.88	32.22	6.07	11.18
1992	161.90	55.46	68.23	58.40	9.83	38.21	6.09	11.83
1993	162.52	52.39	72.87	62.84	10.03	37.26	7.16	13.38
1994	160.95	51.02	71.34	61.75	9.59	38.59	7.39	13.78
1995	162.95	48.47	72.88	62.85	10.03	41.60	7.23	14.58
1996	161.25	47.27	70.34	60.93	9.41	43.64	7.39	15.39
1997	157.82	47.07	68.00	57.59	10.41	42.75	7.50	16.59
1998	156.44	48.26	65.30	54.95	10.35	42.88	7.27	14.63
1999	155.95	47.22	65.08	54.79	10.29	43.65	7.30	14.71
2000	153.07	47.15	59.68	49.96	9.72	46.24	6.23	16.51
2001	140.42	46.10	53.83	44.41	9.42	40.49	5.70	11.49
2002	140.99	44.15	54.98	45.09	9.89	41.87	5.56	11.83
2003	139.83	38.93	60.05	48.71	11.34	40.85	5.84	10.03
2004	145.05	36.75	63.23	51.62	11.61	45.06	5.89	12.41
2005	148.46	35.37	68.41	55.98	12.43	44.68	5.95	12.81
2006	153.18	32.58	74.96	61.79	13.17	45.63	5.85	13.46
2007	157.00	30.40	81.01	67.42	13.59	45.60	6.32	16.12
2008	165.39	31.91	84.36	69.91	14.45	49.12	7.26	17.33
2009	173.11	31.85	87.59	71.64	15.95	53.67	8.24	18.23
2010	189.30	24.90	91.90	72.93	18.97	72.50	8.99	24.54
2011	190.26	24.60	91.70	72.77	18.93	73.96	9.17	25.05
2012	**191.95**	**24.35**	**92.10**	**73.20**	**18.90**	**75.50**	**9.38**	**25.72**

注：2010 年份为第六次人口普查数据，2011 年根据第六次人口普查数据进行调整。

3－12　主要年份城镇非私营单位职工工资总额

单位：万元

年　份	全　市	市　区	丹阳市	扬中市	句容市
1949	1 489	1 149	300	8	32
1952	2 004	1 348	533	46	77
1962	3 846	2 562	689	160	435
1965	4 122	2 766	758	166	432
1971	8 475	5 998	1 440	363	674
1975	11 472	7 991	2 018	499	964
1976	11 818	8 234	2 009	521	1 054
1977	12 297	8 596	2 076	582	1 043
1978	15 369	10 814	2 623	678	1 252
1979	17 104	12 023	2 823	768	1 490
1980	20 615	14 332	3 489	950	1 844
1981	22 068	15 279	3 792	1 087	1 910
1982	24 276	16 761	4 133	1 242	2 140
1983	25 947	18 073	4 258	1 331	2 285
1984	34 529	23 720	5 698	1 718	3 393
1985	39 574	27 382	6 594	2 266	3 332
1986	48 608	33 651	7 934	2 789	4 234
1987	55 905	38 545	9 402	3 207	4 751
1988	69 298	47 636	11 629	4 035	5 998
1989	80 124	54 573	13 732	4 643	7 176

3-10（续）

年　份	全　市	市　区	丹阳市	扬中市	句容市
1990	91 594	62 193	15 925	5 218	8 258
1991	100 791	68 525	17 661	5 844	8 761
1992	125 092	87 449	19 806	6 984	10 853
1993	162 712	113 420	26 429	9 249	13 614
1994	222 620	149 107	38 763	14 499	20 251
1995	271 933	177 003	48 674	20 722	25 534
1996	296 904	190 121	54 357	25 251	27 175
1997	310 088	196 889	58 561	25 062	29 576
1998	311 082	197 333	57 034	26 011	30 704
1999	335 504	216 346	58 537	27 687	32 934
2000	356 073	231 206	61 226	29 322	34 319
2001	380 815	251 253	65 005	31 050	33 508
2002	404 976	269 701	66 568	32 499	36 209
2003	450 122	294 223	77 805	37 616	40 478
2004	514 361	335 957	85 973	45 047	47 385
2005	586 591	380 935	98 827	50 444	56 385
2006	735 687	456 347	137 831	59 319	82 190
2007	891 854	535 726	164 305	86 717	105 105
2008	1 067 404	635 378	210 158	102 340	119 528
2009	1 179 747	687 864	230 017	117 227	144 639
2010	1 374 108	755 103	278 286	149 708	191 011
2011	1 654 887	876 270	350 903	191 000	236 714
2012	**1 863 557**	**961 488**	**395 327**	**215 782**	**290 960**

注：从1998年起职工工资为在岗职工工资，不包括离开本单位仍保留劳动关系的职工生活补助费。

3－13　主要年份城镇非私营单位职工平均工资

单位：元

年　份	全　市	市　区	丹阳市	扬中市	句容市
1978	515	542	481	484	471
1979	567	594	525	515	589
1980	694	698	605	594	649
1981	706	707	635	611	639
1982	713	736	684	644	680
1983	730	753	682	677	685
1984	960	985	888	846	993
1985	1 039	1 085	966	932	926
1986	1 225	1 293	1 274	1 090	1 105
1987	1 363	1 433	1 272	1 240	1 151
1988	1 634	1 719	1 520	1 505	1 375
1989	1 874	1 972	1 743	1 699	1 611
1990	2 116	2 227	1 957	1 881	1 852
1991	2 266	2 398	2 092	2 063	1 893
1992	2 871	3 074	2 655	2 408	2 272
1993	3 709	3 965	3 513	3 012	2 915
1994	5 023	5 242	4 987	4 394	4 219
1995	6 018	6 292	5 882	5 260	5 273
1996	6 668	6 979	6 370	6 212	5 800
1997	7 160	7 393	7 102	6 756	6 267
1998	8 184	8 693	7 693	7 354	7 046
1999	9 294	10 006	8 417	8 458	7 747
2000	10 276	11 170	9 131	9 323	8 364
2001	11 742	12 914	10 293	10 403	9 117
2002	13 198	14 647	11 372	11 566	10 034
2003	15 264	16 918	13 497	13 122	11 675
2004	17 382	19 523	15 046	15 204	12 781
2005	19 894	22 251	17 317	17 189	15 157
2006	22 924	25 911	20 198	19 499	17 915
2007	27 025	30 438	23 920	22 990	22 081
2008	30 958	34 530	27 602	27 097	25 500
2009	34 209	38 394	30 461	30 544	27 914
2010	37 675	41 485	34 710	35 174	31 967
2011	42 659	45 643	40 761	41 602	37 155
2012	**47 626**	**49 884**	**45 844**	**48 569**	**42 863**

注：从 1998 年起职工平均工资为在岗职工平均工资，不包括离开本单位仍保留劳动关系的职工生活补助费。

3-14 分地区社会保障参保人数

单位：万人

地 区	城镇企业职工基本养老保险参保人数	城镇企业职工基本医疗保险参保人数	城镇失业保险参保人数	农村养老保险参保人数	农村合作医疗参保人数
全 市	**78.47**	**84.48**	**46.56**	**34.66**	**159.28**
市 区	36.96	47.64	27.03	4.87	41.01
#丹徒区	5.83	6.21	3.27	4.87	21.45
丹阳市	21.54	16.50	10.09	14.12	61.06
扬中市	8.90	9.77	4.64	6.09	17.79
句容市	11.06	10.57	4.80	9.58	39.42

3-15 分地区社会保障覆盖面

单位：%

地 区	城镇企业职工基本养老保险覆盖面	城镇企业职工基本医疗保险覆盖面	城镇失业保险覆盖面	农村养老保险覆盖面	农村合作医疗覆盖面
全 市	**98.3**	**98.6**	**97.7**	**99.8**	**100**
市 区	98.5	98.8	97.6	99.8	100
#丹徒区	98.5	98.8	97.1	99.8	100
丹阳市	98.0	98.2	97.8	100.0	100
扬中市	98.0	98.8	98.0	100.0	100
句容市	98.2	98.3	97.0	99.6	100

04篇 人民生活

CHAPTER 4

NATIONAL LIVES

4－1　城市每百户居民家庭耐用消费品情况

年购买量	单　位	2012 年	2011 年	年末拥有量	单　位	2012 年	2011 年
家用汽车	辆	1.0	2.5	家用汽车	辆	15.5	16.0
摩托车	辆	0.0	0.0	摩托车	辆	14.5	14.0
助力车	辆	11.5	7.0	助力车	辆	99.5	92.5
洗衣机	台	9.5	7.5	洗衣机	台	101.5	100.5
电冰箱	台	7.0	4.5	电冰箱	台	106.5	104.5
彩色电视机	台	5.5	5.0	彩色电视机	台	182.5	179.0
家用电脑	台	11.0	4.0	家用电脑	台	92.5	87.0
组合音响	套	0.5	0.0	组合音响	套	19.0	18.5
摄像机	架	1.5	0.5	摄像机	架	16.5	19.0
照相机	架	3.0	2.0	照相机	架	50.0	48.5
钢　琴	架	0.0	1.0	钢　琴	架	2.0	2.0
其他中高档乐器	件	2.0	0.0	其他中高档乐器	件	7.5	5.5
微波炉	台	3.0	4.5	微波炉	台	97.0	97.0
空调器	台	8.0	4.0	空调器	台	186.0	179.5
淋浴热水器	台	6.0	3.5	淋浴热水器	台	103.5	100.5
消毒碗柜	台	0.0	0.0	消毒碗柜	台	5.5	5.5
健身器材	套	1.0	0.5	健身器材	套	8.0	7.0
移动电话	部	31.5	26.0	移动电话	部	207.0	192.0

4－2 城市居民

项目	单位	样本总体	最低收入户	低收入户	中等收入户	高收入户	最高收入户
一、调查户数	户	**200**	**40**	**40**	**40**	**40**	**40**
二、平均每户家庭人口	人	**2.6**	**2.8**	**2.7**	**2.3**	**2.7**	**2.4**
三、平均每户就业人口	人	**1.3**	**1.4**	**1.3**	**0.9**	**1.7**	**1.4**
四、平均每户离退休人口	人	**0.9**	**0.8**	**1.0**	**1.2**	**0.6**	**0.8**
五、平均每一就业者负担人数	人	**1.9**	**2.0**	**2.1**	**2.5**	**1.6**	**1.7**
六、平均每户就业面	%	**51.6**	**48.9**	**47.8**	**39.4**	**61.8**	**59.9**
七、现住房平均每人建筑面积	平方米	**34.7**	**26.7**	**33.9**	**36.2**	**34.1**	**44.2**
#现住房平均每人使用面积	平方米	26.0	20.0	25.5	27.1	25.6	33.2
八、家庭总收入	元／人	**32 237**	**17 583**	**23 813**	**28 326**	**36 777**	**57 648**
#可支配收入	元／人	29 454	15 472	21 596	25 803	33 592	53 631
（一）工资性收入	元／人	18 782	10 286	14 379	14 361	25 666	30 278
#工资及补贴收入	元／人	18 665	10 156	14 212	14 361	25 666	29 985
（二）经营净收入	元／人	2 808	795	172	844	3 012	9 831
（三）财产性收入	元／人	422	93	389	69	367	1 250
（四）转移性收入	元／人	10 225	6 408	8 873	13 052	7 731	16 289
#养老金或离退休金	元／人	9 357	5 319	8 095	12 263	6 882	15 478
赡养捐赠收入	元／人	243	212	271	225	274	230

家庭基本情况

项　目	单　位	样本总体	最低收入户	低收入户	中等收入户	高收入户	最高收入户
九、出售财物收入	元 / 人	**6**	**2**	**11**	**4**	**10**	**4**
# 出售住房收入	元 / 人						
十、借贷收入	元 / 人	**8 020**	**1 653**	**3 698**	**604**	**20 005**	**14 098**
# 提取储蓄存款	元 / 人	5 014	1 637	3 688	604	11 090	7 925
十一、家庭总支出	元 / 人	**29 230**	**15 214**	**20 722**	**19 883**	**44 512**	**47 180**
（一）消费性支出	元 / 人	18 519	12 061	16 826	15 339	21 360	27 906
# 服务性消费支出	元 / 人	4 204	2 375	3 234	3 273	5 177	7 255
（二）购房和建房支出	元 / 人	5 030				16 836	8 218
# 购　房	元 / 人	5 030				16 836	8 218
（三）转移性支出	元 / 人	3 123	1 367	2 043	2 512	3 126	6 995
# 赡养捐赠支出	元 / 人	2 957	1 362	1 999	2 412	2 731	6 695
（四）财产性支出	元 / 人	238	88	67	57	437	558
（五）社会保障支出	元 / 人	2 320	1 697	1 786	1 975	2 754	3 504
十二、借贷支出	元 / 人	**9 376**	**2 864**	**5 463**	**6 916**	**10 095**	**23 024**
# 存入储蓄款	元 / 人	8 581	2 546	5 226	6 665	8 810	21 063

4-3 城市居民家庭

项　目	样本总体	最低收入户	低收入户	中等收入户	高收入户	最高收入户
消费性支出	**18 519**	**12 061**	**16 826**	**15 339**	**21 360**	**27 906**
#服务性消费支出	4 204	2 375	3 234	3 274	5 177	7 255
旅游花费总额	791	388	635	390	604	2 040
一、食　品	**7 278**	**5 726**	**7 084**	**7 605**	**7 623**	**8 610**
#粮食类	587	550	664	653	498	579
油脂类	186	179	199	220	158	181
肉　类	1 037	934	1 075	1 141	952	1 108
禽　类	526	478	529	626	468	547
蛋　类	152	130	163	178	135	157
水产品类	551	464	546	650	504	617
蔬　菜	794	714	831	936	647	871
糖　类	60	36	73	53	72	64
烟草类	478	411	410	553	573	451
酒　类	232	124	311	149	282	291
饮料类	137	89	116	142	173	173
干鲜瓜果类	550	380	478	612	575	741
奶及奶制品	313	214	270	302	342	459
其他食品	95	75	76	85	108	136
饮食服务	1 147	598	887	825	1 720	1 752

生活消费支出

单位：元 / 人

项　目	样　本 总　体	最　低 收入户	低　收 入　户	中　等 收入户	高　收 入　户	最　高 收入户
二、衣　着	**2 192**	**1 283**	**1 548**	**1 583**	**2 856**	**3 829**
#服　装	1 683	933	1 180	1 170	2 232	3 015
鞋　类	426	299	311	344	502	699
三、居　住	**1 256**	**1 065**	**1 052**	**861**	**1 206**	**2 153**
#住　房	347	292	120	0	311	1 044
水电燃料及其他	827	748	865	796	772	967
四、家庭设备用品及服务	**1 214**	**772**	**782**	**847**	**1 431**	**2 334**
#耐用消费品	467	303	242	307	544	984
家庭日用杂品	532	352	375	419	676	869
五、医疗保健	**949**	**363**	**1 250**	**863**	**814**	**1 530**
六、交通和通信	**2 217**	**1 118**	**2 852**	**1 129**	**3 490**	**2 411**
交　通	1 402	457	2 112	461	2 408	1 494
通　信	814	661	740	668	1 082	918
六、教育文化娱乐服务	**2 500**	**1 182**	**1 962**	**2 166**	**3 141**	**4 257**
文化娱乐用品	632	245	502	580	832	1 058
文化娱乐服务	1 162	625	771	767	1 139	2 642
教育费用	707	312	689	820	1 170	558
八、其他商品和服务	**915**	**552**	**297**	**286**	**800**	**2 782**

4－4 城市居民家庭

项 目	样本总体	最低收入户	低收入户	中等收入户	高收入户	最高收入户
消费性支出	**100**	**100**	**100**	**100**	**100**	**100**
#服务性消费支出	22.7	19.7	19.2	21.3	24.2	26.0
旅游花费总额	4.3	3.2	3.8	2.5	2.8	7.3
一、食 品	**39.3**	**47.5**	**42.1**	**49.6**	**35.7**	**30.9**
粮食类	3.2	4.6	3.9	4.3	2.3	2.1
油脂类	1.0	1.5	1.2	1.4	0.7	0.6
肉 类	5.6	7.7	6.4	7.4	4.5	4.0
禽 类	2.8	4.0	3.1	4.1	2.2	2.0
蛋 类	0.8	1.1	1.0	1.2	0.6	0.6
水产品类	3.0	3.8	3.2	4.2	2.4	2.2
蔬 菜	4.3	5.9	4.9	6.1	3.0	3.1
糖 类	0.3	0.3	0.4	0.3	0.3	0.2
烟草类	2.6	3.4	2.4	3.6	2.7	1.6
酒 类	1.3	1.0	1.8	1.0	1.3	1.0
饮料类	0.7	0.7	0.7	0.9	0.8	0.6
干鲜瓜果类	3.0	3.2	2.8	4.0	2.7	2.7
奶及奶制品	1.7	1.8	1.6	2.0	1.6	1.6
其他食品	0.5	0.6	0.5	0.6	0.5	0.5
饮食服务	6.2	5.0	5.3	5.4	8.1	6.3

生活消费支出构成

单位：%

项　目	样本总体	最低收入户	低收入户	中等收入户	高收入户	最高收入户
二、衣　着	**11.8**	**10.6**	**9.2**	**10.3**	**13.4**	**13.7**
#服　装	9.1	7.7	7.0	7.6	10.5	10.8
鞋　类	2.3	2.5	1.8	2.2	2.3	2.5
三、居　住	**6.8**	**8.8**	**6.3**	**5.6**	**5.6**	**7.7**
#住　房	1.9	2.4	0.7	0.0	1.5	3.7
水电燃料及其他	4.5	6.2	5.1	5.2	3.6	3.5
四、家庭设备用品及服务	**6.6**	**6.4**	**4.7**	**5.5**	**6.7**	**8.4**
#耐用消费品	2.5	2.5	1.4	2.0	2.5	3.5
家庭日用杂品	2.9	2.9	2.2	2.7	3.2	3.1
五、医疗保健	**5.1**	**3.0**	**7.4**	**5.6**	**3.8**	**5.5**
六、交通和通信	**12.0**	**9.3**	**16.9**	**7.4**	**16.3**	**8.6**
交　通	7.6	3.8	12.6	3.0	11.3	5.4
通　信	4.4	5.5	4.4	4.4	5.1	3.3
七、教育文化娱乐服务	**13.5**	**9.8**	**11.7**	**14.1**	**14.7**	**15.3**
文化娱乐用品	3.4	2.0	3.0	3.8	3.9	3.8
文化娱乐服务	6.3	5.2	4.6	5.0	5.3	9.5
教育费用	3.8	2.6	4.1	5.3	5.5	2.0
八、其他商品和服务	**4.9**	**4.6**	**1.8**	**1.9**	**3.7**	**10.0**

4－5 城市居民家庭年人均主要消费品情况

项 目	单 位	样本总体	最低收入户	低收入户	中等收入户	高收入户	最高收入户
粮 食	千克	88.2	86.7	102.3	100.4	70.1	82.4
油脂类	千克	9.9	10.1	10.9	11.0	8.3	9.2
肉 类	千克	32.4	30.5	33.8	35.7	29.1	33.6
禽 类	千克	18.0	16.8	17.8	22.0	15.7	18.3
蛋 类	千克	15.2	13.5	16.4	17.4	13.7	15.1
水产品类	千克	22.3	19.2	21.9	27.0	19.8	24.7
鲜 菜	千克	139.8	133.7	147.6	163.9	116.0	141.6
糖 类	元	59.5	36.4	72.7	53.4	72.1	63.5
烟草类	元	477.6	411.1	409.7	552.8	573.4	451.2
酒 类	千克	5.9	4.8	8.3	4.1	6.5	5.6
饮 料	千克	12.9	8.2	9.5	16.3	16.5	14.8
鲜瓜、鲜果	千克	51.1	36.6	45.4	61.0	47.4	69.4
糕 点	千克	4.9	3.7	5.0	5.2	5.6	5.3
牛 奶	千克	22.4	15.3	22.2	25.8	21.9	28.0
服装（每百人）	件	955.0	700.0	899.0	761.0	1 120.0	1 318.0
鞋类（每百人）	双	308.0	238.0	271.0	304.0	337.0	404.0
水	立方米	48.4	39.7	47.2	51.9	45.6	59.6
电	千瓦小时	875.0	833.8	886.9	852.7	808.7	1 006.6
煤 炭	千克	2.8	5.3	0.1	1.0	2.9	4.3
液化石油气	千克	6.7	10.3	13.1	4.8	0.9	3.6
管道天然气	立方米	63.3	48.8	58.1	72.0	68.3	71.8
手表（每百人）	只	3.0	1.0	3.0		3.0	6.0

4－6　城市居民家庭不同收入水平收支状况

项　目	单　位	按每户月人均可支配收入分组（元）				
		400-600	600-800	800-1000	1000-1500	1500-2000
一、调查户数	**户**	**1**	**2**	**7**	**30**	**60**
二、平均每户家庭人口	**人**	**2.67**	**3.56**	**2.84**	**2.73**	**2.59**
三、平均每户就业人口	**人**	**1.50**	**1.17**	**1.55**	**1.40**	**1.18**
四、可支配收入	**元/人**	**6 152**	**8 465**	**10 959**	**15 665**	**20 802**
五、消费性支出	**元/人**	**9 650**	**8 192**	**9 568**	**13 645**	**15 554**
食　品	元/人	5 127	4 087	4 744	6 133	7 317
衣　着	元/人	521	273	1 247	15 66	1 448
居　住	元/人	556	600	770	943	1 297
设备用品及服务	元/人	109	254	754	728	936
医疗保健	元/人	2 578	356	450	360	1 051
交通与通信	元/人	420	1 112	704	1 567	1 086
教育文化娱乐服务	元/人	230	1 440	666	1 635	2 120
其他商品和服务	元/人	110	71	234	713	301

4–6（续）

项　目	单　位	按每户月人均可支配收入分组（元）				
		2000-2500	2500-3000	3000–4000	4000-5000	5000 以上
一、调查户数	**户**	**37**	**19**	**24**	**8**	**13**
二、平均每户家庭人口	**人**	**2.48**	**2.61**	**2.47**	**2.21**	**2.36**
三、平均每户就业人口	**人**	**1.31**	**1.46**	**1.36**	**1.03**	**1.60**
四、可支配收入	**元/人**	**26 677**	**33 016**	**40 172**	**53 277**	**95 903**
五、消费性支出	**元/人**	**20 372**	**20 630**	**21 964**	**20 850**	**37 770**
食　品	元/人	7 199	7 240	7 828	8 530	11 016
衣　着	元/人	2 317	2 742	2 707	3 376	5 689
居　住	元/人	935	1 345	1 935	1 177	1 915
设备用品及服务	元/人	1 063	2 118	1 740	1 125	2 512
医疗保健	元/人	682	720	1 988	1 636	1 117
交通与通信	元/人	4 917	2 652	1 546	1 188	4 116
教育文化娱乐服务	元/人	2 716	2 920	3 149	3 370	5 177
其他商品和服务	元/人	544	892	1 071	449	6 228

4－7 主要年份城市

年　份	家庭总收入（元）	可支配收入	工资性收入	家庭总支出（元）	消费性支出	食品支出
1985	846	773	736	784	736	400
1986	1 038	949	899	953	895	460
1987	1 214	1 113	1 025	1 127	1 052	562
1988	1 432	1 318	1 158	1 322	1 242	675
1989	1 609	1 476	1 259	1 519	1 431	782
1990	1 736	1 589	1 272	1 627	1 519	839
1991	1 936	1 747	1 416	1 844	1 715	937
1992	2 387	2 386	1 784	2 151	1 985	1 068
1993	3 306	3 303	2 542	2 910	2 625	1 289
1994	4 262	4 261	3 278	3 711	3 320	1 836
1995	5 141	5 141	3 904	4 393	4 027	2 262
1996	5 608	5 608	4 338	5 062	4 530	2 378
1997	6 083	6 016	4 739	5 343	4 853	2 438
1998	6 067	6 019	4 583	5 755	4 701	2 291
1999	6 630	6 570	4 810	6 079	5 102	2 296
2000	7 267	7 170	4 991	6 856	5 803	2 475
2001	7 901	7 698	5 126	7 413	6 236	2 591
2002	8 829	8 202	5 363	8 559	6 305	2 708
2003	10 210	9 451	6 463	9 173	6 969	2 984
2004	11 666	10 858	7 158	10 321	7 374	3 255
2005	13 217	12 394	7 713	10 892	8 335	3 684
2006	15 160	14 291	8 968	11 229	9 196	3 664
2007	18 129	16 775	11 307	18 676	12 008	4 647
2008	20 182	19 044	11 986	15 558	12 217	4 930
2009	22 767	20 949	13 337	18 203	13 031	5 193
2010	25 015	23 075	14 539	18 604	14 080	5 995
2011	28 621	26 181	16 755	22 923	16 419	6 557
2012	**32 237**	**29 454**	**18 782**	**29 230**	**18 519**	**7 278**

居民基本状况

人均现住房建筑面积（平方米）	恩格尔系数（%）	百户家庭电话拥有量（部）	百户家庭电脑拥有量（台）	百户家庭彩色电视拥有量（台）
11.7	54.4			4
14.4	51.4			16
14.8	53.4			22
15.0	54.4			31
15.2	54.6			46
16.2	55.2			52
17.0	54.7			63
17.4	53.8	8		67
18.2	49.1	13		70
18.5	55.3	37		95
18.9	56.2	52		98
18.9	52.5	60		102
18.9	50.2	71	2	105
19.6	48.7	78	3	98
20.6	45.0	85	5	109
22.2	42.7	126	8	123
22.8	41.5	134	11	123
22.0	43.0	180	23	139
23.2	42.8	205	30	142
23.4	44.1	217	34	143
25.7	44.2	257	43	160
28.5	39.8	263	50	162
32.7	38.7	309	69	180
34.2	40.4	287	76	174
34.1	39.8	296	80	179
35.0	42.6	299	85	185
35.4	39.9	281	87	179
34.7	**39.3**	**296**	**93**	**183**

4－8 分地区城市居民收入情况

单位：元/人

项 目	市 区	丹徒区	丹阳市	扬中市	句容市
城市居民家庭总收入	32 237	32 416	32 308	34 383	32 159
# 可支配收入	29 454	29 683	30 120	33 442	29 626
# 工资性收入	18 782	22 075	23 324	20 566	19 654
经营净收入	2 808	2 693	3 870	7 125	3 946
财产性收入	422	514	378	723	568
转移性收入	10 225	7 134	4 735	5 968	7 991

4－9 分地区城市居民支出情况

单位：元/人

项 目	市 区	丹徒区	丹阳市	扬中市	句容市
城市居民人均家庭总支出	29 230	28 289	20 464	20 631	22 444
# 人均消费性支出	18 519	19 933	16 136	18 008	18 132
#食 品	7 278	6 136	5 970	5 547	6 643
衣 着	2 192	2 226	2 078	2 360	2 269
居 住	1 256	1 186	738	1 437	1 399
家庭设备用品及服务	1 214	2 177	1 105	1 180	1 523
医疗保健	949	713	1 003	934	681
交通和通讯	2 216	3 418	1 821	2 119	1 394
娱乐教育文化服务	2 500	3 461	2 804	3 576	3 249
其他商品和服务	915	617	618	855	975

4－10　主要年份农村居民生活基本情况

项　目	单位	2007年	2008年	2009年	2010年	2011年	2012年
全年人均总收入	元	9 766	11 048	12 094	13 277	15 417	17 114
#工资性收入	元	4 593	5 180	5 760	6 598	7 622	8 768
家庭经营收入	元	4 488	5 050	5 345	5 483	6 290	6 641
财产性收入	元	137	161	215	249	354	412
转移性收入	元	548	657	774	948	1 151	1 294
全年人均现金收入	元	8 919	10 161	11 112	12 357	14 444	16 454
农民人均纯收入	元	7 668	8 703	9 642	10 874	12 825	14 518
全年总支出	元	8 312	9 494	9 877	10 870	12 961	14 413
#家庭经营费用支出	元	1 700	1 904	1 968	1 912	2 192	2 145
生活消费支出	元	5 842	6 580	7 056	7 848	9 136	10 530
#食　品	元	2 302	2 585	2 731	3 076	3 445	3 857
衣　着	元	388	429	462	543	651	801
居　住	元	663	774	997	1 193	1 343	1 253
家庭设备用品及服务	元	335	394	430	457	517	623
娱乐教育文化服务	元	346	407	816	826	1 002	1 311
医疗保健	元	670	764	1 016	1 054	1 441	1 816
交通和通讯	元	997	1 106	419	491	561	636
其他商品和服务	元	143	120	186	208	175	233
转移性支出	元	578	843	714	921	1 548	1 626
人均住房面积	平方米	46.1	47.9	48.4	49.5	53.3	57.3
恩格尔系数	%	39.4	39.3	38.7	39.2	37.7	36.6
百户家庭电话拥有量	部	252	265	286	287	278	289
百户家庭电脑拥有量	部	22	29	34	37	45	50
百户家庭电视拥有量	部	160	164	170	170	167	165

4－11 农村居民住户

指标名称	单位	全市	京口区	润州区
调查户数	户	560	30	30
平均每百户常住人口	人	315	290	393
#每百户6岁及以下的常住人口	人	12	7	13
每百户7-15岁的常住人口	人	18	13	20
#每百户7-15岁在校学生人数	人	19	13	20
平均每百户整半劳动力	人	246	213	260
平均每百户就业劳动力人数	人	236	190	253
平均每百个劳动力中不识字或识字很少人数	人	3		1
平均每百个劳动力中小学程度人数	人	45	5	13
平均每百个劳动力中初中程度人数	人	130	47	46
平均每百个劳动力中高中程度人数	人	34	20	13
平均每百个劳动力中中专程度人数	人	8	8	9
平均每百个劳动力中大专及以上程度人数	人	11	9	15
平均每人年内新建(购)住房面积	平方米	0.49		
平均每人年末住房面积	平方米	57.3	55.8	74.6

调查基本情况

丹徒区	新　区	丹阳市	扬中市	句容市
100	50	130	120	100
309	286	326	339	280
12	14	15	12	8
14	6	17	22	18
14	6	17	23	21
240	226	250	277	219
233	206	238	271	206
3		3	2	6
51	6	41	54	39
124	58	144	124	113
37	15	30	11	33
3	10	10	17	4
15	3	9	34	1
				1.7
53.7	51.8	64.7	64.0	46.0

4－12 农村居民

指标名称	全市	京口区	润州区
一、全年总收入	**17 114**	**17 573**	**18 728**
（一）工资性收入	8 768	10 037	8 626
在非企业组织中劳动	667	2 248	184
在本乡地域内劳动	5 605	7 180	1 354
外出从业	2 496	610	7 088
（二）家庭经营收入	6 641	4 767	5 843
第一产业	2 473	222	3 707
第二产业	1 729	2 336	569
第三产业	2 439	2 208	1 566
（三）财产性收入	412	978	1 045
（四）转移性收入	1 294	1 791	3 215
二、全年总支出	**14 413**	**16 271**	**16 569**
（一）家庭经营费用支出	2 145	1 506	1 903
第一产业	861	60	1 250
第二产业	386	1 412	179
第三产业	898	35	474
（二）购置生产性固定资产支出	96		55
（三）建造生产性固定资产雇工支出			
（四）税费支出	16		11
（五）生活消费支出	10 530	12 364	12 373
#服务性	3 242	4 126	3 487
#食　品	3 857	4 627	4 485
衣　着	801	866	790
居　住	1 253	1 409	1 351
家庭设备、用品	623	854	565
交通和通讯	1 311	1 185	2 562
文化教育、娱乐	1 816	2 271	1 676
医疗保健	636	731	627
其他商品和服务	233	420	316
（六）财产性支出			
（七）转移性支出	1 626	2 400	2 229
三、全年农民人均纯收入	**14 518**	**15 900**	**15 632**

总收入和总支出

单位：元 / 人

丹徒区	新　区	丹阳市	扬中市	句容市
15 372	**15 418**	**18 808**	**18 227**	**15 278**
8 827	9 760	9 073	11 597	6 809
771	298	499	1 051	624
6 383	7 926	5 749	10 053	2 572
1 673	1 537	2 825	492	3 613
4 394	4 511	8 229	4 865	6 792
2 371	560	2 305	1 833	3 102
308	1 558	2 316	1 469	1 927
1 715	2 392	3 608	1 564	1 763
259	284	580	486	237
1 893	863	925	1 280	1 440
13 115	**12 077**	**16 396**	**12 719**	**13 423**
1 564	960	3 290	919	1 606
1 207	195	656	511	1 119
121	175	699	152	247
237	590	1 935	256	240
392	351	12	3	81
1				
			98	2
9 921	9 402	11 722	10 158	9 486
3 263	3 033	3 768	2 758	2 779
3 601	3 909	4 150	3 843	3 622
706	598	854	928	717
1 150	1 127	1 546	1 094	1 005
658	566	554	730	639
892	979	1 585	905	1 407
1 826	1 677	2 091	1 881	1 405
819	360	706	535	487
269	185	234	242	205
				1
1 237	1 365	1 372	1 541	2 246
13 249	**14 318**	**15 171**	**16 631**	**13 235**

4－13 农村居民

指 标	全 市	京口区	润州区
一、现金收入	**16 454**	**17 568**	**18 177**
在非企业组织中劳动得到的收入	625	2 247	184
在本地企业中劳动得到的收入	5 582	7 180	1 354
外出从业得到的收入	2 496	610	7 088
出售产品收入			
# 农业产品	913	221	1 444
林业产品	1		9
牧业产品	207		2 094
渔业产品	42		15
工业产品			
其他产品			
工业服务性收入	1 729		
建筑业收入		2 336	569
交通、运输、邮电业收入	696		4
批发和零售贸易、餐饮业收入	1 644	1 216	1 029
社会服务业收入	96	923	380

现金收支情况

单位：元 / 人

丹徒区	新　区	丹阳市	扬中市	句容市
15 116	**15 192**	**17 956**	**17 292**	**14 781**
771	298	456	1 051	539
6 383	7 926	5 713	10 053	2 539
1 673	1 537	2 825	492	3 613
1 431	298	671	485	1 158
3	7			1
180	31	357	218	15
37		69	13	25
308	1 558	2 316	1 469	1 927
1 006	1562	650	962	430
408	830	2 912	537	1 266
301		46	65	57

4-13（续）

指 标	全 市	京口区	润州区
文教卫生业收入		69	10
其他行业收入	3		142
财产性收入	390	978	639
转移性收入	1 252	1 787	3 215
二、非收入现金所得	**1 305**	**1 962**	**3 088**
三、现金支出	**13 891**	**16 271**	**16 403**
生产费用支出	2 218	1 506	1 956
#家庭经营费用	2 122	1 506	1 901
#农业生产	643	50	201
牧业生产	160	9	1 040
购置生产性固定资产	96		55
税费支出	16		11
生活消费支出	1 0064	12 364	12 207
财产性支出			
转移性支出	1 594	2 400	2 229
四、非消费性支出	**1 726**	**3 351**	**2 200**
五、期末金融资产余额	**13 819**	**14 504**	**21 913**

丹徒区	新　区	丹阳市	扬中市	句容市
				9
149	283	558	486	256
1 893	863	853	1280	1 392
1 838	**954**	**1 523**	**518**	**1 114**
12 836	**11 783**	**15 939**	**11 863**	**12 850**
1 934	1 311	3 273	910	1 663
1 542	960	3 261	907	1 582
938	189	432	422	868
232	5	192	67	124
392	351	12	3	81
			98	2
9 664	9 108	11 355	9 313	8 966
				1
1 237	1 365	1 311	1 541	2 217
2 141	**1 095**	**2 322**	**610**	**1 273**
9 917	**26 641**	**18 560**	**22 967**	**4 875**

4－14 农村每百户居民

项　目	单 位	全 市	京口区	润州区
洗衣机	台	94	107	100
电冰箱	台	103	107	110
空调机	台	128	170	183
抽油烟机	台	55	107	93
吸尘器	台	11	10	37
微波炉	台	74	100	100
热水器	台	101	107	107
#太阳能热水器	台	97	107	97
自行车	辆	144	157	213
#电动自行车	辆	116	120	163
摩托车	台	57	37	47
汽车（生活用）	台	14	13	17
固定电话机	部	85	87	93
移动电话	部	204	260	287
#接入互联网的	部	67	13	113
彩色电视机	台	165	173	210
#接入有线电视网的	台	154	103	210
黑白电视机	台	3		
#接入有线电视网的	台	3		
摄像机	台	2		17
影碟机	台	28	13	47
照相机	架	16	23	33
家用计算机	台	50	73	93
#接入互联网的	台	48	63	87
中高档乐器	件	1		

家庭拥有耐用消费品

丹徒区	新　区	丹阳市	扬中市	句容市
105	108	99	103	74
117	112	102	98	93
139	112	135	169	90
61	46	80	55	20
1	4	22	8	4
87	98	81	78	53
102	104	104	102	93
96	96	96	102	92
118	140	169	185	102
84	104	139	163	81
58	80	66	26	57
8	8	22	11	7
91	92	90	98	65
216	224	212	253	156
50	28	132	19	17
189	164	170	197	125
178	150	170	183	102
	14	8	1	1
	12	8	1	
1	2	2	3	2
20	26	34	28	23
19	30	19	25	7
56	42	62	63	25
54	42	62	63	20
		2		1

4－15 农村居民人均

项　　目	全　市	京口区	润州区
一、粮食消费量	**145.2**	**91.8**	**96.9**
（一）谷物消费量	143.1	86.5	95.9
#小　麦	16.2	15.8	15.2
稻　谷	126.2	69.1	78.2
玉　米	0.2	1.2	0.2
（二）薯类消费量	0.2	0.2	0.4
#红　薯	0.1	0.0	0.1
马铃薯	0.0		0.2
（三）豆类消费量	2.0	5.1	0.5
#大　豆	1.2	0.0	0.1
二、油脂类消费量	**5.1**	**6.0**	**8.6**
植物油	4.7	5.9	8.4
动物油	0.4	0.1	0.2
三、烟叶消费量	**0.0**	**0.0**	**0.0**
四、豆制品	**4.7**	**8.8**	**4.8**
五、蔬菜及菜制品消费量	**121.5**	**79.9**	**107.0**
鲜　菜	117.9	74.7	100.8
干　菜	0.6	0.2	1.0
菜制品	1.1	1.2	3.1
鲜　菌	1.7	3.6	1.8
干　菌	0.2	0.2	0.2
菌制品			

食品消费情况

单位：千克

丹徒区	新 区	丹阳市	扬中市	句容市
101.9	**180.3**	**134.0**	**266.2**	**121.5**
99.9	177.7	133.8	262.2	117.6
18.5	12.3	20.0	8.2	14.0
78.8	158.9	113.7	254.0	102.9
0.3	0.3			0.4
0.2	0.8	0.1		0.4
0.1	0.1	0.1		0.1
0.1	0.2			0.0
1.8	1.7	0.1	4.0	3.5
1.0	1.0	0.1	0.1	3.4
4.1	**6.9**	**6.7**	**7.7**	**2.3**
3.7	6.3	6.1	7.2	2.2
0.4	0.5	0.6	0.5	0.1
0.1			**0.0**	
5.1	**9.5**	**5.7**	**0.7**	**5.5**
59.1	**78.1**	**118.7**	**223.2**	**108.2**
56.0	72.5	115.1	219.1	104.4
0.5	0.6	0.4	0.5	1.2
1.3	0.6	1.0	0.7	1.3
1.1	4.4	2.1	2.8	1.0
0.2		0.1	0.1	0.3
				0.1

4-15（续）

项　目	全　市	京口区	润州区
六、瓜　类	**8.6**	**8.8**	**12.4**
#西　瓜	8.1	8.5	12.2
七、水果类	**11.7**	**19.8**	**34.9**
八、消费茶叶	**0.4**	**0.3**	**0.3**
九、坚果消费量	**2.2**	**3.1**	**2.6**
十、肉禽及其制品	**32.4**	**45.4**	**89.2**
猪　肉	17.6	19.6	19.3
牛　肉	1.0	2.0	1.5
羊　肉	0.4	0.4	0.2
家　禽	7.0	10.8	10.7
其他肉禽及制口	6.4	12.6	57.6
十一、蛋类及蛋制品	**8.6**	**9.3**	**11.1**
十二、奶和奶制品	**11.7**	**10.7**	**15.3**
十三、水产品	**11.4**	**13.8**	**19.2**
鱼　类	9.4	10.7	16.5
虾、贝、蟹类	1.3	2.4	2.1
藻　类	0.2	0.4	0.2
其　他	0.5	0.3	0.5
十四、食　糖	**1.2**	**1.3**	**1.6**
十五、酒	**13.7**	**9.1**	**10.5**
#白　酒	5.9	3.2	3.4
啤　酒	7.4	5.2	6.9
果　酒			

丹徒区	新　区	丹阳市	扬中市	句容市
8.4	**7.4**	**10.1**	**6.0**	**8.0**
8.0	7.4	9.5	6.0	7.5
10.1	**7.6**	**12.0**	**11.4**	**12.5**
0.4	**0.1**	**0.3**	**0.1**	**0.6**
1.7	**1.4**	**2.7**	**0.9**	**2.7**
32.8	**32.8**	**28.6**	**25.4**	**40.9**
18.0	20.2	17.5	11.5	20.9
0.8	0.6	1.5	0.0	0.8
0.1	0.2	0.6	0.3	0.4
4.1	4.5	7.2	4.0	10.2
9.8	7.2	1.9	9.7	8.6
7.9	**10.7**	**9.7**	**11.8**	**5.9**
10.2	**5.5**	**14.2**	**4.4**	**13.3**
11.8	**11.7**	**10.1**	**13.6**	**11.9**
10.4	9.3	8.0	10.3	10.1
1.0	1.5	1.3	2.3	1.0
0.1	0.5	0.3	0.6	0.1
0.2	0.4	0.5	0.4	0.7
1.2	**1.0**	**1.3**	**1.0**	**1.1**
11.0	**11.3**	**10.4**	**15.2**	**18.9**
4.6	3.2	3.4	2.9	11.7
6.2	7.6	6.3	11.8	7.1
	0.2	0.1		

05篇 物价

CHAPTER 5 PRICE

5－1　居民消费价格分类指数

项　目	以上年价格为 100	项　目	以上年价格为 100
居民消费价格总指数	**102.4**	**三、衣　着**	**105.1**
非食品价格指数	101.4	服　装	105.8
服务项目价格指数	101.2	衣着材料	103.6
扣除鲜菜鲜果总指数	102.4	鞋袜帽	103.0
消费品价格指数	103.0	衣着加工服务	111.2
一、食　品	**104.9**	**四、家庭设备用品及维修服务**	**102.0**
粮　食	104.1	耐用消费品	102.4
淀粉及薯类	101.8	室内装饰品	101.2
干豆类及豆制品	110.0	床上用品	100.1
油　脂	104.6	家庭日用杂品	100.9
肉禽及其制品	102.6	家庭服务及加工维修服务	105.2
蛋	96.9	**五、医疗保健和个人用品**	**100.9**
水产品	111.4	医疗保健	99.9
菜	105.0	个人用品及服务	102.2
#鲜　菜	105.8	**六、交通和通讯**	**100.3**
调味品	104.5	交　通	101.3
糖	102.4	通　信	98.7
茶及饮料	102.4	**七、娱乐教育文化用品及服务**	**99.9**
干鲜瓜果	98.0	文娱用耐用消费品及服务	89.8
#鲜　果	97.0	教　育	100.4
糕点、饼干、面包	103.8	文化娱乐	103.6
液体乳及乳制品	106.5	旅　游	100.2
在外用膳食品	108.1	**八、居　住**	**100.9**
其它食品	102.0	建房及装修材料	99.2
二、烟酒及用品	**104.0**	租　房	100.8
烟　草	100.0	自有住房	101.1
酒	111.0	水、电、燃料	101.5

5－2 商品零售价格分类指数

项 目	以上年价格为100	项 目	以上年价格为100
商品零售价格总指数	**102.1**		
一、食品类	104.8	九、交通、通信用品类	97.5
二、饮料、烟酒类	103.3	十、家具类	103.2
三、服装、鞋帽类	105.0	十一、化妆品类	102.8
四、纺织品类	100.2	十二、金银珠宝类	104.3
五、家用电器及音像器材类	99.0	十三、中西药品及医疗保健用品类	100.3
六、文化办公用品类	96.2	十四、书报杂志及电子出版物类	100.0
七、日用品类	102.6	十五、燃料类	105.2
八、体育娱乐用品类	101.3	十六、建筑材料及五金电料类	97.3

5－3 分月价格总指数

月 份	居民消费价格总指数（与上年同月比）	商品零售价格总指数（与上年同月比）
一 月	104.4	104.1
二 月	102.5	102.9
三 月	103.6	103.9
四 月	103.0	103.0
五 月	102.4	102.4
六 月	101.4	101.1
七 月	101.1	100.9
八 月	101.5	101.2
九 月	101.7	100.8
十 月	102.1	101.1
十一月	102.7	101.8
十二月	102.9	101.7
全 年	102.4	102.1

5－4　主要年份价格总指数

（以上年价格为 100）

年　份	居民消费价格总指数	商品零售价格总指数
1985	109.9	110.1
1986	107.0	106.9
1987	111.3	111.5
1988	120.6	121.4
1989	116.7	116.2
1990	103.6	103.3
1991	109.2	109.6
1992	110.4	108.9
1993	121.1	119.3
1994	126.5	121.1
1995	115.0	110.8
1996	111.6	106.2
1997	100.8	99.4
1998	99.5	97.1
1999	98.3	96.2
2000	99.9	98.0
2001	100.3	98.6
2002	99.1	97.0
2003	101.8	100.2
2004	104.1	102.9
2005	102.2	101.2
2006	101.7	100.4
2007	104.0	102.7
2008	105.0	104.8
2009	99.6	99.1
2010	103.7	102.9
2011	105.0	104.3
2012	**102.4**	**102.1**

06篇

固定资产

CHAPTER 6

CAPITAL ASSETS

6－1　项目投资前100项

项　目	所属地区	项　目	所属地区
江苏华电句容一期2×1000MW“上大压小”机组项目	句容市	恒顺达生物柴油项目	新　区
爱励大规格高强度铝合金板项目	京口区	李裕铝用阳极煅烧焦及阳极项目	丹徒区
谏壁发电厂“上大压小”1*1000MW机组扩建项目	京口区	谏壁发电厂14#机组改造项目	京口区
如意江南（安置房）项目	京口区	华港重工重型机械制造项目	新　区
润州区七里甸城中村改造工程	润州区	睿能电动汽车充电桩及电源管理系统生产线新建项目	丹阳市
中技桩业预应力离心混凝土空心方桩生产线建设项目	新　区	磁源年产3000万套磁电无极灯项目	新　区
恒神二期复合材料项目	丹阳市	剑乔科技超高分子量聚乙烯纤维项目	新　区
大力神年产15万吨铝合金板等项目	丹阳市	镇江市技师学院异地迁建项目	丹徒区
环太美科新上硅棒项目	扬中市	臻岳高纯度多晶硅片一期项目	丹徒区
镇江市城市防洪内江清淤工程项目	润州区	荣德新能源年产250MW多晶硅片项目	扬中市
开诚置业乐业中心项目	新　区	佳扬年产3万吨大规格高强度R4海洋系泊链项目	新　区
长和港口机械及船用零部件项目	新　区	官塘绿苑拆迁安置房项目	润州区
新建练湖片区集中居住区项目	丹阳市	鹤林水泥新型干法水泥熟料生产线及配套项目	丹徒区
大全超高压输配电设备项目	扬中市	丹毛弹性精梳毛纺时装面料项目	丹阳市
沥泽AG/ACF系列产品生产线新建项目	丹阳市	建丰印刷装饰纸及浸渍纸生产线新建项目	丹阳市
西津渡——古渡文化旅游项目	润州区	天舜金属高强度、高塑性新型钢材项目	扬中市
中冶东方大型铸件项目	丹阳市	金海宏业氧化沥青及仓储二期项目	丹徒区

6–1（续 1）

项　目	所属地区	项　目	所属地区
沃得全喂入式大型切纵流谷物联合收割机项目	丹阳市	希西维精密滑动轴承生产项目	丹徒区
金山湖旅游商业配套设施工程项目	润州区	千盛电气箱式变压器、高低压开关成套设备项目	新　区
江苏华通动力重工有限公司高等级路面机械项目	丹徒区	奥瑟亚电子用高科技化学品生产项目	新　区
巨宝笔记本电脑注塑件及配套模具二期项目	句容市	海清生物MES生产项目	新　区
苏宁广场项目	京口区	捷科彤明航空电器项目	新　区
新天洋年产20万台（套）轻卡驾驶室等项目	丹阳市	巨博电子生产线及办公用房项目	丹徒区
国家中低压配店设备质量监督检验中心项目	新　区	佳英特年产6000吨锂电子电池电极材料生产项目	新　区
高铁广场及周边基础设施建设项目	润州区	福麟新能源海工船舶配套项目	扬中市
句容凤凰城酒店项目	句容市	特高压电气产品制造及配套件加工项目	句容市
丰源新能源太阳能组件生产项目	扬中市	维登高端智能环保整体橱柜、衣柜生产线项目	丹阳市
中电电气变压器基地建设项目	扬中市	美科硅能源硅废碎料回收利用项目	扬中市
中粮包装年产30亿只铝质易拉盖生产项目	新　区	三斯达新型环保塑胶材料建设项目	句容市
沪宁高速接线（周湾路）建设工程项目	润州区	大全2000兆瓦太阳能电池片项目	扬中市
格林艾普氯碱深加工及能源综合利用项目	新　区	浩博年产4万座航空旅客座椅项目	新　区
绿洲新能源年产40MW非晶硅薄膜太阳能电池项目	京口区	扬子豚特种制衣项目	新　区
沪宁高速官塘桥路接线出入口环境整治工程项目	润州区	航天华创钢骨架塑料复合管等项目	新　区
超越化学年产100000吨顺丁烯二酸酐等系列产品项目	新　区	跃龙汽车零部件生产线项目	句容市

6–1（续 2）

项　目	所属地区	项　目	所属地区
鼎盛重工海工装备生产基地扩能工程项目	京口区	同菲达年产370套电脱盐设备等项目	句容市
苏迪亚500kt/a特种煅烧焦项目	丹徒区	森烽精密机械电脑雕刻机生产线项目	丹阳市
华印电路板夏普高密度电路板项目	润州区	超力电器汽车电动转向器生产线项目	丹阳市
中靖新能源制氢装置及催化剂产业项目	丹徒区	光轩年产30MW太阳能光伏组件项目	句容市
吉星新上LED蓝宝石基板项目	扬中市	金航程航空座椅项目	新　区
江南三氯氢硅项目	新　区	中兴药业项目	丹徒区
菲舍尔航空复合材料项目	新　区	新韩通大型船坞项目	扬中市
市“三河一江”区域污水管网建设和完善工程项目	润州区	香江云动力通信及物联网应用设备研制及产业化项目	新　区
古运河中段河道整治一期工程项目	京口区	财富广场项目	京口区
江苏有能大尺寸、高品质蓝宝石晶体等项目	新　区	润江路（戴家门路—润州路）建设工程项目	润州区
镇江港大港港区四期工程项目	新　区	江大东纸业整体搬迁项目	新　区
天桥路南侧地块基础设施改造项目	润州区	蕴能光伏组件及光伏电站成套电气设备项目	扬中市
句容现代文化出版传媒服务业基地一期建设项目	句容市	龙源港机港口机械建设项目	扬中市
航天海鹰大飞机复合材料结构次件项目	新　区	林隐路片区民生配套工程项目	润州区
欣隆羽绒制品深加工及羽绒被生产线项目	丹阳市	捷科美龙航空部件项目	新　区
常青树食品级二乙烯苯等项目	新　区	红丰置业领城国际商务广场项目	润州区

6－2 固定资产

项 目	全 市	市 区		
			京口区	润州区
固定资产投资总额	**15 006 721**	**8 987 265**	**2 188 572**	**2 188 572**
一、按产业性质分				
第一产业	45 754	19 120		
第二产业	8 819 208	4 470 218	772 800	335 286
＃工业投资	8 819 208	4 470 218	772 800	335 286
第三产业	6 141 759	4 497 927	1 415 772	1 853 286
二、按登记注册类型分				
＃内 资	12 525 204	7 420 055	1 865 051	2 104 474
＃国有企业	2 763 300	2 175 677	661 598	971 892
集体企业	324 471	244 007	25 780	163 260
股份合作企业	2 237 584	1 063 708	329 165	338 565
有限责任公司	672 492	392 954	89 507	33 285
其他	6 527 357	3 543 709	759 001	597 472
＃民 营	9 904 412	5 242 272	1 229 085	954 991
＃私 营	4 798 050	1 961 230	595 042	335 623
港澳台商投资	774 434	457 427	91 012	38 598
外商投资	1 707 083	1 109 783	232 509	45 500
三、按城乡分				
城镇投资	10 521 446	7 635 019	2 026 912	2 183 093
＃房地产投资	2 054 834	1 144 916	292 779	518 610
农村投资	4 485 275	1 352 246	161 660	5 479

投资完成情况

单位：万元

丹徒区	新　区	丹阳市	扬中市	句容市
1 731 498	**2 878 623**	**2 805 264**	**1 470 328**	**1 743 864**
19 120		14 520	614	11 500
114 0251	2 221 881	2 179 056	1 209 703	960 231
1 140 251	2 221 881	2 179 056	1 209 703	960 231
572 127	656 742	611 688	260 011	772 133
1 441 662	2 008 868	2 528 582	1 212 242	1 383 287
212 726	329 461	147 330	11 794	428 499
54 967		26 365	24 077	84 989
209 318	186 660	334 979	360 642	432 238
62 730	207 432	227 557	71 998	33 763
901 921	1 285 315	1 792 351	743 731	403 798
1 258 079	1 800 117	2 380 387	1 361 297	942 928
877 771	152 794	1 693 952	693 731	386 407
88 372	239 445	94 959	59 074	145 252
201 464	630 310	181 723	199 012	215 325
570 291	2 854 723	1 198 255	807 997	880 175
152 859	180 668	336 110	140 570	433 238
1 161 207	23 900	1 607 009	662 331	863 689

6－3 固定资产

项 目	全 市	市 区	京口区	润州区
一、本年完成投资	**12 951 887**	**7 842 349**	**1 895 793**	**1 669 962**
#本年新开工	8 332 007	5 304 840	1 244 985	1 337 915
国有经济	2 886 131	2 289 530	663 064	1 048 604
基础设施投资	2 160 536	1 549 534	536 649	595 332
民间投资	8 497 563	4 446 562	1 062 001	574 995
按构成分				
#建筑工程	5 982 329	3 383 626	691 670	1 146 484
安装工程	728 269	483 346	82 863	113 221
设备工器具购置	4 843 020	3 004 846	699 097	177 708
#用于更新设备	1 095 186	836 257	218 536	40 179
其他费用	1 398 269	970 531	422 163	232 549
按性质分				
#新建	8 598 258	4 986 242	604 583	961 334
扩建	1 649 399	955 096	219 480	292 492
改建	241 3467	1 734 786	1 011 735	408 383
按登记注册类型分				
#内资	10 923 014	6 448 496	164 9020	1 597 378
#国有企业	2 593 798	2 009 057	622 328	844 792
集体企业	303 166	183 840	25 780	158 060
股份合作企业	95 662	19 064		19 064
联营企业	361 471	361 471	8 500	178 661
有限责任公司	1 750 134	703 750	251 419	83 859
股份有限公司	553 717	253 240	56 355	19 499
私营企业	4 064 909	1 756 618	542 066	234 896
其他企业	1 200 157	1 161 456	142 572	58 547
港澳台商投资	593 770	355 736	22 840	38598
外商投资	1 409 264	1 025 378	214 256	33 986
个体经营	25 839	12 739	9 677	

项目投资完成情况

单位：万元

丹徒区	新　区	丹阳市	扬中市	句容市
1 578 639	**2 697 955**	**2 469 154**	**1 329 758**	**1 310 626**
1 306 032	1 415 908	1 880 016	635 612	511 539
248 401	329 461	144 448	11 794	440 359
224 869	192 684	99 093	67 291	444 618
1 108 960	1 700 606	2 058 397	1 220 727	771 877
746 201	799 271	1 391 991	464 591	742 121
78 532	208 730	146 495	50 130	48 298
577 898	1 550 143	716 116	740 502	381 556
577 542		247 889	6 401	4 639
176 008	139 811	214 552	74 535	138 651
1 101 064	2 319 261	1 740 348	727 279	1 144 389
260 234	182 890	475 791	204 749	13 763
169 374	145 294	129 473	397 730	151 478
1 292 741	1 909 357	2 190 610	1 071 672	1 212 236
212 476	329 461	144 448	11 794	428 499
		25 530	9 100	84 696
		26 598	50 000	
	174 310			
200 368	168 104	324 968	314 245	407 171
	177 386	201 354	65 360	33 763
877 771	101 885	1 429 011	621 173	258 107
2 126	958 211	38 701		
83 622	210 676	83 970	59 074	94 990
199 214	577 922	181 474	199 012	3 400
3 062		13 100		

6–3（续1）

项　目	全　市	市　区	京口区	润州区
按产业分				
第一产业	45 754	19 120		
第二产业	8 819 208	4 470 218	772 800	335 286
第三产业	4 086 925	3 353 011	1 122 993	1 334 676
按国民经济行业分				
农、林、牧、渔业	45 754	19 120		
采矿业	8 077	8 077		591
制造业	8 216 156	4 194 007	530 575	320 916
农副食品加工业	61 571	46 876	34 458	
食品制造业	29 951	29 951		8 860
酒、饮料和精制茶制造业	49 434	35 734		4 574
烟草制品业				
纺织业	88 025	7 356	4 540	
纺织服装、服饰业	95 172	56 499	2 947	
皮革、毛皮、羽毛及其制品和制鞋业	77 636	30 806	2 920	
木材加工和木、竹、藤、棕、草制品业	37 214	15 512		
家具制造业	23 449	8 949		
造纸和纸制品业	112 985	57 360		
印刷和记录媒介复制业	43 933	39 433		11 800
文教、工美、体育和娱乐用品制造业	13 223			
石油加工、炼焦和核燃料加工业				
化学原料和化学制品制造业	1 254 374	876 793	45 900	
医药制造业	47 787	42 787	10	
化学纤维制造业	1 390	1 390		1 390
橡胶和塑料制品业	67 010	21 493		8 900
非金属矿物制品业	337 370	255 952	24 350	21 648
黑色金属冶炼和压延加工业	28 215	22 215		
有色金属冶炼和压延加工业	78 217	30 268		
金属制品业	242 090	118 778	4 510	8 778
通用设备制造业	274 090	163 931	2 940	11 042
专用设备制造业	1 199 630	502 000	33 516	95 549
汽车制造业	303 493	75 552	39 300	6 960
铁路、船舶、航空航天和其他运输设备制造业	673 283	540 074	164 399	24 794
电气机械和器材制造业	1 341 698	359 614	56 161	28 969
计算机、通信和其他电子设备制造业	1 303 167	727 515	45 037	54 315
仪器仪表制造业	411 099	127 169	69 587	33 337
其他制造业				
废弃资源综合利用业	13 850			
金属制品、机械和设备修理业	6 800			

丹徒区	新　区	丹阳市	扬中市	句容市
19 120		14 520	614	11 500
1 140 251	2 221 881	2 179 056	1 209 703	960 231
419 268	476 074	275 578	119 441	338 895
19 120		14520	614	11 500
7 486				
1 120 635	2 221 881	2 166 818	1 209 703	645 628
6 108	6 310		7 895	6 800
21 091				
	31 160			13 700
2 816		64 169		16 500
14 332	39 220	13 450		25 223
27 886		46 830		
15 512		16 502		5 200
8 949		10 500		4 000
	57 360	41 252		14 373
27 633		4 500		
			1 100	12 123
212 931	617 962	204 922	78 129	94 530
38 277	4 500		5 000	
12 593		33 484		12 033
119 394	90 560	50 528		30 890
17 215	5 000	6 000		
9 708	20 560	37 742		10 207
29 930	75 560	99 038	3 800	20 474
27 994	121 955	99 018	7 341	3 800
237 185	135 750	608 965	46 033	42 632
21 992	7 300	183 981		43 960
54 985	295 896	13 882	78 600	40 727
91 266	183 218	252 535	690 565	38 984
118 633	509 530	77 790	291 240	206 622
4 205	20 040	283 930		
		11 000		2 850
		6 800		

6-3（续2）

项　目	全　市	市　区	京口区	润州区
电力、热力、燃气及水生产和供应业	594 975	268 134	242 225	13 779
建筑业				
批发和零售业	342 309	312 784	143 921	57 576
交通运输、仓储和邮政业	532 942	345 961	116 523	72 881
住宿和餐饮业	672 455	579 590	166 498	364 567
信息传输、计算机服务和软件业	406 575	404 025	180 019	122 266
金融业	51 062	51 062	27 930	23 132
房地产业	384 643	297 396	192 536	84 260
租赁和商务服务业	217 556	163 133	14 747	57 267
科学研究和技术服务业	158 387	90 794	9 123	2 890
水利、环境和公共设施管理业	660 721	637 951	127 674	430 729
居民服务、修理和其他服务业	58 580	58 580	26 210	15 270
教育	149 310	121 581	35 587	13 275
卫生和社会工作	24 410	20 301		18 340
文化、体育和娱乐业	301 524	224 212	64 605	46 328
公共管理、社会保障和社会组织	126 451	45 641	17 620	25 895
二、本年新增固定资产	**10 180 051**	**7 079 738**	**1 554 984**	**1 432 104**
三、项目个数（个）				
施工项目个数	1 302	774	276	146
#本年新开工	991	591	237	99
本年投产项目个数	805	544	237	83
四、房屋建筑面积（平方米）				
#本年施工房屋面积	23 896 746	14 853 691	3 674 297	2 838 699
#住宅	966 009	721 574	410 650	77 863
#本年竣工房屋面积	8 426 457	6 143 899	2 064 268	1 371 865
#住宅	368 995	368 995	114 400	35 534
五、本年资金来源合计	**13 413 898**	**7 953 665**	**1 934 324**	**1 764 914**
#上年末结余资金	10 320	1 820	1 614	
#本年资金来源小计	13 403 578	7951 845	1 932 710	1 764 914
#国家预算内资金	103 772	36 933	33 450	3 483
国内贷款	2 272 678	1 135 350	278 816	384 070
利用外资	248 943	188 445	179 135	1 000
#外商直接投资	199 552	166 952	158 642	
自筹资金	10 722 230	6 557 342	1 434 948	1 376 361
#企事业单位自有资金	2 864 228	2 386 790	1 365 285	57 073
其他资金来源	55 955	33 775	6 361	
六、本年各项应付款	**445 237**	**206 980**	**117 648**	**13 000**
#工程款	272 459	120 301	76 648	13 000

丹徒区	新　区	丹阳市	扬中市	句容市
12 130		12 238		314 603
50 187	61 100	4 760	10 700	14 065
85 664	70 893	101 228	40 087	45 666
36 625	11 900	2 700	40 000	50 165
	101 740	2 200	350	
	20 600		400	86 847
21 669	69 450	53 723	700	
77 281	1 500	9 790		57 803
25 977	53 571	4 640		18 130
	17 100			
37 619	35 100	8 450	8 000	11 279
1 961		1 277		2 832
80 159	33 120	6 000	19 204	52 108
2 126		80 810		
1 400 995	**2 691 655**	**1 440 913**	**1 060 152**	**599 248**
166	186	267	139	122
135	120	239	89	72
145	79	113	82	66
2 148 242	6 192 453	3 894 515	765 700	4 382 840
233 061		244 435		
1 786 560	921 206	818 110	301 700	1 162 748
219 061				
1 506 587	**2 747 840**	**2 629 618**	**1 360 082**	**1 470 533**
206		8 500		
1 506 381	2 747 840	2 621 118	1 360 082	1 470 533
		41 140	21 697	4 002
472 464		458 712	315 370	363 246
8 310		47 498	8 000	5 000
8 310		24 600	8 000	
998 193	2 747 840	2 051 588	1 015 015	1 098 285
964 432		300 626	166 192	10 620
27 414		22 180		
76 332		**221 677**		**16 580**
30 653		137 257		14 901

6－4 城镇固定资产

项　目	全　市	市　区	京口区	润州区
一、本年完成投资	**8 466 612**	**6 490 103**	**1 734 133**	**1 664 483**
#本年新开工	5 302 593	4 190 664	1 093 638	1 337 915
国有经济	2 226 764	2 030 401	620 201	1 048 400
基础设施投资	1 532 339	1 359 841	521 136	595 332
民间投资	4 988 628	3 489 067	954 204	569 720
按构成分				
#建筑工程	3 919 412	2 782 345	641 225	1 141 005
安装工程	515 358	416 219	76 576	113 221
设备工器具购置	3 099 575	2 509 188	657 699	177 708
#用于更新设备	441037	391 893	216 116	40 179
其他费用	932267	782 351	358 633	232 549
按性质分				
#新建	5 563 615	4 166 417	584 915	956 105
扩建	1 046 647	723 750	187 280	292 492
改建	1 749 761	1 504 478	924 743	408 133
按登记注册类型分				
#内资	6 936 121	5 291 168	1 498 360	1 591 899
#国有企业	1 981 746	1 785 853	579 465	844 588
集体企业	273 286	183 840	25 780	158 060
股份合作企业	95 662	19 064		19 064
联营企业	361 471	361 471	8 500	178 661
有限责任公司	1 072 928	554 210	231 409	83 859
股份有限公司	458 542	253 240	56 355	19 499
私营企业	1 598 449	1 039 453	497 798	229 621
其他企业	1 094 037	1 094 037	99 053	58 547
港澳台商投资	41 7987	294 216	11 840	38 598
外商投资	1 102 827	895 042	214 256	33 986
个体经营	9 677	9 677	9 677	

项目投资完成情况

单位：万元

丹徒区	新　区	丹阳市	扬中市	句容市
417 432	**2 674 055**	**862 145**	**667 427**	**446 937**
367 103	1 392 008	507 329	421 556	183 044
32 339	329 461	111 708	11 794	72 861
50 689	192 684	60 188	27 204	85 106
288 437	1 676 706	591 684	558 396	349 481
209 844	790 271	606 924	217 826	312 317
19 232	207 190	63 141	29 089	6 909
135 668	1 538 113	138 161	360 696	91 530
135 598		43 675	4 440	1 029
52 688	138 481	53 919	59 816	36 181
330 036	2 295 361	604 225	406 253	386 720
61 088	182 890	234 785	78 635	9 477
26 308	145 294	13 000	182 539	49 744
315 452	1 885 457	703 392	519 219	422 342
32 339	329 461	111 708	11 794	72 391
		17 000	9 100	63 346
		26 598	50 000	
	174 310			
70 838	168 104	99 596	196 705	222 417
	177 386	119 079	52 460	33 763
210 149	101 885	329 411	199 160	30 425
2 126	934 311			
33 102	210 676	40 102	59 074	24 595
68 878	577 922	118 651	89 134	

6–4（续 1）

项 目	全 市	市 区	京口区	润州区
按产业分				
第一产业				
第二产业	5 042 329	3 509 227	661 921	335 286
第三产业	3 424 283	2 980 876	1 072 212	1 329 197
按国民经济行业分				
农、林、牧、渔业				
采矿业	591	591		591
制造业	4 761 803	3 250 416	419 696	320 916
农副食品加工业	21 263	13 368	7 058	
食品制造业	8 860	8 860		8 860
酒、饮料和精制茶制造业	35 734	35 734		4 574
烟草制品业				
纺织业	5 900	1 600	1 600	
纺织服装、服饰业	78 354	53 801	2 947	
皮革、毛皮、羽毛及其制品和制鞋业	47 532	7 632	2 920	
木材加工和木、竹、藤、棕、草制品业	13 502			
家具制造业	4 000			
造纸和纸制品业	106 165	57 360		
印刷和记录媒介复制业	31 328	31 328		11 800
文教、工美、体育和娱乐用品制造业	1 100			
化学原料和化学制品制造业	963 052	721 244	3 7090	
医药制造业	7 574	7 574	10	
化学纤维制造业	1 390	1 390		1 390
橡胶和塑料制品业	15 335	8 900		8 900
非金属矿物制品业	126 880	126 020	5 200	21 648
黑色金属冶炼和压延加工业	5 000	5 000		
有色金属冶炼和压延加工业	20 560	20 560		
金属制品业	128 848	88 848	4 510	8 778
通用设备制造业	142 725	120 427		11 042
专用设备制造业	602 765	401 272	30 566	95 549
汽车制造业	128 369	30 565	16 305	6 960
铁路、船舶、航空航天和其他运输设备制造业	503 921	485 089	164 399	24 794
电气机械和器材制造业	671 186	258 887	50 250	28 969
计算机、通信和其他电子设备制造业	935 952	644 919	30 180	54 315
仪器仪表制造业	154 508	120 038	66 661	33 337

丹徒区	新　区	丹阳市	扬中市	句容市
314 039	2 197 981	687 412	588 073	257 617
103 393	476 074	174 733	79 354	189 320
311 823	2 197 981	675 174	588 073	248 140
	6 310		7 895	
	31 160			
		4 300		
11 634	39 220			24 553
4 712		39 900		
		13 502		
				4 000
	57 360	35 452		13 353
19 528				
			1 100	
66 192	617 962	143 278	42 111	56 419
3 064	4 500			
				6 435
8 612	90 560	860		
	5 000			
	20 560			
	75 560	40 000		
	109 385	22 298		
139 407	135 750	157 470	40 023	4 000
	7 300	97 804		
	295 896			18 832
	179 668	79 010	325 199	8 090
58 674	501 750	6 830	171 745	112 458
	20 040	34 470		

6–4（续 2）

项　目	全　市	市　区		
			京口区	润州区
电力、热力、燃气及水生产和供应业	279 935	258 220	242 225	13 779
建筑业				
批发和零售业	320 046	295 721	143 921	57 326
交通运输、仓储和邮政业	326 398	219 329	75 555	72 881
住宿和餐饮业	635 769	545 604	166 498	364 567
信息传输、计算机服务和软件业	406 575	404 025	180 019	122 266
金融业	51 062	51 062	27 930	23 132
房地产业	348 897	297 396	192 536	84 260
租赁和商务服务业	187 643	153 220	14 747	52 242
科学研究和技术服务业	11 710	11 710	7 320	2 890
水利、环境和公共设施管理业	635 116	624 465	123 164	430 729
居民服务、修理和其他服务业	55 780	55 780	23 410	15 270
教育	100 414	83 962	35 587	13 275
卫生和社会工作	22 449	18 340		18 340
文化、体育和娱乐业	206 987	174 825	63 905	46 328
公共管理、社会保障和社会组织	115 437	45 437	17 620	25 691
二、本年新增固定资产	**6 903 695**	**5 801 349**	**1 389 837**	**1 424 052**
三、项目个数（个）				
施工项目个数	800	604	245	143
# 本年新开工	584	454	208	99
本年投产项目个数	487	398	208	81
四、房屋建筑面积（平方米）				
# 本年施工房屋面积	15 919 228	1 2572 884	3 143 466	2 688 699
# 住宅	488 513	488 513	410 650	77 863
# 本年竣工房屋面积	5 522 930	4 357 258	1 648 437	1 358 865
# 住宅	149 934	149 934	114 400	35 534
五、本年资金来源合计	**8 794 105**	**6 645 597**	**1 764 372**	**1 759 321**
# 上年末结余资金	1 820	1 820	1 614	
# 本年资金来源小计	8 792 285	6 643 777	1 762 758	1 759 321
# 国家预算内资金	103 722	36 883	33 400	3 483
国内贷款	1 142 952	785 438	266 816	384 070
利用外资	192 135	184 135	179 135	1 000
# 外商直接投资	170 642	162 642	158 642	
自筹资金	7 338 112	5 626 537	1 278 052	1 370 768
# 企事业单位自有资金	1 644 597	1 517 905	1 210 047	57 073
其他资金来源	15 364	10 784	5 355	
六、本年各项应付款	**147 184**	**120 029**	**86 349**	**13 000**
# 工程款	100 864	76 888	54 939	13 000

丹徒区	新　区	丹阳市	扬中市	句容市
2 216		12 238		9 477
33 374	61 100	1 200	10 700	12 425
	70 893	63 113		43 956
2 639	11 900		40 000	50 165
	101 740	2 200	350	
	20 600		400	51 101
16 781	69 450	33 723	700	
	1 500			
17 001	53 571			10 651
	17 100			
	35 100	3 220	8 000	5 232
		1 277		2 832
31 472	33 120		19 204	12 958
2 126		70 000		
319 705	**2 667 755**	**318 710**	**452 372**	**331 264**
35	181	60	90	46
32	115	42	65	23
30	79	14	54	21
612 334	6128 385	913 686	377 200	2 055 458
428 750	921 206	307 349	123 200	735 123
397 964	**2 723 940**	**972 768**	**692 745**	**482 995**
206				
397 758	2 723 940	972 768	692 745	482 995
		41 140	21 697	4 002
134 552		173 761	170 452	13 301
4 000			8 000	
4 000			8 000	
253 777	2 723 940	753 287	492 596	465 692
250 785		7 000	119 692	
5 429		4 580		
20 680		**11 925**		**15 230**
8 949		9 425		14 551

6－5 农村固定资产

项　目	全　市	市　区		
			京口区	润州区
一、本年完成投资	**4 485 275**	**1 352 246**	**161 660**	**5 479**
# 本年新开工	3 029 414	1 114 176	151 347	
国有经济	659 367	259 129	42 863	204
基础设施投资	628 197	189 693	15 513	
民间投资	3 508 935	957 495	107 797	5 275
按构成分				
# 建筑工程	2 062 917	601 281	50 445	5 479
安装工程	212 911	67 127	6 287	
设备工器具购置	1 743 445	495 658	41 398	
# 用于更新设备	654 149	444 364	2 420	
其他费用	466 002	188 180	63 530	
按性质分				
# 新建	3 034 643	819 825	19 668	5 229
扩建	602 752	231 346	32 200	
改建	663 706	230 308	86 992	250
按登记注册类型分				
# 内资	3 986 893	1 157 328	150 660	5 479
# 国有企业	612 052	223 204	42 863	204
集体企业	29 880			
股份合作企业				
联营企业				
有限责任公司	677 206	149 540	20 010	
股份有限公司	95 175			
私营企业	2 466 460	717 165	44 268	5 275
其他企业	106 120	67 419	43 519	
港澳台商投资	175 783	61 520	11 000	
外商投资	306 437	130 336		
个体经营	16 162	3 062		

投资完成情况

单位：万元

丹徒区	新 区	丹阳市	扬中市	句容市
1 161 207	**23 900**	**1 607 009**	**662 331**	**863 689**
938 929	23 900	1 372 687	214 056	328 495
216 062		32 740		367 498
174 180		38 905	40 087	359 512
820 523	23 900	1 466 713	662 331	422 396
536 357	9 000	785 067	246 765	429 804
59 300	1 540	83 354	21 041	41 389
442 230	12 030	577 955	379 806	290 026
441 944		204 214	1 961	3 610
123 320	1 330	160 633	14 719	102 470
771 028	23 900	1 136 123	321 026	757 669
199 146		241 006	126 114	4 286
143 066		116 473	215 191	101 734
977 289	23 900	1 487 218	552 453	789 894
180 137		32 740		356 108
		8 530		21 350
129 530		225 372	117 540	184 754
		82 275	12 900	
667 622		1 099 600	422 013	227 682
	23 900	38 701		
50 520		43 868		70 395
130 336		62 823	109 878	3 400
3 062		13 100		

6–5（续1）

项　目	全　市	市　区	京口区	润州区
按产业分				
第一产业	45 754	19 120		
第二产业	3 776 879	960 991	110 879	
第三产业	662 642	372 135	50 781	5 479
按国民经济行业分				
农、林、牧、渔业	45 754	19 120		
采矿业	7 486	7 486		
制造业	3 454 353	943 591	110 879	
农副食品加工业	40 308	33 508	27 400	
食品制造业	21 091	21 091		
酒、饮料和精制茶制造业	13 700			
纺织业	82 125	5 756	2 940	
纺织服装、服饰业	16 818	2 698		
皮革、毛皮、羽毛及其制品和制鞋业	30 104	23 174		
木材加工和木、竹、藤、棕、草制品业	23 712	15 512		
家具制造业	19 449	8 949		
造纸和纸制品业	6 820			
印刷和记录媒介复制业	12 605	8 105		
文教、工美、体育和娱乐用品制造业	12 123			
化学原料和化学制品制造业	291 322	155 549	8 810	
医药制造业	40 213	35 213		
橡胶和塑料制品业	51 675	12 593		
非金属矿物制品业	210 490	129 932	19 150	
黑色金属冶炼和压延加工业	23 215	17 215		
有色金属冶炼和压延加工业	57 657	9 708		
金属制品业	113 242	29 930		
通用设备制造业	131 365	43 504	2 940	
专用设备制造业	596 865	100 728	2 950	
汽车制造业	175 124	44 987	22 995	
铁路、船舶、航空航天和其他运输设备制造业	169 362	54 985		
电气机械和器材制造业	670 512	100 727	5 911	
计算机、通信和其他电子设备制造业	367 215	82 596	14 857	
仪器仪表制造业	256 591	7 131	2 926	
废弃资源综合利用业	13 850			
金属制品、机械和设备修理业	6 800			

丹徒区	新　区	丹阳市	扬中市	句容市
19 120		14 520	614	11 500
826 212	23 900	1 491 644	621 630	702 614
315 875		100 845	40 087	149 575
19 120		14 520	614	11 500
7 486				
808 812	23 900	1 491 644	621 630	397 488
6 108				6 800
21 091				
				13 700
2 816		59 869		16 500
2 698		13 450		670
23 174		6 930		
15 512		3 000		5 200
8 949		10 500		
		5 800		1 020
8 105		4 500		
				12 123
146 739		6 1644	36 018	38 111
35 213			5 000	
12 593		33 484		5 598
110 782		49 668		30 890
17 215		6 000		
9 708		37 742		10 207
29 930		59 038	3 800	20 474
27 994	12 570	76 720	7 341	3 800
97 778		451 495	6 010	38 632
21 992		86 177		43 960
54 985		13 882	78 600	21 895
91 266	3 550	173 525	365 366	30 894
59 959	7 780	70 960	119 495	94 164
4 205		249 460		
		11 000		2 850
		6 800		

6-5（续2）

项　目	全　市	市　区		
			京口区	润州区
电力、热力、燃气及水生产和供应业	315 040	9 914		
建筑业				
批发和零售业	206 544	126 632	40 968	
交通运输、仓储和邮政业				
住宿和餐饮业				
信息传输、计算机服务和软件业	36 686	33 986		
金融业				
房地产业	35 746			
租赁和商务服务业	29 913	9 913		5 025
科学研究和技术服务业	146 677	79 084	1 803	
水利、环境和公共设施管理业	25 605	13 486	4 510	
居民服务、修理和其他服务业	2 800	2 800	2 800	
教育	48 896	37 619		
卫生和社会工作	1 961	1 961		
文化、体育和娱乐业	94 537	49 387	700	
公共管理、社会保障和社会组织	11 014	204		204
二、本年新增固定资产	**3 276 356**	**1 278 389**	**165 147**	**8 052**
三、项目个数（个）				
施工项目个数	502	170	31	3
# 本年新开工	407	137	29	
本年投产项目个数	318	146	29	2
四、房屋建筑面积（平方米）				
# 本年施工房屋面积	7 977 518	2 280 807	530 831	150 000
# 住宅	477 496	233 061		
# 本年竣工房屋面积	2 903 527	1 786 641	415 831	13 000
# 住宅	219 061	219 061		
五、本年资金来源合计	**4 619 793**	**1 308 068**	**169 952**	**5 593**
# 上年末结余资金	8 500			
# 本年资金来源小计	4 611 293	1 308 068	169 952	5 593
# 国家预算内资金	50	50	50	
国内贷款	1 129 726	349 912	12 000	
利用外资	56 808	4 310		
# 外商直接投资	28 910	4 310		
自筹资金	3 384 118	930 805	156 896	5 593
# 企事业单位自有资金	1 219 631	868 885	155 238	
其他资金来源	40 591	22 991	1 006	
六、本年各项应付款	**298 053**	**86 951**	**31 299**	
# 工程款	171 595	43 413	21 709	

丹徒区	新　区	丹阳市	扬中市	句容市
9 914				305 126
85 664		38 115	40 087	1 710
33 986		2 700		
				35 746
4 888		20 000		
77 281		9 790		57 803
8 976		4 640		7 479
37 619		5 230		6 047
1 961				
48 687		6 000		39 150
		10 810		
1 081 290	**23 900**	**1 122 203**	**607 780**	**267 984**
131	5	207	49	76
103	5	197	24	49
115		99	28	45
1 535 908	64 068	2 980 829	388 500	2 327 382
233 061		244 435		
135 7810		510 761	178 500	427 625
219 061				
1 108 623	**23 900**	**1 656 850**	**667 337**	**987 538**
		8 500		
1 108 623	23 900	1 648 350	667 337	987 538
337 912		284 951	144 918	349 945
4 310		47 498		5 000
4 310		24 600		
744 416	23 900	1 298 301	522 419	632 593
713 647		293 626	46 500	10 620
21 985		17 600		
55 652		**209 752**		**1 350**
21 704		127 832		350

6－6 更新改造固定资产

项　目	全　市	市　区	京口区	润州区
一、本年完成投资	**2 939 830**	**2 086 480**	**1 015 672**	**594 431**
#本年新开工	2 076 113	1 670 183	876 869	449 422
国有经济	67 7758	633 764	260 683	275 370
基础设施投资	503 868	458 954	260 248	149 701
民间投资	2 023 406	1 316 745	738 675	272 698
按构成分				
#建筑工程	981 921	705 295	272 895	313 506
安装工程	231 909	183 456	59 353	85 014
设备工器具购置	1 407 101	901 171	445 681	155 126
#用于更新设备	253 183	222 202	94 698	27 816
其他费用	318 899	296 558	237 743	40 785
按性质分				
#新建				
扩建	488 860	314 191	3 437	179 295
改建	2 413 467	1 734 786	1 011 735	408 383
按登记注册类型分				
#内资	2 563 543	1 880 877	984 403	529 865
#国有企业	587 223	543 229	246 853	198 665
集体企业	59 589	58 669	7 480	51 189
股份合作企业				
联营企业	33 683	33 683	8 500	25 183
有限责任公司	434 230	334 175	185 914	53 849
股份有限公司	32 555	32 555	32 555	
私营企业	1 193 203	655 506	367 229	183 791
其他企业	223 060	223 060	135 872	17 188
港澳台商投资	109 993	63 134	11 000	30 580
外商投资	256 617	132 792	105 92	339 86
个体经营	9 677	9 677	9 677	

投资完成情况

单位：万元

丹徒区	新　区	丹阳市	扬中市	句容市
179 743	**296 634**	**129 473**	**572 399**	**151 478**
179 402	164 490	57 100	234 084	114 746
11 711	86 000			43 994
21 625	27 380	920		43 994
158 118	147 254	119 800	485 812	101 049
55 244	63 650	77 550	108 202	90 874
12 549	26 540	25 050	20 383	3 020
99 758	200 606	26 673	430 924	48 333
99 688		22 700	6 261	2 020
12 192	5 838	200	12 890	9 251
10 369	121 090		174 669	
169 374	145 294	129 473	397 730	151 478
164 505	202 104	119 800	417 823	145 043
11 711	86 000			43 994
		920		
49 488	44 924	5 280	87 545	7 230
103 306	1 180	113 600	330 278	93 819
	70 000			
9 914	11 640		40 424	6 435
5 324	82 890	9 673	114 152	

6–6（续1）

项　目	全　市	市　区	京口区	润州区
按产业分				
第一产业	9 014	9 014		
第二产业	1 921 323	1 106 612	344 098	335 286
第三产业	1 009 493	970 854	671 574	259 145
按国民经济行业分				
农、林、牧、渔业	9 014	9 014		
采矿业	591	591		591
制造业	1 813 720	1 005 284	269 270	320 916
农副食品加工业	31 058	24 258	24 258	
食品制造业	8 860	8 860		8 860
酒、饮料和精制茶制造业	4 574	4 574		4 574
纺织业	2 940	2 940	2 940	
纺织服装、服饰业	34 097	34 097	2 947	
皮革、毛皮、羽毛及其制品和制鞋业	8 442	8 442	2 920	
家具制造业	4 000			
造纸和纸制品业	58 320	57 300		
印刷和记录媒介复制业	11 800	11 800		11 800
化学原料和化学制品制造业	268 078	150 988	31 460	
化学纤维制造业	1 390	1 390		1 390
橡胶和塑料制品业	23 459	12 386		8 900
非金属矿物制品业	101 824	91 124	24 350	21 648
黑色金属冶炼和压延加工业	4 258	4 258		
有色金属冶炼和压延加工业	8 000			
金属制品业	45 168	27 668	4 500	8 778
通用设备制造业	24 308	16 967	2 940	11 042
专用设备制造业	186 488	128 208	17 721	95 549
汽车制造业	42 813	19 560	12 600	6 960
铁路、船舶、航空航天和其他运输设备制造业	102 674	69 074	24 099	24 794
电气机械和器材制造业	446 860	45 026	5 911	28 969
计算机、通信和其他电子设备制造业	248 435	177 540	43 037	54 315
仪器仪表制造业	143 024	108 824	69 587	33 337
废弃资源综合利用业	2 850			

丹徒区	新　区	丹阳市	扬中市	句容市
9 014				
157 974	269 254	128 553	572 399	113 759
12 755	27 380	920		37 719
9 014				
145 844	269 254	128 553	572 399	107 484
				6 800
	31 150			
5 522				
				4 000
	57 300			1 020
2 214	117 314		78 129	38 961
3 486				11 073
45 126		3 200		7 500
4 258				
		8 000		
14 390			3 800	13 700
2 985			7 341	
14 938		54 280		4 000
		22 073		1 180
20 181			33 600	
2 796	7 350	6 800	395 034	
29 948	50 240		54 495	16 400
	5 900	34 200		
				2 850

6-6（续2）

项　目	全　市	市　区		
			京口区	润州区
电力、热力、燃气及水生产和供应业	107 012	100 737	74 828	13 779
批发和零售业	62 827	62 827	59 317	250
交通运输、仓储和邮政业	93 866	62 510	45 230	17 280
住宿和餐饮业	181 288	181 288	154 288	27 000
信息传输、计算机服务和软件业	259 852	259 852	166 769	93 083
金融业	27 930	27 930	27 930	
租赁和商务服务业	14 747	14 747	14 747	
科学研究和技术服务业	12 013	12 013	9 123	2 890
水利、环境和公共设施管理业	245 629	239 266	87 049	118 642
居民服务、修理和其他服务业	19 560	19 560	19 560	
教育	23 756	22 836	19 536	
文化、体育和娱乐业	51 905	51 905	51 905	
公共管理、社会保障和社会组织	16 120	16 120	16 120	
二、本年新增固定资产	**2 497 926**	**1 786 993**	**917 796**	**414 536**
三、项目个数（个）				
施工项目个数	460	347	225	64
#本年新开工	367	295	207	42
本年投产项目个数	371	294	205	40
四、房屋建筑面积（平方米）				
#本年施工房屋面积	1 859 248	1 525 718	358 252	807 934
#本年竣工房屋面积	1 151 372	950 342	183 280	510 662
五、本年资金来源合计	**2 967 696**	**2 100 591**	**1 020 936**	**604 369**
#上年末结余资金	812	812	812	
#本年资金来源小计	2 966 884	2 099 779	1 020 124	604 369
#国家预算内资金	4 052	50	50	
国内贷款	238 073	110 140	26 517	28 501
利用外资	34 352	24 979	23 979	1 000
#外商直接投资	13 400	5 400	5 400	
自筹资金	2 686 332	1 960 535	967 403	574 868
#企事业单位自有资金	1 140 845	1 062 894	948 011	463
其他资金来源	4 075	4 075	2 175	
六、本年各项应付款	**103 856**	**86 356**	**69 184**	**8 000**
#工程款	62 633	52 633	42 249	8 000

丹徒区	新　区	丹阳市	扬中市	句容市
12 130				6 275
3 260				
				31 356
9 495	24 080			6 363
	3 300	920		
158 027	**296 634**	**63 553**	**552 460**	**94 920**
35	23	15	59	39
34	12	11	34	27
33	16	7	44	26
120 132	239 400	57 000	101 200	175 330
72 100	184 300	10 000	41 200	149 830
172 652	**302 634**	**129 474**	**578 567**	**159 064**
172 652	302 634	129 474	578 567	159 064
				4 002
55 122		9 900	110 413	7 620
		1 373	8 000	
			8 000	
115 630	302 634	118 201	460 154	147442
114 420		32 200	45 751	
1 900				
9 172		**17 500**		
2 384		10 000		

6－7 房地产开发

项 目	全 市	市 区	京口区	润州区
一、房地产开发企业数（个）	**316**	**158**	**35**	**51**
二、本年完成投资	**2 054 834**	**1 144 916**	**292 779**	**518 610**
#配套工程投资	42 633	14 629	2 561	6 827
国有经济控股	278 226	252 467	78 939	120 936
按登记注册类型分				
#内资	1 576 351	939 858	206 354	507 096
国有	169 041	166 159	39 270	126 639
集体	21 305	5 200		5 200
其他有限责任公司	483 739	402 275	77 746	251 006
股份有限公司	118 775	85 934	33 152	13 786
私营经济	737 313	271 503	52 976	104 888
其他	46 178	8 787	3 210	5 577
港澳台商投资	180 664	119 413	68 172	
合资经营	83 768	72 368	67 618	
独资	96 896	47 045	554	
外商投资	297 819	85 645	18 253	11 514
合资经营	43 663	43 464	18 253	11 514
独资	254 156	42 181		
按构成分				
建筑工程	1 342 006	727 295	150 586	323 972
安装工程	156 200	84 116	16 840	39 922
设备工器具购置	55 957	55 957	9 940	12 273

投资完成情况

单位：万元

丹徒区	新　区	丹阳市	扬中市	句容市
37	**35**	**57**	**29**	**72**
152 859	**180 668**	**336 110**	**140 570**	**433 238**
3 114	2 127	5 525		22 479
15 552	37 040	22 882		2 877
126 897	99 511	324 872	140 570	171 051
250		2 882		
		835	14 977	293
54 967	18 556	10 000	46 397	25 067
8 950	30 046	26 203	6 638	
62 730	50 909	264 952	72 558	128 300
		20 000		17 391
22 472	28 769	10 989		50 262
4 750				11 400
17 722	28 769	10 989		38 862
3 490	52 388	249		211 925
2 250	11 447	199		
1 240	40 941	50		211 925
108 122	144 615	239 942	91 029	283 740
14 659	12 695	35 740	9 952	26 392
3 252	2 888	16 070	2 599	8 935

6–7（续）

项　目	全　市	市　区	京口区	润州区
其他费用	500 671	305 152	115 413	142 443
按用途分				
#住宅	1 563 949	865 332	248 032	389 032
# 90 平方米以下	287 452	170 191	36 810	74 180
140 平方米以上	336 545	146 950	53 410	56 430
经济适用房				
别墅、高档公寓	158 102	82 829	21 365	46 689
办公楼	31 439	26 316	4 399	15 677
商业营业用房	276 887	155 606	21 824	68 233
其他	182 559	97 662	18 524	45 668
三、本年新增固定资产	**1 455 985**	**855 794**	**118 454**	**366 889**
四、本年资金来源	**5 270 979**	**3 521 591**	**913 222**	**1 720 970**
#上年末结余资金	1 245 014	800 355	155 417	500 898
#本年资金来源	4 025 965	2 721 236	757 805	1 220 072
#国内贷款	761 872	573 607	86 020	253 840
利用外资	14 736			
#外商直接投资				
自筹资金	1 362 161	1 065 920	408 256	463 142
#企事业单位自有资金	445 538	381 628	19 681	329 398
其他资金来源	1 887 196	1 081 709	263 529	503 090
五、土地购置和开发				
# 待开发土地面积（平方米）	3 615 450	2 140 313	630 694	238 037
本年购置土地面积（平方米）	1 207 316	889 581	308 378	102 919
本年土地成交价款（万元）	332 812	280 138	151 000	17 005

丹徒区	新　区	丹阳市	扬中市	句容市
26 826	20 470	44 358	36 990	114 171
99 644	128 624	263 563	75 562	359 492
15 771	43 430	43 357	2 237	71 667
25 656	11 454	60 515	16 109	112 971
14 625	150	23 992	1 300	49 981
6 240		2 926	145	2 052
25 151	40 398	34 651	45 594	41 036
21 824	11 646	34 970	19 269	30 658
83 746	**286 705**	**206 237**	**29 952**	**364 002**
372 197	**515 202**	**845 829**	**191 996**	**711 563**
54 602	89 438	257 366	44 414	142 879
317 595	425 764	588 463	147 582	568 684
60 947	172 800	111 615	18 955	57 695
				14 736
79 622	114 900	125 251	55 516	115 474
29 189	3 360	18 145	21 364	24 401
177 026	138 064	351 597	73 111	380 779
443 334	828 248	23 924	114 713	1 336 500
314 601	163 683	101 896	106 349	109 490
60 034	52 099	23 585	10 955	18 134

6－8 商品房

项　目	全 市	市 区	京口区	润州区
一、房屋施工面积	**16 965 613**	**9 305 036**	**1 965 514**	**3 851 425**
#住宅	13 136 243	7 303 209	1 621 408	2 849 409
# 90 平方米以下	2 238 912	1 467 279	416 646	343 167
140 平方米以上	2 881 249	1 506 002	296 803	599 358
经济适用房	2 069 461	1 615 362	339 509	526 137
别墅、高档公寓	1 287 693	685 119	86 635	202 655
办公楼	284 956	191 029	45 122	113 257
商业营业用房	1 947 956	1 006 119	125 427	465 381
其他	1 596 458	804 679	173 557	423 378
二、房屋竣工面积	**4 036 546**	**2 150 447**	**304 721**	**877 087**
#住宅	3 489 146	1 892 691	294 629	744 515
# 90 平方米以下	744 494	492 417	33 483	28 477
140 平方米以上	873 460	444 292	39 307	210 648
经济适用房	442 102	201 711	37 777	44 534
别墅、高档公寓	350 259	264 661	3 422	112 959
办公楼	25 288	216 09		21 159
商业营业用房	296 295	176 598	5 411	64 413
其他	225 817	59 549	4 681	47 000
三、竣工房屋价值（万元）	**1 094 319**	**582 813**	**88 637**	**255 071**
#住宅	961 649	506 023	86 521	220 502
# 90 平方米以下	196 868	122 273	8 331	10 036
140 平方米以上	280 061	113 998	10 423	58 270
别墅、高档公寓	132 894	60 776	940	36 096
办公楼	6 130	5 395		5 290
商业营业用房	82 819	55 685	1 220	16 639
其他	43 721	15 710	896	12 640

开发与销售情况

单位：平方米

丹徒区	新　区	丹阳市	扬中市	句容市
1 505 454	**1 982 643**	**3 589 410**	**731 089**	**3 340 078**
1 289 905	1 542 487	2 762 978	423 143	2 646 913
199 070	508 396	299 587	17 495	454 551
509 588	100 253	633 453	83 377	658 417
117 584	632 132	237 313	83 700	133 086
385 571	10 258	252 616	6 500	343 458
32 650		59 994	2 787	31 146
144 065	271 246	384 738	190 023	367 076
38 834	168 910	381 700	115 136	294 943
371 768	**596 871**	**891 167**	**107 184**	**887 748**
350 510	503 037	706 650	72 722	817 083
62 684	367 773	92 520		159 557
179 702	14 635	169 033	21 792	238 343
86 400	33 000	124 338	61 000	55 053
148 280				85 598
450				3 679
17 561	89 213	55 710	19 985	44 002
3 247	4 621	128 807	14 477	22 984
81 621	**157 484**	**193 369**	**17 618**	**300 519**
75 529	123 471	156 792	12 512	286 322
17 562	86 344	19 458		55 137
32 770	12 535	35 533	2 833	127 697
23 740				72 118
105				735
5 164	32 662	13 938	3 076	10 120
823	1 351	22 639	2 030	3 342

6-8（续1）

项 目	全 市	市 区	京口区	润州区
四、住宅竣工套数（套）	**29 324**	**15 643**	**2 016**	**6 175**
# 90平方米以下	9 103	5 714	463	327
140平方米以上	3 732	1 722	186	977
别墅、高档公寓	1 114	844	24	488
五、商品房销售面积	**4 201 984**	**2 221 727**	**478 629**	**737 654**
# 住宅	3 868 482	2 056 906	447 191	667 764
# 90平方米以下	927 684	484 112	58 035	149 892
140平方米以上	563 765	297 739	96 033	108 316
别墅、高档公寓	188 811	95 816	14 108	25 827
办公楼	29 919	14 850	4 482	1 900
商业营业用房	208 222	105 129	22 186	54 227
其他	95 361	44 842	4 770	13 763
六、商品房销售额（万元）	**2 337 939**	**1 175 996**	**315 659**	**446 935**
# 住宅	2 042 794	1 014 472	284 131	358 805
# 90平方米以下	360 892	157 425	33 237	59 394
140平方米以上	431 739	220 907	80 274	78 169
别墅、高档公寓	192 669	83 345	18 123	25 026
办公楼	21 288	13 515	3 755	1 843
商业营业用房	248 016	140 316	26 510	82 730
其他	25 841	7 693	1 263	3 557
七、商品住宅销售套数（套）	**35 124**	**18 854**	**3 914**	**6 113**
# 90平方米以下	11 386	5 926	698	2 023
140平方米以上	2 827	1 555	500	602
别墅、高档公寓	711	384	45	110

丹徒区	新　区	丹阳市	扬中市	句容市
2 300	**5 152**	**6 325**	**562**	**6 794**
730	4 194	1 125		2 264
476	83	991	135	884
332				270
396 593	**608 851**	**718 738**	**161 400**	**1 100 119**
375 272	566 679	641 395	115 670	1 054 511
41 271	234 914	48 806	1 738	393 028
57 567	35 823	107 970	21 505	136 551
51 492	4 389	18 349		74 646
8 468		5 535		9 534
12 853	15 863	33 833	42 040	27 220
	26 309	37 975	3 690	8 854
206 589	**206 813**	**417 438**	**107 336**	**637 169**
186 290	185 246	364 879	68 424	595 019
203 89	44 405	26 499	1 382	175 586
39 955	22 509	73 923	15 067	121 842
36 617	3 579	26 346		82 978
7 917		2 966		4 807
12 382	18 694	34 219	38 039	35 442
	2 873	15 374	873	1 901
3 232	**5 595**	**5 219**	**905**	**10 146**
507	2 698	623	21	4 816
243	210	538	133	601
211	18	56		271

6–8（续 2）

项　目	全　市	市　区	京口区	润州区
八、商品房待售面积	**1 470 887**	**835 280**	**176 722**	**182 234**
#住宅	997 527	582 801	150 519	56 455
# 90 平方米以下	111 002	67 863	49 614	1 989
140 平方米以上	394 868	176 274	48 260	26 967
别墅、高档公寓	227 766	142 624	36 467	12 379
办公楼	25 169	25 169		24 353
商业营业用房	328 181	197 102	19 984	85 718
其他	120 010	30 208	6 219	15 708
#待售 1-3 年（含 1 年）	984 688	554 617	88 658	140 675
# 住宅	657 503	389 308	85 107	30 010
# 90 平方米以下	66 576	55 513	46 869	1 989
140 平方米以上	265 160	111 232	1 356	15 435
别墅、高档公寓	174 566	90 835	7 631	847
办公楼	21 891	21 891		21 891
商业营业用房	214 153	120 862	1 089	73 793
其他	91 141	22 556	2 462	14 981
#待售 3 年以上（含 3 年）	111 173	72 393	11 769	11 771
# 住宅	42 265	31 356	1 301	311
# 90 平方米以下	2 671	1 691		
140 平方米以上	6 710	658	658	
别墅、高档公寓	222	222		
办公楼	3 278	3 278		2 462
商业营业用房	57 533	34 572	8 420	8 271
其他	8 097	3 187	2 048	727

丹徒区	新　区	丹阳市	扬中市	句容市
297 591	**178 733**	**321 415**	**77 067**	**237 125**
245 094	130 733	162 228	32 654	219 844
8 370	7 890	7 994		35 145
98 025	3 022	62 285	13 140	143 169
84 953	8 825	5 435		79 707
	816			
48 933	42 467	96 760	21 251	13 068
3 564	4 717	62 427	23 162	4 213
200 876	124 408	285 497	18 264	126 310
179 886	94 305	149 699	4 028	114 468
5 310	1 345	6 830		4 233
94 441		55 386		98 542
81 369	988	4 588		79 143
20 594	25 386	76 418	8 866	8 007
396	4 717	59 380	5 370	3 835
40 130	8 723	33 611	4 052	1 117
26 337	3 407	10 909		
1 691		980		
		6 052		
	222			
	816			
13 381	4 500	20 342	1 502	1 117
412		2 360	2 550	

6－9 房地产

项　目	全　市	市　区		
			京口区	润州区
一、年初存货	**4 848 133**	**3 177 448**	**849 618**	**1 390 224**
二、年末资产负债				
流动资产合计	12 392 249	8 534 501	1 646 301	4 890 686
＃存货	6 663 229	4 695 024	1 444 179	2 052 656
固定资产原价	737 353	573 417	38 765	501 008
累计折旧	73 342	37 017	14 926	9 924
＃本年折旧	24 104	14 879	9 023	2 827
资产总计	16 605 710	12 234 679	1 766 929	8 143 374
负债合计	11 383 240	8 156 253	1 458 126	4 863 973
所有者权益合计	5 222 470	4 078 426	308 802	3 279 401
＃实收资本	1 921 698	998 185	300 723	327 617
三、损益及分配				
主营业务收入	1 903 610	1 055 729	90 185	512 526
土地转让收入	107			
商品房屋销售收入	1 767 229	933 318	89 550	392 599
房屋出租收入	4 448	3 356	636	1 022
其他收入	131 826	119 056		118 905
主营业务成本	1 428 951	841 459	75 942	433 650

企业经营状况

单位：万元

丹徒区	新 区	丹阳市	扬中市	句容市
273 110	**664 496**	**690 039**	**202 444**	**778 202**
621 075	1 376 440	1 673 083	377 856	1 806 810
418 528	779 660	639 631	221 053	1 107 522
11 731	21 914	40 317	11 683	111 936
5 999	6 169	17 673	3 015	15 637
1 556	1 473	3 035	593	5 597
685 430	1 638 946	1 977 384	419 861	1 973 787
522 871	1 311 283	1 582 845	316 135	1 328 007
162 559	327 664	394 540	103 725	645 780
129 898	239 949	303 998	70 737	548 777
238 342	214 676	329 583	147 909	370 390
		42	65	
238 167	213 002	329 261	146 146	358 505
24	1 674	231		862
151	1	49	1 698	11 023
177 631	154 236	241 177	107 350	238 965

6-9（续）

项目	全市	市区	京口区	润州区
主营业务税金及附加	154 984	86 725	8 744	42 495
主营业务利润	319 675	127 545	5 499	36 381
其他业务利润	5 037	3 731	1 104	1 290
销售费用	71 933	41 168	9 713	14 959
管理费用	115 384	67 665	12 968	30 601
#税金	10 854	8 010	1 120	5 412
差旅费	2 567	1 421	430	438
工会经费	284	134	23	75
财务费用	41 783	29 626	8 119	7 419
#利息支出	28 270	18 082	8 329	6 292
营业利润	78 842	-11 867	-23 688	4 222
投资收益	13 523	13 093	1 343	8 738
营业外收入	80 567	79 630	767	68 103
营业外支出	5 303	2 825	229	1 144
利润总额	162 812	73 415	-23 100	79 607
应交所得税	41 611	17 645	1 429	7 652
亏损企业个数	157	95	21	32
四、工资、福利费				
本年应付职工薪酬	48 903	24 685	6 220	9 917
五、全部从业人员年平均人数（人）	**8 715**	**3 954**	**819**	**1 417**

丹徒区	新　区	丹阳市	扬中市	句容市
18 617	16 869	28 251	11 248	28 760
42 094	43 571	60 155	29 310	102 665
1 357	-22	311	49	946
7 452	9 045	8 757	1 892	20 116
11 572	12 524	21 860	6 642	19 217
971	507	1 128	426	1290
293	260	623	153	370
23	12	22	22	105
1 538	12 549	7 925	1 962	2 271
1 352	2 109	7 041	1 776	1 371
20 985	-13 386	22 272	18 693	49 745
2	3 011	229	55	146
6 891	3 870	515	43	379
737	716	1 792	243	442
27 139	-10 231	21 215	18 493	49 689
7 238	1 327	7 945	2 223	13 797
17	25	32	2	28
4 696	3 852	7 582	3 440	13 197
831	**887**	**1 819**	**662**	**2 280**

6－10 建筑业

项　目	企业个数（个）	建筑业总产值	建筑工程	安装工程
总　计	**381**	**3 709 054**	**3 358 299**	**279 913**
一、按登记注册类型分				
内资企业	378	3 703 574	3 353 559	279 533
#国有企业	20	318 782	204 665	83 070
集体企业	15	102 662	44 567	57 778
股份合作企业	2	4 808	4 458	
联营企业	3	550 855	550 855	
有限责任公司	64	928 279	818 856	89 046
股份有限公司	15	180 399	180 399	
私营企业	256	1 597 894	1 529 909	49 594
其他企业	3	19 896	19 851	45
港、澳、台商投资企业	3	5 480	4 740	380
二、按国民经济行业分				
房屋和土木工程	215	3 029 803	2 819 530	143 524
建筑安装	45	296 429	166 030	130 039
建筑装饰	72	207 934	204 769	2 541
其他	18	105 621	103 669	399
三、按隶属关系分				
中央	3	592 261	489 124	81 413
省级	2	105 713	105 713	
地区	18	153 061	135 897	7 840
县级	17	79 285	75 821	3 114
其他	336	2 767 862	2 541 189	187 546

基本情况表

单位：万元、平方米

其他产值	竣工产值	房屋建筑 施工面积	房屋建筑 竣工面积	房屋建筑 竣工价值
70 841	**2 933 533**	**19 048 131**	**7 728 767**	**1 062 688**
70 481	2 927 921	18 932 301	7 612 937	1 057 948
31 048	292 856	497 615	366 929	69 524
317	95 630	301 594	219 633	20 968
350	4 065	56 750	12 500	2 471
	282 479	150 000	111 940	16 792
20 376	894 944	4 135 520	1 851 145	272 617
	122 043	99 070	80 320	15 405
18 391	1 220 557	13 508 435	4 913 596	652 234
	15 347	183 317	56 874	7 938
360	5 612	115 830	115 830	4 740
66 749	2 407 574	18 242 877	4 347 760	605 787
360	253 030	541 348		
624	138 725	421		
1 554	77 993	119 430	166 716	23 166
21 724	415 746	328 515	162 113	49 651
	4 415	37 150	15 400	4 009
9 324	121 976	28 785	21 785	2 739
350	76 599	498 200	393 815	46 696
39 127	2 304 956	17 997 778	7 017 141	948 142

6-10（续）

项　　目	企业个数（个）	建筑业总产值	建筑工程	安装工程
四、按企业资质等级分				
#施工总承包	200	3 108 555	2 854 215	188 955
#一级	13	1 563 666	1 369 327	156 054
二级	48	789 090	757 278	8 599
专业承包	181	600 499	504 085	90 959
#一级	13	271 792	271 192	
二级	46	162 074	106 673	53 620
五、按控股情况分				
#国有控股	25	885 327	770 247	84 032
集体控股	22	123 471	52 764	70 040
私人控股	325	2 658 379	2 495 139	125 841
港澳台商控股	2	5 100	4 740	
其他	7	36 777	35 410	
六、按地区分				
市　区	190	2 437 142	2 116 414	254 090
京口区	67	738 224	617 824	96 773
润州区	63	1 429 084	1 241 487	146 858
丹徒区	35	182 099	171 990	8 633
新　区	25	87 735	85 113	1 826
丹阳市	96	577 160	554 605	21 943
扬中市	30	172 267	171 051	1 017
句容市	65	522 485	516 230	2 863

其他产值	竣工产值	房屋建筑施工面积	房屋建筑竣工面积	房屋建筑竣工价值
65 385	2 553 273	18 369 433	7 407 597	1 030 506
38 285	1 365 427	4 892 855	2 109 226	397 795
23 213	622 232	6 567 533	2 183 526	297 515
5 456	380 261	678 698	321 170	32 182
600	116 098			
1 782	124 303	426 877	131 230	8 749
31 048	590 062	677 094	508 348	92 043
667	113 275	358 344	232 133	23 439
37 399	2 206 967	17 624 113	6 792 102	930 938
360	5 100	115 830	115 830	4 740
1 367	18 129	272 750	80 354	11 529
66 638	1 908 555	8 257 933	3 038 110	521 416
23 627	684 734	1 174 296	338 174	48 071
40 740	1 012 124	5 315 787	2 022 541	364 020
1 476	160 932	1 452 236	584 631	91 081
796	50 765	315 614	92 764	18 245
612	452 630	5 955 411	2 307 306	228 739
200	135 153	1 103 839	555 062	73 979
3 392	437 196	3 730 948	1 828 289	238 554

6－11 建筑业

项　　目	全　市	市　区		
			京口区	润州区
一、年初存货	**511 794**	**272 794**	**45 547**	**140 324.5**
二、年末资产负债				
流动资产合计	4 078 302	2 859 342	1 519 374	1 022 651
固定资产合计	396 029	210 204	112 208	68 769
固定资产原价	561 740	358 089	172 022	138 072
累计折旧	235 561	165 581	67 108	76 630
在建工程	49 329	12 338	5 755	5 814
资产合计	4 774 347	3 258 674	1 718 073	1 171 211
流动负债合计	3 168 817	2 324 948	1 163 679	945 941
非流动负债合计	37 128	19 285	6 991	9 346
负债合计	3 496 221	2 611 130	1 412 686	967 321
所有者权益合计	1 276 711	647 489	305 387	203 891
三、损益及分配				
营业收入	3 659 849	2 418 108	782 988	1 347 907
营业成本	3 215 519	2 170 231	701 248	1 216 190
营业税金及附加	118 565	72 870	18 582	43 965
其他业务利润	4 194	2 599	1 101	1 313
管理费用	140 804	96 221	31 468	54 102
财务费用	51 910	28 903	12 429	12 016
营业利润	121 090	45 187	17 756	19 446
营业外收入	7 504	3 018	1 320	1 236
营业外支出	3 749	1 657	641	911
利润总额	124 897	46 536	18 217	19 977
应交所得税	29 508	13 871	5 104	6 744
应付职工薪酬	394 659	184 781	51 759	89 776
四、土地和固定资产支出	**40 889**	**17 160**	**6 464**	**10 527**
五、建筑业企业在境外完成的营业收入	**463 003**	**461 003**	**28 521**	**432 481**

企业财务状况

单位：万元

丹徒区	新　区	丹阳市	扬中市	句容市
42 239.9	**44 683.3**	**127 294**	**37 752.3**	**73 952.9**
162 349	154 969	562 826	151 684	504 450
19 005	10 221	89 029	19 377	77 420
34 167	13 829	114 974	28 358	60 319
15 790	6 053	38 216	12 793	18 970
279	489	5 617	1 951	29 424
195 208	174 182	694 969	192 455	628 249
113 603	101 725	398 354	104 311	341 205
1 225	1 723	5 430	238	12 175
127 634	103 489	415 290	105 983	363 818
67 519	70 693	279 679	86 473	263 071
171 498	115 716	526 181	193 644	521 916
150 269	102 525	436 997	161 908	446 383
6 205	4 118	19 269	7 564	18 862
104	81	425	143	1 028
7 619	3 032	21 346	8 449	14 789
1 456	3 002	12 577	2 664	7 766
5 525	2 461	32 572	11 968	31 363
1	460	47	4 428	11
31	74	1 230	222	639
5 494	2 847	31 389	16 173	30 798
1 368	655	7 614	2 299	5 725
32 640	10 606	100 253	37 867	71 757
102	**66**	**11 856**	**23**	**11 850**
			2 000	

6－12 房地产销售收入前50家企业

企业名称	企业名称
句容碧桂园房地产开发有限公司	镇江先基置业有限公司
镇江盈盛房地产开发有限公司	镇江维科置业有限公司
镇江国信嘉源房地产开发有限公司	镇江佳祺置业有限公司
丹阳恒大置业有限公司	江苏镇江亚东置业有限公司
远洋地产镇江有限公司	镇江润德置业有限公司
镇江市中建地产有限公司	镇江智谷房地产开发有限公司
镇江万筑置业有限公司	江苏正大置业有限公司
镇江市润州区土地房屋开发总公司	江苏天盛旅游开发有限公司
句容天工置业有限公司	镇江润豪房地产开发有限公司
江苏云阳集团房地产开发有限公司	中南镇江房地产开发有限公司
镇江中南新锦城房地产发展有限公司	镇江明旺房地产开发有限公司
镇江润都置业有限公司	镇江中冶京诚置业有限公司
江苏朱方置业股份有限公司	江苏聚旺房地产开发有限公司
镇江汉翔房地产有限公司	丹阳市天怡房屋建设开发有限公司
扬中博联农商广场有限公司	句容市华阳房地产开发总公司
扬中市承泰置业有限公司	镇江冠城房地产开发有限公司
江苏坤润置地有限公司	江苏宝地置业有限公司
丹阳市嘉源房地产开发有限公司	江苏上水置业有限公司
丹阳市美亚房地产开发有限公司	镇江强凌房地产开发有限公司
镇江市旭润房地产开发有限公司	句容金润开发有限公司
镇江万高置业有限公司	无锡红豆置业有限公司镇江江南府邸分公司
丹阳信达房地产开发有限公司	扬中市新飞明城城市开发有限公司
镇江常发广场置业有限公司	江苏申华置业有限公司
镇江红星置业有限公司	句容时代置业有限公司
丹阳市金桥房地产开发有限公司	镇江九润国际置业有限公司

6－13　建筑业总产值前50家企业

企业名称	企业名称
中交第二航务工程局第三工程有限公司	镇江市江泰建筑安装有限公司
江苏省交通集团有限公司	江苏明兴建设发展有限公司
镇江建工建设集团有限公司	镇江润扬交通工程处
中国能源建设集团江苏省电力建设第三工程公司	扬中市新城建筑安装工程有限公司
江苏镇江安装集团有限公司	扬中市基础工程有限公司
江苏地质基桩工程公司	镇江市大港建筑安装工程总公司
江苏山水园林建设有限公司	江苏天坤集团建筑工程有限公司
江苏华飞建设工程总承包有限公司	江苏恒顺建筑安装工程有限公司
镇江第二建筑工程有限公司	江苏福世特建筑工程有限公司
江苏广兴建设有限公司	丹阳中泰电力工程有限公司
江苏合发集团有限责任公司	句容市亚鑫建设有限公司
镇江市路桥工程总公司	江苏丹阳市政建设有限公司
江苏华泰装饰工程有限公司	江苏祥盛建设有限公司
镇江大照集团有限公司	江苏天安建设有限公司
江苏丹建集团有限公司	镇江润祥市政建设工程有限公司
镇江索普建筑安装工程有限责任公司	江苏万宣建设工程有限公司
江苏云阳集团有限公司	镇江市水利建筑有限公司
扬中市建筑安装工程有限公司	镇江市四海建筑安装工程有限公司
江苏拓科集团有限公司	镇江市市政建设工程总公司
镇江京河建筑工程有限公司	镇江市万丰市政工程有限公司
镇江苏宁建工有限公司	江苏河海建设有限公司
丹阳市广厦建筑工程有限公司	句容市第三建筑安装工程公司
镇江国际经济技术合作公司	江苏天佑建设工程有限公司
江苏丹凤集团有限公司	江苏新溪建设工程有限公司
镇江市光大建筑工程有限公司	江苏界牌建设发展有限公司

6－14 主要年份固定资产

年份	投资完成额	基本建设	更新改造	房地产	城镇	新增固定资产	房屋竣工面积	住宅
1949	45	9						
1952	420	313						
1957	2 240	955						
1962	3 256	892				500	3.76	1.4
1965	6 058	3 728				4 147	8.52	2.47
1970	14 255	5 097				4 359	9.59	1.38
1975	16 258	4 805				3 151	12.98	3.21
1978	24 656	9 253	2 318		757	7 061	37.46	12.72
1979	38 396	16 972	1 475		751	8 908	44.41	18.25
1980	52 402	20 820	3 698		1 683	27 523	56.81	25.33
1981	37 646	12 399	4 146		2 278	14 077	55.75	31.05
1982	47 942	15 338	5 677		2 956	13 939	64.94	34.94
1983	49 460	18 531	5 487		4 365	30 614	78.25	40
1984	59 498	23 057	5 996		6 175	19 556	69.15	26.14
1985	89 198	26 213	13 349		12 066	50 440	80.71	32.05
1986	108 577	29 650	15 203		12 948	62 589	82.56	38.05
1987	118 921	29 154	18 628		12 041	57 775	57.42	17.72
1988	153 326	31 106	29 299		15 864	57 349	62.33	16.48
1989	132 045	25 472	19 342		9 501	50 352	48.42	13.40

投资完成情况

单位：万元、万平方米

年 份	投 资 完成额	基本建设	更新改造	房地产	城 镇	新增固定资产	房屋竣工面积	住 宅
1990	151 368	28 148	26 300	10 131	8 940	67 021	74.90	34.42
1991	198 552	37 862	35 751	13 291	14 027	76 765	75.69	36.99
1992	312 972	69 134	67 079	16 126	33 426	115 173	95.22	40.39
1993	569 065	97 615	87 568	70 135	36 435	247 175	152.33	74.88
1994	609 487	113 767	101 379	73 992	32 302	242 983	147.12	83.09
1995	685 547	123 109	129 855	73 542	43 616	299 893	150.90	74.98
1996	791 527	201 247	133 595	62 814	33 771	320 327	136.96	65.45
1997	1 013 889	404 085	152 406	67 771	48 989	576 383	134.48	67.96
1998	1 643 619	972 846	152 101	87 390	46 833	503 510	182.57	95.41
1999	1 417 830	661 325	155 054	113 965	29 278	546 313	177.24	111.73
2000	1 409 515	480 446	180 054	128 593	31 408	681 133	204.07	117.04
2001	1 508 727	516 785	172 844	149 463	40 739	1 839 651	283.43	111.62
2002	1 855 394	642 629	231 103	197 973	60 937	472 640	197.08	125.68
2003	2 372 847	792 846	354 738	322 858	87 411	1 126 507	231.31	107.66
2004	3 208 244	1 054 098	565 315	394 747	2 014 161	1 085 086	237.83	161.13
2005	4 047 505	1 153 098	869 831	604 805	2 603 475	2 009 260	213.20	182.44
2006	4 785 412	1 396 735	929 347	674 214	3 000 296	3 511 145	243.90	208.16
2007	5 880 163	2 195 839	1764 881	843 275	3 637 344	2 797 131	249.15	200.96
2008	7 185 010	3 225 586	1 949 243	970 271	4 562 163	2 908 522	281.78	237.40
2009	10 105 736	4 165 075	3 222 309	954 670	5 111 791	6 241 603	310.57	270.09
2010	10 014 342	4 812 909	3 132 654	1 148 781	7 393 524	6 717 024	229.58	191.35
2011	12 269 399	7 047 570	3 807 082	1 414 747	8 653 040	9 502 792	386.30	279.46
2012	**15 006 721**	**10 012 057**	**2 939 830**	**2 054 834**	**10 521 446**	**10 180 051**	**403.65**	**348.91**

07篇 城市建设

CHAPTER 7

URBAN CONSTRUCTION

7－1　城市人口、建设用地情况

项　目	单　位	市　区	丹阳市	扬中市	句容市
城市总户数	万户	39.88	28.28	10.77	22.45
城市人口	万人	103.30	81.17	28.09	58.69
城市化水平	%	64.2	54.5	56.1	51.1
城市面积	平方公里	1082	1047	331	1387
#建成区面积	平方公里	120.00	25.57	12.06	22.72
城市建设用地面积	平方公里	120.00	25.57	11.79	22.72
#居住用地	平方公里	32.40	5.17	3.31	8.61
公共管理与公共服务用地	平方公里	8.40	3.20	0.68	1.32
商业服务业设施用地	平方公里	6.00	5.28	0.81	1.15
工业用地	平方公里	33.00	5.56	2.22	4.37
物流仓储用地	平方公里	4.80	0.77	0.39	0.12
交通设施用地	平方公里	16.40	0.59	2.19	3.75
公用设施用地	平方公里	4.60	4.12	0.54	0.40
绿地	平方公里	14.40	0.88	1.65	3.00
本年征用土地面积	平方公里	7.61	1.56	1.24	6.20
#耕地	平方公里	3.25	0.57	0.65	4.96

7－2　城市市政设施情况

项　目	单　位	市　区	丹阳市	扬中市	句容市
实有道路长度	公里	1 306	470	80	231
#道路面积	万平方米	1 971	623	248	297
人行道面积	万平方米	280	84	90	88
桥梁数（座）	座	119	73	30	51
排水管道长度	公里	1 906	576	220	173
污水处理厂日处理能力	万吨	35.5	5.0	3.5	5.0
其他污水处理设施日处理能力	万吨	9.5	2.0	0.2	0.5
防洪堤长度	公里	176	23	5	230
路灯盏数	千盏	96.0	23.1	12.5	17.2

7－3 城市园林绿化情况

项　目	单　位	市　区	丹阳市	扬中市	句容市
园林绿地面积	公顷	7 059	1 333	1 005	955
#建成区	公顷	4 732	948	458	904
公园绿地面积	公顷	1 483	331	152	186
建成区绿化覆盖面积	公顷	5 075	1 038	486	934
建成区绿化覆盖率	%	42.29	40.59	40.30	41.11
城市公园个数	个	20	3	5	4
公园面积	公顷	598	34	54	116
人均公园绿地面积	平方米	16.93	9.66	9.63	11.45

7－4 城市公共交通情况

项　目	单　位	市　区	丹阳市	扬中市	句容市
公共汽车					
#标准营运车辆数	标台	1 218	98	95	85
营运线路	条	100	12	27	10
营运线路网长度	公里	1 795	136	347	122
客运总量	万人次	10 980	1 073	717	755
平均每日客运量	万人次	30.1	2.9	2.0	2.1
每万人拥有营运车辆	标台	13.9	4.0	9.2	6.8
出租汽车					
#营运车辆	辆	1 323	497	233	289
客运总量	万人次	4 252	1 436	455	1051

7－5　城市自来水情况

项　目	单　位	市　区	丹阳市	扬中市	句容市
水厂综合生产能力	万吨 / 日	58.0	35.0	10.0	11.5
供水管道长度	公里	2 292.6	473.3	413.4	373.0
供水总量	万吨 / 日	38.20	8.44	3.33	3.56
# 生产运营用水	万吨 / 日	16.68	2.91	0.43	0.91
公共服务用水	万吨 / 日	10.57	2.92	0.12	0.82
居民家庭用水	万吨 / 日	8.41	2.41	2.77	1.82
其他用水量	万吨 / 日	2.54	0.20	0.00	0.01
用水户数	万户	36.63	11.19	4.67	6.29
# 家庭用户	万户	33.73	10.18	4.31	5.75
用水人口	万人	87.61	34.25	15.79	16.24
人均日生活用水量	升	216.85	155.70	183.26	162.46
自来水普及率	%	100.00	100.00	100.00	100.00

7－6　城市煤气、液化石油气情况

项　目	单　位	市　区	丹阳市	扬中市	句容市
天然气（人工煤气）					
天然气管道长度	公里	1 885	484	454	171
供气总量	万立方米	27 119	9 471	2 067	921
# 家庭用量	万立方米	3 275	706	359	360
用气户数	万户	22.51	6.64	2.79	2.33
# 家庭用户	万户	15.79	6.60	2.74	2.21
用气人口	万人	53.91	18.80	8.22	6.90
液化石油气					
供气总量	吨	38 269	7 653	6 900	7 110
# 家庭用量	吨	15 405	5 665	4 950	6 700
用气户数	万户	9.66	5.19	2.39	3.81
# 家庭用户	万户	9.63	5.15	1.89	3.76
用气人口	万人	33.70	15.45	7.57	9.34
燃气普及率	%	100.0	100.0	100.0	100.0

7－7 主要年份城市人口、建设用地情况

项　目	单　位	2003年	2004年	2005年	2006年	2007年
城市总户数	万户	36.83	37.42	37.85	38.40	38.65
城市人口	万人	100.51	101.36	22.31	102.72	102.82
城市化水平	%	56.0	57.4	59.1	59.2	59.6
城市面积	平方公里	1082	1082	1082	1082	1082
#建成区面积	平方公里	78.7	82.6	86.1	90.1	94.3
城市建设用地面积	平方公里	78.7	82.60	86.10	90.12	94.30
#居住用地	平方公里	17.71	18.95	19.94	20.99	22.11
公共设施用地	平方公里	9.85	9.98	10.29	10.61	10.95
工业用地	平方公里	26.19	27.69	28.61	29.70	30.77
仓储用地	平方公里	5.89	6.13	6.26	6.45	6.64
对外交通用地	平方公里	7.38	8.18	8.67	9.12	9.58
市政公用设施用地	平方公里	2.40	2.42	2.53	2.79	3.07
绿地	平方公里	2.78	2.79	3.04	3.32	3.63
本年征用土地面积	平方公里	25.65	7.47	9.51	9.82	6.07
#耕地	平方公里	17.08	5.23	7.04	6.85	3.40

7–7（续）

项　目	单　位	2008年	2009年	2010年	2011年	2012年
城市总户数	万户	38.75	39.55	40.22	40.23	39.88
城市人口	万人	102.81	103.45	103.53	103.67	103.30
城市化水平	%	59.8	60.0	62.0	63.0	64.2
城市面积	平方公里	1082	1082	1082	1082	1082
#建成区面积	平方公里	98.2	104.1	108.6	114.1	120.0
城市建设用地面积	平方公里	98.41	104.10	108.60	114.10	120.00
#居住用地	平方公里	22.91	23.80	25.23	26.25	32.40
公共设施用地	平方公里	11.43	11.68	11.98	12.55	13.00
工业用地	平方公里	31.93	34.01	35.71	36.84	33.00
仓储用地	平方公里	6.80	7.65	7.82	7.82	4.80
对外交通用地	平方公里	9.76	10.04	10.35	10.35	16.40
市政公用设施用地	平方公里	3.45	3.58	3.72	3.86	4.60
绿地	平方公里	3.99	4.22	4.32	5.68	14.40
本年征用土地面积	平方公里	4.01	6.40	10.99	13.64	6.20
#耕地	平方公里	2.32	5.06	4.27	4.74	4.96

7－8 主要年份城市市政设施情况

项　目	单　位	2003年	2004年	2005年	2006年	2007年
实有道路长度	公里	637	749	1412	876	983
道路面积	万平方米	1 015	1 158	1 562	1 385	1 432
# 人行道面积	万平方米	125	140	159	150	181
桥梁数	座	189	198	200	108	116
排水管道长度	公里	711	851	1 092	1 182	1 303
污水处理厂日处理能力	万吨	11	11	13	15	14
其他污水处理设施日处理能力	万吨	25	25	25	19	19
防洪堤长度	公里	176	176	176	176	176
路灯盏数	千盏	37	38	43	46	47

7–8（续）

项　目	单　位	2008年	2009年	2010年	2011年	2012年
实有道路长度	公里	1 022	1 076	1 223	1 283	1 306
道路面积	万平方米	1 596	1 715	1 823	1 912	1 971
# 人行道面积	万平方米	219	229	251	259	280
桥梁数	座	131	131	122	122	119
排水管道长度	公里	1 332	1 563	1 646	1 756	1 906
污水处理厂日处理能力	万吨	27	27	34	33	35.5
其他污水处理设施日处理能力	万吨	7	10	10	10	9.5
防洪堤长度	公里	176	176	176	176	176
路灯盏数	千盏	56	59	64	69	96

7－9　主要年份城市园林绿化情况

项　目	单　位	2003年	2004年	2005年	2006年	2007年
园林绿地面积	公顷	4 693	4 899	5 110	5 337	5 839
公园绿地面积	公顷	588	628	1 073	1 119	1 220
建成区绿化覆盖面积	公顷	2 845	3 057	5 277	3 566	3 871
建成区绿化覆盖率	%	36.18	37.01	38.68	39.57	41.05
城市公园个数	个	14	14	17	17	17
公园面积	公顷	206	206	598	598	598
园林游人量	万人次	227	340	380	253	290
人均公园绿地面积	平方米	10.15	10.65	10.49	13.10	14.11

7–9（续）

项　目	单　位	2008年	2009年	2010年	2011年	2012年
园林绿地面积	公顷	6 097	6 399	6 528	6 767	7 059
公园绿地面积	公顷	1 290	1 360	1 397	1 445	1 483
建成区绿化覆盖面积	公顷	4 135	4 386	4 576	4 815	5 075
建成区绿化覆盖率	%	42.12	42.13	42.14	42.20	42.29
城市公园个数	个	17	17	17	17	20
公园面积	公顷	598	598	598	598	598
园林游人量	万人次	350	461	445	497	471
人均公园绿地面积	平方米	14.97	15.64	15.95	16.46	16.93

7－10 主要年份城市公共交通情况

项 目	单 位	2003年	2004年	2005年	2006年	2007年
公共汽车						
标准营运车辆数	标台	481	602	695	788	888
营运线路	条	36	40	44	49	53
营运线路网长度	公里	475	562	644	715	587
客运总量	万人次	7 212	8 258	9 805	8 766	9 317
平均每日客运量	万人次	19.76	22.62	24.12	24.00	25.52
每万人拥有营运车辆	标台	4.8	5.9	6.8	9.2	10.3
出租汽车						
营运车辆	辆	1 254	1 256	1 254	1 254	1 254
从业人数	人	2 850	3 100	3 057	3 135	3 135

7–10（续）

项 目	单 位	2008年	2009年	2010年	2011年	2012年
公共汽车						
标准营运车辆数	标台	908	1 147	1 247	1 286	1 218
营运线路	条	53	66	72	81	100
营运线路网长度	公里	285	311	1 115	1 316	1 795
客运总量	万人次	9 542	9 301	9 203	9 662	10 980
平均每日客运量	万人次	26.14	25.48	25.21	26.5	30.1
每万人拥有营运车辆	标台	12.2	13.2	14.2	14.7	13.9
出租汽车						
营运车辆	辆	1 254	1 254	1 253	1 253	1 323
从业人数	人	3 135	3 135	2 893	2 816	2 861

7－11 主要年份城市自来水情况

项 目	单 位	2003年	2004年	2005年	2006年	2007年
水厂综合生产能力	万吨 / 日	62.8	62.8	66.5	62.2	62.2
供水管道长度	公里	1 728	1 938	2 278	1 585	1 702
供水总量	万吨 / 日	41.60	41.29	42.70	33.94	42.05
# 生产运营用水	万吨 / 日	17.34	20.07	22.09	16.53	18.52
居民家庭用水	万吨 / 日	22.95	20.39	20.33	16.26	16.63
其他用水	万吨 / 日	1.31	0.82	0.28	1.15	2.07
用水户数	万户	28.04	28.65	34.57	24.93	27.07
# 家庭用户	万户	27.78	28.22	33.82	23.77	25.57
用水人口	万人	97.2	98.10	99.40	83.89	85.62
人均日生活用水量	升	236	208	205	194	195
自来水普及率	%	96.8	96.8	97.2	98.2	99.0

7–11（续）

项 目	单 位	2008年	2009年	2010年	2011年	2012年
水厂综合生产能力	万吨 / 日	62.2	62.2	54.5	52.0	58.0
供水管道长度	公里	1 843	1 936	2 034	2 217	2 292.6
供水总量	万吨 / 日	42.81	45.02	45.64	43.35	38.2
# 生产运营用水	万吨 / 日	17.90	18.70	19.51	17.94	16.7
居民家庭用水	万吨 / 日	10.24	11.58	11.15	10.44	8.4
其他用水	万吨 / 日	2.94	2.11	2.09	2.67	2.5
用水户数	万户	26.70	28.31	38.27	38.63	36.6
# 家庭用户	万户	24.98	26.35	33.31	33.72	33.7
用水人口	万人	86.20	86.97	87.59	87.78	87.6
人均日生活用水量	升	196	212	200	181	216.8
自来水普及率	%	100.0	100.0	100.0	100.0	100.0

7－12 主要年份城市煤气、液化石油气情况

项　目	单　位	2003年	2004年	2005年	2006年	2007年
天然气（人工煤气）						
燃气管道长度	公里	577	664	1 035	958	1 058
供气总量	万立方米	4 740	4 674	5 741	10 654	14 549
#家庭用量	万立方米	3 346	3 347	2 855	1 600	2 753
用气户数	万户	8.42	9.29	12.06	12.62	13.12
#家庭用户	万户	8.37	9.24	11.99	12.54	13.04
用气人口	万人	29	32.3	42.0	44.0	45.0
液化石油气						
供气总量	吨	52 499	56 942	56 109	45 335	45 321
#家庭用量	吨	22 203	22 557	16 637	15 029	16 223
用气户数	万户	14.81	12.42	15.60	10.63	10.71
#家庭用户	万户	14.79	12.40	12.52	10.23	10.68
用气人口	万人	51.80	43.37	43.80	35.80	36.50
燃气普及率	%	**80.7**	**81.8**	**83.9**	**93.4**	**94.3**

7–12（续）

项　目	单　位	2008年	2009年	2010年	2011年	2012年
天然气（人工煤气）						
燃气管道长度	公里	1 209	1 382	1 519	1 721	1 885
供气总量	万立方米	14 922	15 761	20 497	23 540	27 119
#家庭用量	万立方米	2 772	2 907	3 107	3 273	3 275
用气户数	万户	13.67	14.55	16.21	19.19	22.51
#家庭用户	万户	13.57	14.40	15.74	15.78	15.79
用气人口	万人	46.7	49.2	53.6	53.9	53.9
液化石油气						
供气总量	吨	31 286	31 635	31 265	37 278	38 269
#家庭用量	吨	17 270	16 985	15 542	15 496	15 405
用气户数	万户	10.68	10.65	9.74	9.72	9.66
#家庭用户	万户	10.65	10.62	9.71	9.69	9.63
用气人口	万人	36.30	36.15	33.99	33.90	33.70
燃气普及率	%	**96.3**	**98.2**	**100.0**	**100.0**	**100.0**

08 篇 环境保护

CHAPTER 8

ENVIRONMENTAL PROTECTION

8－1　城市环境卫生情况

项　目	单　位	市　区	丹阳市	扬中市	句容市
道路清扫保洁面积	万平方米	1 372	331	245	410
生活垃圾					
清运量	万吨	25.6	15.3	6.8	7.0
无害化处理厂（场）数	座	1	1	1	1
无害化处理能力	吨 / 日	1 130	600	200	450
无害化处理量	万吨	25.6	15.3	6.8	7.0
粪便					
清运量	万吨	0.92	2.10	1.20	
无害化处理量	万吨	0.92	2.10	1.20	
公共厕所	座	313	152	40	39
# 水冲式厕所	座	313	152	40	39
环卫专用车辆	台	235	75	43	44

8－2　城市污水处理情况

项　目	单　位	市　区	丹阳市	扬中市	句容市
污水处理厂数	座	9	2	2	1
污水处理厂处理能力	万吨 / 日	35.5	5.0	3.5	5.0
污水处理量	万吨	7 721	2 781	991	1 837
生活污水处理量	万吨	6 535	2 648	982	1 833
工业污水处理量	万吨	1 187	132	9	4
化学需氧量去除量	吨	14 520	5 270	1 683	3 809
氨氮去除量	吨	1 614	494	198	680
总磷去除量	吨	140	58	31	43
污泥产生量	吨	34 215	17 887	5 156	10 571
污泥处置量	吨	34 215	17 887	5 156	10 571

8－3 工业“三废”排放处理及综合利用情况

项　目	单　位	全　市	市　区	丹阳市	扬中市	句容市
工业用水总量	万吨	114 123.0	88 460.0	22 416.0	1 624.0	1 623.0
工业重复用水率	%	87.8	89.4	87.9	60.0	27.7
废水治理设施处理能力	万吨 / 日	54.6	35.4	14.6	3.0	1.6
工业废水排放量	万吨	9 981.6	6 181.2	2 411.4	427.1	961.9
工业废气排放总量	亿标立方米	2 648.5	2 238.2	207.0	12.7	190.7
废气治理设施处理能力	万标立方米 / 时	5 418.8	2 738.0	2 185.5	43.8	451.5
二氧化硫排放量	吨	70 455.4	62 398.8	4 972.7	1 242.5	1 841.4
二氧化硫去除量	吨	428 340.7	422 499.6	3 515.3	433.5	1 892.3
烟（粉）尘去除量	吨	2 523 608.8	2 109 521.6	393 426.6	12 582.7	8 078.0
烟（粉）尘排放量	吨	18 079.6	10 622.8	4 125.9	890.0	2 441.0
工业固体废物产生量	万吨	749.6	679.6	51.6	10.6	7.8
工业固体废物综合利用量	万吨	730.1	661.3	51.5	9.5	7.8
工业固体废物综合利用率	%	97.4	97.3	99.9	89.6	100.0
工业固体废物处置量	万吨	19.5	18.3	0.1	1.1	0.0
#危险废物处置量	万吨	7.2	6.0	0.1	1.1	0.0
工业锅炉	台 / 蒸吨	304/21 238.7	81/19 951.9	130/920.3	48/159.5	45/207
工业炉窑数	座	148	75	56	4	13
汇总企业个数	个	608	219	249	70	70

8－4　主要年份环境综合治理情况

项　目	单　位	2007 年	2008 年	2009 年	2010 年	2011 年	2012 年
可吸入颗粒物（PM10）日平均值	毫克/立方米	0.10	0.01	0.09	0.01	0.09	0.08
二氧化硫日平均值	毫克/立方米	0.03	0.04	0.02	0.02	0.02	0.02
二氧化氮平均值	毫克/立方米	0.04	0.04	0.03	0.04	0.04	0.03
饮用水源水质达标率	%	100.0	100.0	100.0	100.0	100.0	100.0
城市地面水质达标率	%	100.0	100.0	100.0	100.0	100.0	100.0
区域环境噪声平均值昼	分贝	52.5	52.2	52.2	54.2	54.1	54.0
交通干线噪声平均值	分贝	66.9	66.5	66.6	67.1	68.0	66.5
烟尘控制区覆盖率	%	100.0	100.0	100.0	100.0	100.0	100.0
汽车尾气达标率	%	84.0	81.2	81.9	82.6	94.5	90.0
工业固体废物综合利用率	%	95.5	91.1	93.5	92.8	98.0	97.4
危险废物处置率	%	100.0	100.0	100.0	100.0	100.0	100.0
工业废水排放量	万吨	9 781.9	9 280.4	8 781.7	8 186.7	11 173.5	9 981.6
工业废水排放达标量	万吨	8 996.5	8 575.9	8 446.5	8 064.9	-	-
工业废水排放达标率	%	92.0	92.4	96.2	98.5	-	-
城市污水处理率	%	84.0	87.8	85.2	86.1	84.8	85.1
城市环境保护投资指数	%	1.9	2.2	2.4	2.5	3.8	-

8－5 主要年份工业“三废”排放处理及综合利用情况

项 目	单 位	2007 年	2008 年	2009 年	2010 年	2011年	2012 年
工业用水总量	万吨	64 920	80 292	92 100	98 467	117 610	114 123
工业重复用水率	%	77.4	80.1	82.8	85.0	86.0	87.8
废水治理设施处理能力	万吨 / 日	54	38	45	48	53	55
工业废气排放总量	亿标立方米	1 525.57	1 561.97	1 893.87	1 974.17	2 754.88	2 649
废气治理设施处理能力	亿标立方米 / 时	0.23	0.25	0.29	0.29	0.61	0.54
二氧化硫排放量	吨	76 478	62 068	59 007	56 402	86 868	70 455
二氧化硫去除量	吨	112 976	130 045	120 028	174 430	194 982	428 341
工业烟（粉）尘去除量	吨	1 593 014	1 858 990	1 634 892	1 530 347	2 290 024	2 523 609
工业烟（粉）尘排放量	吨	25 310	23 600	18 715	18 203	36 521	18 080
工业固体废物产生量	万吨	469	502.43	455.91	543.28	756.37	750
工业固体废物综合利用量	万吨	514	457.94	426.39	504.44	740.47	730
工业固体废物综合利用率	%	95.5	91.1	93.5	92.8	98.1	97
工业固体废物处置量	万吨	26.4	43.6	2.4	2.7	15.64	19
# 危险废物处置量	万吨	57 105	12 112	15 309	15 705	17 212	71 900
工业锅炉	台 / 蒸吨	290/ 11 073.4	295/ 7 371.3	215/ 9 828.4	345/ 13 720.4	345/ 18 333.0	304/ 21 238.7
工业炉窑数	座	144	185	164	193	142	148
汇总企业个数	个	332	409	360	413	599	608

8－6　主要年份城市环境卫生情况

项　目	单　位	2007 年	2008 年	2009 年	2010 年	2011 年	2012 年
环境卫生从业人员	人	1 772	1 796	1 821	1 852	1 834	2 313
道路清扫保洁面积	万平方米	702	735	1 071	1 154	1 309	1 372
生活垃圾							
清运量	万吨	28	29	29	23	32	25.6
无害化处理厂（场）数	座	1	1	1	1	2	1
无害化处理能力	吨 / 日	550	550	850	850	1 800	1 130
无害化处理量	万吨	28	29	29	23	32	25.60
粪便							
清运量	万吨	2.4	0.9	0.8	1.0	0.93	0.92
无害化处理量	万吨	2.4	0.9	0.8	1.0	0.93	0.92
公共厕所	座	237	354	334	335	325	313
# 水冲式厕所	座	226	229	227	228	325	313
环卫专用车辆	台	179	189	192	238	238	235

8－7　主要年份城市污水处理情况

项　目	单　位	2007 年	2008 年	2009 年	2010 年	2011 年	2012 年
污水处理厂数	座	5	5	8	11	12	14
污水处理厂处理能力	万吨 / 日	23	24	37	46	46	49
污水处理量	万吨	6 815	7 410	8 467	10 973	11 636	13 330
生活污水处理量	万吨	5 651	5 461	7 816	10 170	10 505	11 998
工业污水处理量	万吨	1 164	1 949	651	803	1 132	1 332
化学需氧量去除量	吨	8 898	11 601	13 958	21 403	21 530	25 282
氨氮去除量	吨	870	845	1 310	1 577	2 575	2 986
总磷去除量	吨	175	189	172	216	221	272
污泥产生量	吨	301 272	28 925	34 729	44 609	57 698	67 829
污泥处置量	吨	301 272	28 925	33 704	44 609	57 698	67 829

09篇 农业

CHAPTER 9

AGRICULTURE

9－1　主要年份农业经济主要指标

年　份	农机总动力（万千瓦）	化肥施用量（万吨）	劳动力（万人）	农林牧渔业总产值（万元）	水产品产量（吨）	茶叶产量（吨）
1978	46.32	3.34	85.36	59 383	5 079	643
1979	53.02	3.62	84.61	64 943	5 651	668
1980	57.75	4.28	87.08	73 368	7 043	734
1981	62.28	4.83	88.95	92 847	8 084	894
1982	67.75	5.47	91.61	101 621	8 927	1 031
1983	72.49	5.36	93.43	119 035	9 787	1 147
1984	81.09	5.49	97.53	155 537	12 290	1 202
1985	83.30	4.51	100.60	110 034	15 393	1 363
1986	89.31	5.92	103.10	131 254	18 560	1 569
1987	96.02	6.16	105.40	158 179	24 114	1 775
1988	100.85	6.54	107.20	190 031	27 736	2 106
1989	105.04	6.61	107.90	194 200	29 045	1 953
1990	87.72	7.06	108.90	235 920	31 929	2 137
1991	87.52	7.93	109.90	239 176	29 742	1 861
1992	87.77	8.14	110.90	285 243	33 720	2 077
1993	90.74	8.42	111.70	363 668	39 788	2 340
1994	92.28	8.94	110.60	560 852	43 840	1 926
1995	93.96	10.28	107.80	639 020	47 838	1 557
1996	98.21	10.27	106.10	688 833	57 419	1 818
1997	104.22	10.63	103.70	599 669	65 375	1 862
1998	109.33	10.33	102.50	610 137	58 975	1 763
1999	114.16	10.05	101.10	607 681	62 765	1 879
2000	118.04	9.59	100.29	617 879	60 000	1 816
2001	118.98	8.82	100.10	645 586	66 500	1 792
2002	120.32	8.78	99.46	667 532	68 500	1 707
2003	122.55	8.71	97.94	571 469	69 600	1 750
2004	125.02	8.86	97.11	669 482	69 273	1 368
2005	129.61	9.61	97.55	683 595	73 781	1 253
2006	131.37	9.52	96.66	712 733	75 527	1 210
2007	131.71	10.14	96.30	848 712	77 747	1 276
2008	135.12	9.86	97.52	1 062 810	82 256	1 225
2009	139.41	7.74	98.56	1 132 211	84 709	1 261
2010	142.77	6.98	100.06	1 227 187	85 628	1 345
2011	133.91	6.35	99.70	1 532 534	88 150	1 182
2012	**137.87**	**5.88**	**99.11**	**1 764 913**	**89 200**	**1 412**

9－2 农业现代化

项　目	单 位	全 市	市 区		
				京口区	润州区
农用化肥施用量（折纯）	吨	**58 774**	**15 810**	**680**	**1 572**
氮肥	吨	30 651	7 747	382	715
磷肥	吨	5 420	365	31	105
钾肥	吨	2 798	460	22	86
复合肥	吨	23 213	7 602	245	760
农用薄膜使用量	吨	**2 981**	**683.22**	**46**	**42**
#地膜使用量	吨	1 672	189.87	13	15
地膜覆盖面积	公顷	**8 436**	**1 726**	**122**	**153**
农用柴油使用量	吨	**22 627**	**4 781.5**	**167**	**18**
农药使用量	吨	**2 841**	**504**	**24**	**32**
农业机械总动力	千瓦	**1 378 736**	**335 620**	**58 736**	**24 455**
柴油机	千瓦	842 234	187 984	33 944	7 715
汽油机	千瓦	108 280	33 924	6 517	8 437
电动机	千瓦	427 922	113 412	18 275	8 303
农业机械与设备					
大中型拖拉机	台	3 691	922	116	37
小型拖拉机	台	18 943	3 540	30	69
农用水泵	台	31 101	10 203	1 220	982
联合收获机	台	2 150	519	34	5
机动脱粒机	台	4 236	5		5
机动喷雾（粉）机	台	11 152	2 112	65	54
饲草料加工机械	台	2 474	885	114	56
农用运输车	辆	8 736	1 458	14	14

基本情况

		丹阳市	扬中市	句容市
丹徒区	新　区			
10 288	**3 270**	**16 400**	**4 329**	**22 235**
5 040	1 610	9 548	3 006	10 350
203	26	250	437	4 368
288	64	990	438	910
5 027	1 570	6 631	773	8 207
239	**356.22**	**1 310**	**151**	**837**
141	20.87	880	142	460
1 383	**68**	**3 720**	**577**	**2 413**
3 998	**598.5**	**7 900**	**494**	**9 451**
282	**166**	**1 020**	**302**	**1 015**
190 126	**62 303**	**404 927**	**126 357**	**511 832**
112 961	33 364	229 919	64 676	359 655
8 399	10 571	51 287	8 081	14 988
68 766	18 068	123 721	53 600	137 189
519	250	1 527	413	829
3 141	300	4 489	612	10 302
6 635	1 366	6 154	5 785	8 959
302	178	1 095	178	358
		4 211	20	
1 330	663	5 240	962	2 838
715	50	903	190	446
1 167	263	2 087	1 170	4 021

9－3 农村基本

项 目	单 位	全 市	市 区	京口区	润州区
一、农村基本情况					
乡村户数	万户	57.60	15.02	1.18	1.42
乡村人口数	万人	173.24	44.78	3.17	4.64
通汽车的村数	个	510	138	10	12
自来水受益村数	个	510	138	10	12
通有线电视村数	个	510	138	10	12
建立集中居住点的村	个	123	18	10	8
二、从业人员情况					
劳动年龄内人口数	万人	100.86	25.13	1.90	2.09
# 劳动年龄内上学的学生数	万人	5.17	1.15	0.11	0.07
劳动年龄内丧失劳动能力的人数	万人	2.52	0.64	0.04	0.05
乡村实有从业人员合计	万人	99.11	25.08	1.85	1.65
# 男性	万人	51.22	12.71	0.91	0.86
女性	万人	47.89	12.37	0.94	0.79
# 劳动年龄内从业人员	万人	90.98	24.32	1.44	1.65
# 农林牧渔业	万人	24.85	5.84	0.20	0.27
# 种植业	万人	19.14	4.85	0.16	0.21
工业	万人	46.28	11.30	0.95	0.74
建筑业	万人	11.37	2.24	0.08	0.1
交通运输、仓储和邮政业	万人	3.52	1.10	0.09	0.1
信息传输、计算机服务和软件业	万人	0.46	0.16	0.02	0.01
批发、零售业	万人	3.42	1.14	0.10	0.02
住宿和餐饮业	万人	1.64	0.58	0.05	0.06
金融、保险业	万人	0.45	0.11	0.02	0.01
房地产、社会服务业	万人	1.12	0.52	0.01	0.01
卫生、体育和社会福利业	万人	0.45	0.21	0.01	0.1
教育、文化、艺术和广播电视事业	万人	0.33	0.14	0.01	0.01
科学研究和综合技术服务事业	万人	0.12	0.05		0.02
乡经济组织管理从业人员	万人	0.55	0.15	0.01	0.01
其他从业人员	万人	4.55	1.54	0.30	0.19

情况表

丹徒区	新　区	丹阳市	扬中市	句容市
8.75	3.67	19.69	7.61	15.28
26.79	10.18	60.08	23.44	44.94
83	33	154	58	160
83	33	154	58	160
83	33	154	58	160
		18	58	29
15.63	5.51	37.51	13.57	24.65
0.63	0.34	1.98	0.98	1.06
0.35	0.2	0.72	0.35	0.81
15.89	5.69	36.1	12.84	25.09
7.89	3.05	18.77	6.55	13.19
8	2.64	17.33	6.29	11.9
15.63	5.6	33.15	11.44	22.07
3.73	1.64	8.26	2.27	8.48
3.23	1.25	5.39	1.88	6.92
6.83	2.78	19.87	7.8	7.31
1.7	0.36	3.13	0.7	5.3
0.68	0.23	1.12	0.37	0.93
0.07	0.06	0.11	0.08	0.11
0.83	0.19	1.14	0.49	0.65
0.4	0.07	0.41	0.27	0.38
0.06	0.02	0.17	0.09	0.08
0.48	0.02	0.15	0.14	0.31
0.08	0.02	0.08	0.07	0.09
0.1	0.02	0.08	0.04	0.07
0.02	0.01	0.01	0.02	0.04
0.1	0.03	0.21	0.11	0.08
0.81	0.24	1.36	0.39	1.26

9－4 农林牧渔业

项目	全市	市区	京口区	润州区
农林牧渔业总产值	**1 764 913**	**454 496**	**38 536**	**40 235**
一、农业产值	**948 608**	**215 068**	**17 371**	**22 820**
（一）谷物及其他作物	443 729	96 592	5 924	1 600
谷物	370 900	86 186	4 390	1 177
薯类	4 551	1 084	59	
油料	39 896	5 968	478	319
豆类	12 784	2 667	372	104
棉花	3 221	42		
糖料	775			
其他农作物	11 602	644	625	
（二）蔬菜、园艺作物	397 368	94 763	10 314	16 005
蔬菜	279 098	81 294	9 029	14 171
食用菌	48 140	10 316	1 063	124
花卉	5 277	2 288	40	1 710
其他园艺作物	64 853	865	182	
（三）水果、坚果、饮料和香料	102 541	20 893	1 133	5 215
水果	56 460	10 314	1 114	3 529
坚果	1 235	498		
茶及其他饮料	44 846	10 082	19	1 686
香料作物				
（四）中药材	4 970	2 820		
二、林业产值	**71 969**	**17 174**	**575**	**91**
（一）林木的培育和种植	42 684	15 584	452	21
育种育苗	5 870	1 502	143	
人工造林	17 295	8 430	182	
抚育与管理	19 519	5 652	127	21

总产值

单位：万元

丹徒区	新　区	丹阳市	扬中市	句容市
256 195	**119 530**	**638 939**	**183 184**	**488 294**
120 665	**54 212**	**363 858**	**88 949**	**280 732**
64 789	24 279	160 830	43 764	142 542
57 299	23 320	146 896	30 848	107 038
586	439	700	859	1 837
4 949	222	6 484	750	26 694
1 911	280	5 041	2 112	2 964
42		23		3 156
				775
1	18	1 686	9 195	77
40 091	28 353	185 249	39 839	77 517
31 601	26 493	86 761	34 280	76 763
7 637	1 492	36 040	1 708	76
242	296	2 481	508	
611	72	59 967	3 343	678
12 965	1 580	17 719	4 427	59 502
4 831	840	7 752	4 212	34 182
498		42	215	480
7 637	740	9 925		24 840
2 820		60	919	1 171
4 928	**11 580**	**12 952**	**7 151**	**34 692**
4 291	10 820	8 856	3 370	14 874
1 170	189	360	290	3 718
1 936	6 312	2 373	919	5 573
1 185	4 319	6 123	2 161	5 583

9－4(续)

项　目	全　市	市　区	京口区	润州区
(二)竹木采运	12 696	1 496	123	70
#村及村以下	5 876			
(三)林产品	16 589	94		
三、牧业产值	**252 363**	**83 148**	**8 121**	**7 755**
牲畜的饲养	19 246	16 246	9	175
牛的饲养	4 436	3 236		
羊的饲养	5 774	1 079	9	27
奶产品	9 036	2 311		148
猪的饲养	123 747	33 246	3 871	5 914
肉猪	123 747	33 246	3 871	5 914
家禽	97 920	41 118	3 011	1 666
肉禽	72 472	37 540	2 969	1 255
禽蛋	25 448	3 578	42	411
其他畜牧业	11 450	2 158	1 230	
四、渔业产值	**242 265**	**81 735**	**1 786**	**8 084**
淡水鱼类	131 544	50 311	1 219	6 201
淡水虾蟹类	86 303	25 897	522	1 481
淡水贝类	10 269	1 156		
淡水藻类	2 070			
其他淡水养殖产品	12 079	4 372	45	402
五、农林牧渔服务业	**249 708**	**57 370**	**10 683**	**1 485**

单位：万元

丹徒区	新 区	丹阳市	扬中市	句容市
637	666	3 346	2 524	5 329
		2 941	2 524	412
	94	750	1 257	14 488
57 626	**9 646**	**84 542**	**27 846**	**56 827**
6 416	26	3 031	1 488	8 101
3 233	3			1 200
1 020	23	1 207	1 488	2 000
2 163		1 824		4 901
18 918	4 543	47 586	18 373	24 542
18 918	4 543	47 586	18 373	24 542
32 292	4 149	26 430	7 219	23 153
29 760	3 556	18 226	4 055	12 651
2 532	593	8 204	3 164	10 502
	928	7 495	766	1 031
38 675	**33 190**	**87 687**	**23 620**	**49 223**
11 264	31 627	39 451	15 409	26 374
23 053	841	38 407	5 685	16 314
948	208	6 142	723	2 248
		2 070		
3 411	514	1 617	1 803	4 287
34 300	**10 902**	**89 900**	**35 618**	**66 820**

9－5 农林牧渔业

项　目	全　市	市　区		
			京口区	润州区
一、农林牧渔业总产值	**1 764 913**	**454 496**	**38 536**	**40 235**
农林牧渔业小计	1 515 205	397 126	27 853	38 750
农业	948 608	215 069	17 371	22 820
林业	71 969	17 174	575	91
牧业	252 363	83 148	8 121	7 755
渔业	242 265	81 735	1 786	8 084
农林牧渔服务业	249 708	57 370	10 683	1 485
二、农林牧渔业中间消耗	**607 226**	**176 842**	**13 397**	**14 786**
按消耗方向分				
农林牧渔业小计	520 640	157 300	9 677	14 262
农业	296 157	78 984	5 630	7 661
林业	29 068	7 090	223	44
牧业	115 448	40 774	3 231	3 154
渔业	79 967	30 452	593	3 403
农林牧渔服务业	86 586	19 542	3 720	524
按消耗性质分				
（一）中间物质消耗	487 276	153 420	10 884	13 888
农林牧渔业小计	434 320	142 571	8 309	13 751
农业	239 190	70 481	4 768	7 396
林业	19 934	6 733	189	38
牧业	102 777	38 198	2 816	3 052
渔业	72 419	27 159	536	3 265
农林牧渔服务业	52 956	10 849	2 575	137

增加值

单位：万元

丹徒区	新 区	丹阳市	扬中市	句容市
256 195	**119 530**	**638 939**	**183 184**	**488 294**
221 895	108 628	549 039	147 566	421 474
120 666	54 212	363 858	88 949	280 732
4 928	11 580	12 952	7 151	34 692
57 626	9 646	84 542	27 846	56 827
38 675	33 190	87 687	23 620	49 223
34 300	10 902	89 900	35 618	66 820
100 929	**47 730**	**191 007**	**68 153**	**171 224**
89 953	43 408	166 767	57 325	139 248
39 651	26 042	100 236	32 019	84 918
2 168	4 655	5 303	2 826	13 849
31 118	3 271	35 352	14 133	25 189
17 016	9 440	25 876	8 347	15 292
10 976	4 322	24 240	10 828	31 976
88 736	39 912	139 549	56 887	137 420
82 699	37 812	125 007	49 307	117 435
35 561	22 756	65 295	28 011	75 403
2 002	4 504	4 964	2 468	5 769
29 750	2 580	29 557	12 523	22 499
15 386	7 972	25 191	6 305	13 764
6 037	2 100	14 542	7 580	19 985

9－5（续）

项　目	全　市	市　区		
			京口区	润州区
（二）非物质消耗	119 950	23 422	2 513	898
农林牧渔业小计	86 320	14 729	1 368	511
农业	56 967	8 503	862	265
林业	9 134	357	34	6
牧业	12 671	2 576	415	102
渔业	7 548	3 293	57	138
农林牧渔服务业	33 630	8 693	1 145	387
三、农林牧渔增加值	**1 157 687**	**277 654**	**25 139**	**25 449**
按生产法计算				
农林牧渔业小计	994 565	239 826	18 176	24 488
农业	652 451	136 085	11 741	15 159
林业	42 901	10 084	352	47
牧业	136 915	42 374	4 890	4 601
渔业	162 298	51 283	1 193	4 681
农林牧渔服务业	163 122	37 828	6 963	961
按分配法计算				
固定资产折旧	37 249	16 968	1 992	1 136
劳动者报酬	1 058 023	215 118	22 198	15 016
生产税净额	-27 176	-4 656	-63	-178
营业盈余	89 591	50 224	1 012	9 475

单位：万元

丹徒区	新　区	丹阳市	扬中市	句容市
12 193	7 818	51 458	11 266	33 804
7 254	5 596	41 760	8 018	21 813
4 090	3 286	34 941	4 008	9 515
166	151	339	358	8 080
1 368	691	5 795	1 610	2 690
1 630	1 468	685	2 042	1 528
4 939	2 222	9 698	3 248	11 991
155 266	**71 800**	**447 932**	**115 031**	**317 070**
131 942	65 220	382 272	90 241	282 226
81 015	28 170	263 622	56 930	195 814
2 760	6 925	7 649	4 325	20 843
26 508	6 375	49 190	13 713	31 638
21 659	23 750	61 811	15 273	33 931
23 324	6 580	65 660	24 790	34 844
9 400	4 440	10 270	5 176	4 835
135 066	42 838	447 424	109 280	286 201
-3 600	-815	-14 622	-2 876	-5 022
14 400	25 337	4 860	3 451	31 056

9－6 畜牧业

项 目	单 位	全 市	市 区		
				京口区	润州区
猪当年出栏数	万头	58.76	16.35	2.30	3.20
猪期末存栏数	万头	42.78	11.40	0.89	2.08
羊当年出栏数	万只	5.88	1.71	0.01	0.03
羊期末存栏数	万只	4.29	1.28	0.04	0.01
家禽当年出栏数	万只	1 939.75	1 010.21	76.30	35.00
家禽期末存栏数	万只	636.75	290.49	5.80	19.00
肉类总产量	吨	84 891	35 823	3217	3 990
奶类产量	吨	23 068	6 018		385
禽蛋产量	吨	22 796	3 600	43	398

9－7 林业及

项 目	单 位	全 市	市 区		
				京口区	润州区
一、林业					
当年造林面积合计	公顷	2 445	745	12	61
用材林	公顷	1 848	477	11	53
经济林	公顷	142	50	1	8
防护林	公顷	455	218		
零星（四旁）植树	万株	258	22		
育苗面积	公顷	3 439	333	53	
当年苗木产量	万株	1 071	110	10	2
木材采伐量	立方米	37 999	6 191	977	
竹材采伐量	万根	28.3	6.0	2.0	0.2
二、茶叶、水果					
年末实有茶园面积	公顷	4 543	1 114	7	235
#当年采摘面积	公顷	4 072	972	7	235
茶叶产量	吨	1 412	412	1	56
年末果园面积	公顷	8 041	1 059	20	111
园林水果产量	吨	80 669	10 413	235	2 345
年末实有桑园面积	公顷	672	117		
蚕茧产量	吨	386	28		

生产情况

丹徒区	新　区	丹阳市	扬中市	句容市
9.01	1.84	22.66	8.65	11.10
6.67	1.76	17.46	8.32	5.60
1.64	0.03	1.42	1.75	1.00
1.16	0.07	1.58	0.93	0.50
810.00	88.91	486.00	99.64	343.90
241.73	23.96	168.50	56.46	121.30
24 886	3 730	24507	9 585	14 976
5 633		4 750		12 300
2 563	596	8 166	3 194	7 836

茶叶、水果生产情况

丹徒区	新　区	丹阳市	扬中市	句容市
582	90	666	216	818
384	29	504	96	771
41		39	26	27
157	61	123	94	20
	22	118	23	95
280		650	80	2 376
79	20	425	250	286
4 000	1 214	20 285	4 000	7 523
3.0	0.4		16.0	6.7
799	73	913		2 516
700	30	730		2 370
302	53	390		610
852	76	534	320	6 128
6 053	1 780	5 359	4 240	60 658
117		487		69
28		307		51

9－8 农作物

项目		全市	市区	京口区	润州区
农作物总播种面积	**面积**	**239.87**	**57.72**	**3.23**	**2.38**
一、粮食作物	**面积**	**177.48**	**42.35**	**2.23**	**0.50**
	单产	**7 283**	**7 508**	**6 439**	**8 464**
	总产	**1 292 617**	**298 902**	**14 359**	**4 232**
（一）夏收粮食	面积	73.76	18.25	0.93	0.08
	单产	4 967	5 051	5 356	4 375
	总产	366 336	92 186	4 981	350
夏收谷物	面积	72.98	18.03	0.91	0.07
	单产	4 989	5 204	5 409	4 657
	总产	364 066	93 832	4 922	326
# 小麦	面积	72.24	18.08	0.91	0.07
	单产	5 008	5 198	5 409	4 657
	总产	361 759	93 978	4 922	326
元麦	面积	0.55	0.02		
	单产	3 000	3 750		
	总产	1 650	75		
夏收豆类	面积	0.78	0.15	0.02	0.01
	单产	2 910	2 260	2 950	2 400
	总产	2 270	339	59	24
（二）秋收粮食	面积	103.72	24.10	1.30	0.42
	单产	8 931	8 889	7 214	9 243
	总产	926 281	214 214	9 378	3 882
秋收谷物	面积	96.51	22.36	1.08	0.38
	单产	9 300	9 281	8 100	9 900
	总产	897 516	207 533	8 748	3 762
# 稻谷	面积	91.16	19.09	0.67	0.32
	单产	9 484	9 782	9 237	9 900
	总产	864 597	186 742	6 189	3 168

生产情况

单位：千公顷、公斤/公顷、吨

丹徒区	新　区	丹阳市	扬中市	句容市
36.43	**15.68**	**84.88**	**19.00**	**78.27**
28.42	**11.20**	**70.23**	**14.21**	**50.69**
7 042	**7 258**	**7 326**	**7 758**	**7 279**
200 139	**80 172**	**514 507**	**110 238**	**368 970**
11.91	5.33	32.52	6.73	16.26
4 950	5 235	4 874	5 589	4 799
58 952	27 903	158 512	37 612	78 026
11.79	5.33	32.10	6.59	16.26
4 978	5 235	4 829	5 642	4 799
58 696	27 903	155 026	37 182	78 026
11.77	5.33	31.52	6.57	16.07
4 981	5 235	4 864	5 645	4 815
58 621	27 903	153 316	37 088	77 377
0.02		0.51		0.02
3 750		2 941		3 750
75		1 500		75
0.12		0.42	0.14	0.07
2 133		3 048	3 071	3 157
256		1 280	430	221
16.51	5.87	37.71	7.48	34.43
8 552	8 904	9 242	9 709	8 450
141 188	52 269	348 497	72 626	290 944
15.33	5.57	35.58	6.74	31.83
8 955	9 160	9 585	10 028	8 839
137 275	51 021	341 050	67 589	281 344
12.90	5.20	35.47	6.73	29.87
9 482	9 300	9 601	10 035	9 032
122 312	48 360	340 531	67 538	269 786

9－8(续)

项　目		全 市	市 区	京口区	润州区
#粳稻	面积	87.81	19.09	0.67	0.32
	单产	9527	9 782	9 237	9 900
	总产	836 602	186 742	6 189	3 168
玉米	面积	5.14	3.16	0.40	0.06
	单产	6 138	6 268	6 340	9 900
	总产	31 547	19 808	2 536	594
秋收豆类	面积	4.91	1.38	0.21	0.04
	单产	2 999	2 570	2 143	3 000
	总产	14 725	3 547	450	120
秋收薯类	面积	2.30	0.36	0.01	
	单产	6 104	8 706	18 000	
	总产	14 040	3 134	180	
二、油料合计	面积	**26.21**	**5.38**	**0.35**	**0.25**
	单产	**2 161**	**2 053**	**2 620**	**2 500**
	总产	**56 627**	**11 046**	**917**	**625**
花生	面积	1.14	0.18	0.01	
	单产	2 706	2 778	2 400	
	总产	3 085	500	24	
油菜籽	面积	23.89	5.10	0.33	0.25
	单产	2 185	2 039	2 670	2 500
	总产	52 203	10 399	881	625
芝麻	面积	1.18	0.10	0.01	
	单产	1 135	1 470	1 200	
	总产	1 339	147	12	
三、棉花(皮棉)	面积	**1.77**	**0.02**		
	单产	**1 057**	**1 150**		
	总产	**1 871**	**23**		

丹徒区	新 区	丹阳市	扬中市	句容市
12.90	5.20	33.66	6.73	28.33
9482	9 300	9 670	10 035	9 066
122 312	48 360	325 477	67 538	256 845
2.43	0.27	0.11		1.87
6 158	6 300	4 718		6 000
14 963	1 701	519		11 220
0.96	0.17	1.56	0.47	1.5
2 329	2 176	3 492	5 109	2 220
2 236	370	5 447	2 401	3 330
0.22	0.13	0.57	0.27	1.1
7 623	6 754	3 509	9 763	5 700
1 677	878	2 000	2 636	6 270
4.58	**0.20**	**4.68**	**0.66**	**15.49**
1 974	**2 325**	**2 366**	**2 276**	**2 131**
9 039	**465**	**11 072**	**1 502**	**33 007**
0.17		0.32		0.64
2 800		3 547		2 266
476		1 135		1 450
4.32	0.20	4.19	0.66	13.94
1 951	2 325	2 283	2 276	2 205
8 428	465	9 564	1 502	30 738
0.09		0.17		0.91
1 500		2 194		900
135		373		819
0.02				**1.75**
1 150				**1 050**
23		**10**		**1 838**

9－9 乡镇

名称	乡镇行政区划面积（平方公里）	年末常用耕地面积（公顷）	村（居）民委员会（个）	乡镇总人口（人）
丹徒区				
高桥镇	42.6	1 349.4	11	20 144
辛丰镇	79.4	3 739.1	16	49 001
谷阳镇	50.7	2 646.6	12	27 806
上党镇	113.7	5 891.2	17	50 271
宝堰镇	40.9	2 204.4	12	25 206
世业镇	52.7	1 487.4	5	14 563
新　区				
姚桥镇	60.2	3 192.9	16	45 733
大路镇	43.1	1 929.1	10	30 332
丁岗镇	35.5	2 052.6	7	22 062
丹阳市				
司徒镇	121.1	5 949.0	16	50 991
延陵镇	115.5	5 782.8	17	65 491
珥陵镇	83.7	4 834.9	11	51 666
导墅镇	80.6	4 648.6	12	50 110
皇塘镇	80.4	4 199.1	13	51 466
吕城镇	68.0	3 971.9	13	51 068
陵口镇	64.4	3 976.0	14	44 192
访仙镇	73.8	4 418.7	13	51 199

基本情况

地　区 生产总值 （亿元）	固　定 资产投资 （亿元）	粮　食 总产量 （吨）	肉　类 总产量 （吨）	公共财政 预算收入 (万元)	农民人均 纯 收 入 （元）
9.24	4.39	15 827	390	4 103	15 008
36.10	15.57	29 813	7 056	9 100	17 971
16.76	13.20	19 459	978	7 508	16 383
30.29	5.73	35 251	3 171	7 423	14 562
9.96	2.45	22 445	2 028	3 021	15 330
5.77	9.70	19 480	361	2 811	14 966
23.87	15.00	35 991	1 275	2 923	13 784
17.27	14.50	19 635	1 201	3 305	13 988
27.90	26.80	17 425	453	4 234	14 506
35.96	11.86	39 419	3 992	18 899	15 108
32.02	11.15	66 691	2 870	8 837	15 071
21.03	5.01	48 446	1 430	2 668	15 247
33.81	11.28	51 052	3 622	5 935	17 300
46.90	12.32	45 352	5 196	8 518	17 683
39.51	13.99	41 983	1 325	9 641	18 589
22.21	5.45	40 426	1 520	4 237	17 399
24.16	9.89	47 730	1 667	5 662	17 556

9－9(续)

名　称	乡镇行政区划面积（平方公里）	年末常用耕地面积（公顷）	村（居）民委员会（个）	乡镇总人口（人）
界牌镇	23.6	801.6	9	22 250
新桥镇	26.2	1 057.0	7	22 791
后巷镇	64.0	2 258.1	11	31 109
埤城镇	73.1	3 021.0	7	23 229
云阳镇	102.8	5 409.8	35	173 697
扬中市				
新坝镇	70.5	1 996.9	14	47 608
油坊镇	50.3	2 208.0	12	42 737
八桥镇	56.9	1 582.1	11	33 588
西来桥镇	31.0	852.1	6	17 888
句容市				
华阳镇	106.1	5 248.6	28	48 982
下蜀镇	154.5	3 122.5	13	40 315
白兔镇	117.7	5 948.5	17	40 914
边城镇	115.3	4 765.3	16	35 698
茅山镇	86.2	4 588.2	11	29 391
后白镇	140.6	7 474.4	25	59 001
郭庄镇	115.8	6 595.7	20	55 875
天王镇	131.4	7 976.8	18	56 740
宝华镇	79.5	1 610.9	12	23 490

地　区 生产总值 （亿元）	固　定 资产投资 （亿元）	粮　食 总产量 （吨）	肉　类 总产量 （吨）	公共财政 预算收入 (万元)	农民人均 纯 收 入 （元）
49.11	23.15	8 955	816	21 925	29 060
41.86	19.96	9 258	313	18 619	27 575
99.23	36.46	15 193	1 155	24 937	21 380
38.35	12.17	15 799	1 119	8 569	17 215
142.47	22.59	33 332	2 236	105 889	17 566
98.43	34.80	20 954	1 220	41 070	23 001
38.10	22.13	26 132	2 157	14 171	17 756
24.91	25.60	18 352	1 512	8 266	16 260
11.89	14.20	8 341	708	4 660	14 585
29.40	5.98	27 924	4 145	32 541	13 445
35.40	35.52	21 397	910	19 298	14 200
24.20	4.52	45 206	4 321	2 826	13 338
19.01	6.51	30 186	4 180	9 436	13 302
11.43	8.79	26 240	1 960	1 307	13 057
28.14	10.14	52 507	2 745	5 184	12 942
26.32	15.10	51 439	5 813	3 579	13 304
26.60	5.73	45 957	6 664	2 988	13 385
11.30	11.16	10 410	560	20 105	13 409

9－10 主要年份

年 份	全 市	市 区	丹徒区	丹阳市	扬中市	句容市
1949	325 519	81 450	77 385	136 170	37 259	70 640
1952	546 422	127 300	120 715	211 225	49 336	158 561
1957	533 679	111 520	105 545	209 835	52 473	159 851
1962	462 051	104 875	102 305	204 560	39 854	112 762
1965	784 447	176 000	167 900	334 585	79 401	194 461
1970	777 109	175 635	165 815	314 355	72 994	214 125
1975	818 199	196 370	187 710	311 395	91 650	218 784
1978	988 997	223 805	217 820	403 620	125 225	236 347
1979	1 055 841	227 195	223 025	427 020	128 795	272 831
1980	977 030	218 560	212 850	417 480	101 727	239 263
1981	969 598	215 060	210 050	406 175	100 075	248 288
1982	1 085 301	240 630	235 235	442 170	109 720	292 781
1983	1 212 125	260 325	241 470	503 860	115 551	332 389
1984	1 280 977	277 672	257 144	523 053	130 885	349 367
1985	1 153 759	252 533	234 744	460 513	117 142	323 571
1986	1 247 167	275 826	258 223	501 229	130 052	340 060
1987	1 185 911	257 478	242 478	496 019	120 995	311 419
1988	1 217 694	268 658	253 147	491 359	130 433	327 244
1989	1 187 944	268 350	253 366	461 882	125 203	332 509
1990	1 226 583	277 903	262 710	482 403	122 331	343 946

粮食总产量

单位：吨

年　份	全　市	市　区		丹阳市	扬中市	句容市
			丹徒区			
1991	1 138 889	253 791	239 536	450 654	121 277	313 167
1992	1 236 923	278 819	263 764	497 476	124 142	336 486
1993	1 222 352	276 003	249 497	488 951	121 210	336 188
1994	1 123 920	252 368	229 075	474 714	120 881	275 957
1995	1 255 687	291 039	265 240	491 570	123 460	349 618
1996	1 344 569	306 244	279 364	536 937	127 689	373 699
1997	1 362 477	303 147	268 440	549 914	127 853	381 563
1998	1 268 702	292 019	254 674	506 870	113 890	355 923
1999	1 256 272	300 766	261 732	480 429	121 993	353 084
2000	1 180 251	275 327	239 163	460 986	116 837	327 101
2001	1 091 164	236 908	203 577	442 586	108 387	303 283
2002	1 094 501	234 361	202 019	442 934	106 409	310 797
2003	862 505	181 316	156 150	369 383	85 225	226 581
2004	990 368	207 073	183 718	417 638	95 747	269 910
2005	906 834	189 638	168 291	391 570	89 377	236 249
2006	987 098	212 280	141 218	417 979	97 356	259 483
2007	1 007 383	230 789	151 956	399 933	92 733	283 928
2008	1 124 156	258 474	173 756	456 301	103 882	305 499
2009	1 178 724	270 469	185 346	477 024	106 771	324 460
2010	1 195 578	270 458	187 547	491 062	107 791	326 267
2011	1 218 934	278 627	193 433	495 675	107 217	337 415
2012	**1 292 617**	**298 902**	**200 139**	**514 507**	**110 238**	**368 970**

9－11 主要年份

年　份	全　市	市　区	丹徒区	丹阳市	扬中市	句容市
1949	3 976	1 977	1 975	690		1 309
1952	8 020	1 836	1 833	2 360		3 824
1957	7 490	2 243	2 235	1 517	12	3 718
1962	1 948	919	885	200		829
1965	4 696	1 884	1 807	369	3	2 440
1970	5 765	1 465	1 363	1 748		2 552
1975	10 417	2 559	2 413	4 020	545	3 293
1978	9 007	2 384	1 672	4 205	598	1 820
1979	11 024	2 711	2 592	5 074	953	2 286
1980	8 072	1 415	1 369	3 518	1 190	1 949
1981	16 426	3 345	3 271	6 713	1 601	4 767
1982	28 920	4 799	4 705	8 423	1 271	14 427
1983	27 543	5 036	4 603	7 806	874	13 827
1984	25 279	5 020	4 598	7 970	646	11 825
1985	47 610	8 822	8 077	11 017	488	27 283
1986	41 390	8 329	7 671	11 931	429	20 701
1987	45 548	9 921	9 296	12 950	414	22 263
1988	35 819	7 340	6 762	11 376	278	16 825
1989	38 988	8 842	8 186	11 304	211	18 631
1990	45 116	10 364	9 666	12 137	185	22 430

油料总产量

单位：吨

年　份	全　市	市　区	丹徒区	丹阳市	扬中市	句容市
1991	47 742	10 102	9 316	12 406	137	25 097
1992	57 111	12 042	11 057	14 373	119	30 577
1993	55 422	11 740	10 220	13 401	98	30 183
1994	52 775	11 214	9 698	12 005	51	29 505
1995	66 273	15 191	13 247	14 635	83	36 364
1996	61 337	15 194	13 047	15 402	77	30 664
1997	58 616	13 519	11 400	14 001	58	31 038
1998	33 959	8 306	6 967	8 039	23	17 591
1999	73 429	16 485	13 803	15 195	140	14 609
2000	87 232	21 997	18 552	21 067	1 243	42 925
2001	84 986	20 076	16 259	19 295	1 956	43 659
2002	79 205	17 098	13 933	17 695	1 778	42 634
2003	74 482	18 158	14 334	15 795	1 683	38 846
2004	91 449	21 172	17 631	19 681	1 735	48 861
2005	85 697	19 184	15 715	19 065	1 530	45 918
2006	68 784	4 018	11 508	15 160	1 179	36 919
2007	57 912	12 406	8 417	9 819	1 197	34 490
2008	66 874	14 700	10 347	11 584	1 451	39 139
2009	63 146	13 230	8 659	11 997	1 530	36 389
2010	58 474	12 829	8 882	10 882	1 441	33 322
2011	43 699	9 495	7 249	9 268	1 061	23 875
2012	**56 627**	**11 046**	**9 039**	**11 072**	**1 502**	**33 007**

10篇 工业能源

CHAPTER 10

INDUSTRY ENERGY

10－1　资产总额前50家企业

企 业 名 称	所属地区	企 业 名 称	所属地区
金东纸业（江苏）股份有限公司	新　区	金海宏业（镇江）石化有限公司	丹徒区
江苏沃得机电集团有限公司	丹阳市	镇江中船设备有限公司	润州区
大全集团有限公司	扬中市	江苏沃得起重机有限公司	丹徒区
江苏索普（集团）有限公司	京口区	中节能太阳能科技（镇江）有限公司	新　区
大亚科技集团有限公司	丹阳市	江苏新韩通船舶重工有限公司	扬中市
镇江奇美化工有限公司	新　区	江苏建华管桩有限公司	句容市
中国国电集团公司谏壁发电厂	京口区	江苏新天洋机械制造有限公司	丹阳市
江苏天工集团有限公司	丹阳市	江苏晶谷米机有限公司	丹阳市
江苏飞达控股集团有限公司	丹阳市	中储粮镇江粮油有限公司	京口区
镇江鼎胜铝业股份有限公司	京口区	华鹏集团有限公司	扬中市
镇江荣德新能源科技有限公司	扬中市	无锡格林艾普化工股份有限公司镇江分公司	新　区
江苏镇江发电有限公司	丹徒区	国电江苏谏壁发电有限公司	京口区
江苏环太集团有限公司	扬中市	镇江联成化学工业有限公司	新　区
巨宝精密加工（江苏）有限公司	句容市	江苏长丰科技集团	丹阳市
句容台泥水泥有限公司	句容市	江苏鹤林水泥有限公司	丹徒区
二重集团(镇江)重型装备厂有限责任公司	丹徒区	丹阳龙江钢铁有限公司	丹阳市
江苏宏达新材料股份有限公司	扬中市	天源华威集团有限公司	扬中市
沃得重工（中国）有限公司	丹徒区	江苏鱼跃医疗设备股份有限公司	丹阳市
大力神科技集团	丹阳市	江苏宏达新材料股份有限公司长江分公司	新　区
江苏恒顺集团有限公司	丹徒区	江苏苏润高碳材股份有限公司	丹徒区
江苏省镇江船厂（集团）有限公司	润州区	有能集团有限公司	扬中市
扬中市龙源港机制造有限公司	扬中市	镇江市自来水公司	京口区
江苏恒神纤维材料有限公司	丹阳市	丹阳自来水公司	丹阳市
江苏恒顺达生物能源有限公司	新　区	镇江市东方电热科技股份有限公司	新　区
江苏中电输配电设备有限公司	扬中市	江苏利华铜业有限公司	丹阳市

10－2 工业总产值前50家企业

企业名称	所属地区	企业名称	所属地区
镇江奇美化工有限公司	新　区	江苏鸿泰钢铁有限公司	京口区
江苏沃得机电集团有限公司	丹阳市	华鹏集团有限公司	扬中市
大全集团有限公司	扬中市	江苏晶谷米机有限公司	丹阳市
金东纸业（江苏）股份有限公司	新　区	巨宝精密加工（江苏）有限公司	句容市
江苏天工集团有限公司	丹阳市	江苏长丰科技集团	丹阳市
江苏飞达控股集团有限公司	丹阳市	江苏瑞美福实业有限公司	丹阳市
大亚科技集团有限公司	丹阳市	江苏银佳企业集团有限公司	扬中市
江苏索普（集团）有限公司	京口区	荣马实业有限公司	扬中市
大力神科技集团	丹阳市	扬中市龙源港机制造有限公司	扬中市
丹阳龙江钢铁有限公司	丹阳市	句容宁武高新技术发展有限公司	句容市
中国国电集团公司谏壁发电厂	京口区	沃得重工（中国）有限公司	丹徒区
镇江联成化学工业有限公司	新　区	罗地亚（镇江）化学品有限公司	新　区
金海宏业（镇江）石化有限公司	丹徒区	镇江市大港通达铜材有限公司	新　区
镇江江南化工有限公司	新　区	江苏新韩通船舶重工有限公司	扬中市
江苏利华铜业有限公司	丹阳市	江苏丰裕工具有限公司	丹阳市
镇江鼎胜铝业股份有限公司	京口区	江苏恒顺达生物能源有限公司	新　区
江苏南自通华电气集团有限公司	扬中市	丹阳新华美塑料有限公司	丹阳市
中储粮镇江粮油有限公司	京口区	江苏汤始建华管桩有限公司	句容市
江苏环太集团有限公司	扬中市	镇江大东纸业有限公司	新　区
江苏鑫海铜业有限公司	丹阳市	江苏建华管桩有限公司	句容市
镇江荣德新能源科技有限公司	扬中市	中节能太阳能科技（镇江）有限公司	新　区
江苏中电输配电设备有限公司	扬中市	优利德（江苏）化工有限公司	新　区
江苏镇江发电有限公司	丹徒区	丹阳市申阳电梯部件有限公司	丹阳市
精功镇江汽车制造有限公司	丹徒区	无锡格林艾普化工股份有限公司镇江分公司	新　区
江苏呈飞电子有限公司	丹阳市	江苏新天洋机械制造有限公司	丹阳市

10－3　主营业务收入前50家企业

企业名称	所属地区	企业名称	所属地区
镇江奇美化工有限公司	新　区	江苏晶谷米机有限公司	丹阳市
大全集团有限公司	扬中市	华鹏集团有限公司	扬中市
金东纸业（江苏）股份有限公司	新　区	巨宝精密加工（江苏）有限公司	句容市
江苏沃得机电集团有限公司	丹阳市	江苏长丰科技集团	丹阳市
江苏天工集团有限公司	丹阳市	江苏瑞美福实业有限公司	丹阳市
江苏飞达控股集团有限公司	丹阳市	荣马实业有限公司	扬中市
大亚科技集团有限公司	丹阳市	句容宁武高新技术发展有限公司	句容市
江苏索普（集团）有限公司	京口区	江苏鸿泰钢铁有限公司	京口区
大力神科技集团	丹阳市	沃得重工（中国）有限公司	丹徒区
丹阳龙江钢铁有限公司	丹阳市	扬中市龙源港机制造有限公司	扬中市
镇江联成化学工业有限公司	新　区	江苏银佳企业集团有限公司	扬中市
中国国电集团公司谏壁发电厂	京口区	江苏新韩通船舶重工有限公司	扬中市
金海宏业（镇江）石化有限公司	丹徒区	镇江市大港通达铜材有限公司	新　区
镇江鼎胜铝业股份有限公司	京口区	江苏建华管桩有限公司	句容市
江苏利华铜业有限公司	丹阳市	江苏丰裕工具有限公司	丹阳市
有能集团有限公司	扬中市	丹阳新华美塑料有限公司	丹阳市
中储粮镇江粮油有限公司	京口区	江苏汤始建华管桩有限公司	句容市
江苏环太集团有限公司	扬中市	丹阳市申阳电梯部件有限公司	丹阳市
江苏鑫海铜业有限公司	丹阳市	镇江大东纸业有限公司	新　区
镇江荣德新能源科技有限公司	扬中市	江苏新天洋机械制造有限公司	丹阳市
江苏中电输配电设备有限公司	扬中市	江苏同力机械有限公司	丹阳市
江苏镇江发电有限公司	丹徒区	镇江韦岗铁矿有限公司	润州区
精功镇江汽车制造有限公司	丹徒区	中节能太阳能科技（镇江）有限公司	新　区
镇江江南化工有限公司	新　区	镇江万发化纤有限责任公司	丹徒区
江苏呈飞电子有限公司	丹阳市	江苏肯帝亚木业有限公司	丹阳市

10－4 利税总额前50家企业

企业名称	所属地区	企业名称	所属地区
金东纸业（江苏）股份有限公司	新 区	荣马实业有限公司	扬中市
镇江奇美化工有限公司	新 区	江苏恒顺达生物能源有限公司	新 区
大全集团有限公司	扬中市	江苏建华管桩有限公司	句容市
中国国电集团公司谏壁发电厂	京口区	江苏宏达新材料股份有限公司	扬中市
江苏天工集团有限公司	丹阳市	江苏省镇江船厂（集团）有限公司	润州区
江苏镇江发电有限公司	丹徒区	江苏中电输配电设备有限公司	扬中市
江苏沃得机电集团有限公司	丹阳市	江苏鱼跃医疗设备股份有限公司	丹阳市
江苏飞达控股集团有限公司	丹阳市	句容宁武高新技术发展有限公司	句容市
镇江荣德新能源科技有限公司	扬中市	巨宝精密加工（江苏）有限公司	句容市
金海宏业（镇江）石化有限公司	丹徒区	镇江美驰轻型车系统（第二）有限公司	新 区
江苏环太集团有限公司	扬中市	江苏汤始建华管桩有限公司	句容市
有能集团有限公司	扬中市	山特维克材料科技（中国）有限公司	新 区
大亚科技集团有限公司	丹阳市	江苏肯帝亚木业有限公司	丹阳市
大力神科技集团	丹阳市	江苏呈飞电子有限公司	丹阳市
华鹏集团有限公司	扬中市	扬中市盛大实业有限公司	扬中市
江苏索普（集团）有限公司	京口区	江苏新天洋机械制造有限公司	丹阳市
丹阳龙江钢铁有限公司	丹阳市	丹阳市申阳电梯部件有限公司	丹阳市
镇江联成化学工业有限公司	新 区	江苏瑞美福实业有限公司	丹阳市
沃得重工（中国）有限公司	丹徒区	镇江南帝化工有限公司	新 区
罗地亚（镇江）化学品有限公司	新 区	镇江华润燃气有限公司	润州区
镇江江南化工有限公司	新 区	阿雷蒙紧固件（镇江）有限公司	新 区
道达尔润滑油（中国）有限公司	新 区	扬中市龙源港机制造有限公司	扬中市
江苏晶谷米机有限公司	丹阳市	江苏丰裕工具有限公司	丹阳市
精功镇江汽车制造有限公司	丹徒区	江苏真绩机械制造有限公司	丹徒区
江苏银佳企业集团有限公司	扬中市	优利德（江苏）化工有限公司	新 区

10－5 利润总额前50家企业

企业名称	所属地区	企业名称	所属地区
金东纸业（江苏）股份有限公司	新　区	丹阳龙江钢铁有限公司	丹阳市
镇江奇美化工有限公司	新　区	江苏银佳企业集团有限公司	扬中市
大全集团有限公司	扬中市	镇江美驰轻型车系统（第二）有限公司	新　区
中国国电集团公司谏壁发电厂	京口区	道达尔润滑油（中国）有限公司	新　区
江苏沃得机电集团有限公司	丹阳市	精功镇江汽车制造有限公司	丹徒区
江苏天工集团有限公司	丹阳市	山特维克材料科技（中国）有限公司	新　区
江苏镇江发电有限公司	丹徒区	扬中市龙源港机制造有限公司	扬中市
江苏飞达控股集团有限公司	丹阳市	江苏汤始建华管桩有限公司	句容市
金海宏业（镇江）石化有限公司	丹徒区	中节能太阳能科技（镇江）有限公司	新　区
镇江荣德新能源科技有限公司	扬中市	镇江华润燃气有限公司	润州区
有能集团有限公司	扬中市	江苏瑞美福实业有限公司	丹阳市
江苏环太集团有限公司	扬中市	句容宁武新材料发展有限公司	句容市
镇江联成化学工业有限公司	新　区	江苏肯帝亚木业有限公司	丹阳市
镇江江南化工有限公司	新　区	江苏省镇江船厂（集团）有限公司	润州区
罗地亚（镇江）化学品有限公司	新　区	阿雷蒙紧固件（镇江）有限公司	新　区
江苏恒顺达生物能源有限公司	新　区	江苏新天洋机械制造有限公司	丹阳市
江苏索普（集团）有限公司	京口区	镇江南帝化工有限公司	新　区
大力神科技集团	丹阳市	扬中市盛大实业有限公司	扬中市
江苏宏达新材料股份有限公司	扬中市	丹阳新华美塑料有限公司	丹阳市
江苏晶谷米机有限公司	丹阳市	凯迩必液压工业（镇江）有限公司	新　区
江苏建华管桩有限公司	句容市	恒宝股份有限公司	丹阳市
华鹏集团有限公司	扬中市	优利德（江苏）化工有限公司	新　区
沃得重工（中国）有限公司	丹徒区	国电江苏谏壁发电有限公司	京口区
荣马实业有限公司	扬中市	海昌隐形眼镜有限公司	丹阳市
江苏鱼跃医疗设备股份有限公司	丹阳市	大赛璐安全系统（江苏）有限公司	丹阳市

10－6 主要工业

产品名称	单位	实绩	产品名称	单位	实绩
一、冶金工业产品			化学药品原药	吨	75.99
铁矿石（原矿）	万吨	40.86	润滑油	万吨	13.22
生 铁	万吨	17.61	石油沥青	吨	36 765
成品钢材	万吨	462.39	五、机械工业产品		
铜 材	万吨	4.07	电力电缆	千米	20 617
铝 材	万吨	26.60	绝缘制品	吨	66 134
二、电力工业产品			泵	台	4 293
发电量	亿千瓦小时	320.79	金属切削机床	台	1 106
#镇江发电公司	亿千瓦小时	97.28	金属成型机床	台	20 099
谏壁发电厂	亿千瓦小时	164.00	民用钢质船舶	总吨	48 855
三、炼焦工业产品			汽车（改装汽车）	辆	12 816
焦 炭	万吨	65.17	液压元件	万件	83.12
煤气生产量	万立方米	7563	收获机械	台	33 335
四、化学工业产品			挖掘机械	台	5129
硫酸（折100%）	万吨	34.99	环境污染防治设备	台	404
盐酸（含量31%以上）	万吨	1.03	轴 承	亿套	29.33
醋 酸	万吨	105.60	阀 门	吨	8 156
烧碱（折100%）	万吨	9.86	工业锅炉	蒸发量吨	3 098
纯 笨	万吨	0.46	变压器	万千伏安	2 569.52
初级形态的塑料	万吨	107.11	金属切削工具	亿件	41.84
化学农药（原药）	万吨	5.72	铸 件	万吨	24.99
涂 料	万吨	3.71	锻 件	万吨	10.37
合成橡胶	万吨	20.27	高低压开关板	万面	33.35
化学纤维	万吨	0.69	桥 架	万吨	32.49
塑料制品	万吨	12.58	母 线	万米	132.62
中成药	吨	3 880	风 机	台	4 781

产品产量

产品名称	单位	实绩	产品名称	单位	实绩
碱性蓄电池	万只	162.58	**八、其他产品**		
六、建材工业产品			机制纸及纸板	万吨	285.24
水泥熟料	万吨	787.91	纸制品	万吨	29.55
水 泥	万吨	1 299.10	互感器	台	3 118
预应力混凝土桩	万米	2 168.98	光电子器件	万只	92.30
商品混凝土	万立方米	329.12	电子元件	亿只	13.39
水泥电杆	根	514	日用玻璃制品	万吨	2.07
人造板	万立方米	188.37	家用冷柜	万台	3.43
复合木地板	万平方米	4 353.81	电光源(灯泡)	万只	20 302
耐火材料制品	万吨	2.93	自行车	万辆	54.39
玻璃纤维纱	万吨	1.19	单晶硅	吨	520.52
石墨及碳素制品	万吨	175.48	多晶硅	吨	871.73
七、纺织工业产品			工业调节控制系统	台	39 852
			饮料酒	千升	13412
纱	万吨	2.66	饲 料	万吨	11.55
布	万米	5 486.16	原 盐	万吨	27.59
纯棉布	万米	2 388	小麦粉	万吨	103.00
棉混纺布	万米	2 848	方便面	万吨	3.55
纯化纤布	万米	250	食用植物油	万吨	0.53
印染布	万米	7 336	大 米	万吨	13.38
丝织品	万米	929	鲜、冷藏肉	万吨	0.65
服 装	万件	14 818	酱 油	万吨	0.39
皮革服装	万件	140.88	食 醋	万吨	16.24
天然毛皮服装	万件	2.53	眼镜成镜	万副	1 011.63
皮革鞋靴	万双	933.88	单色印刷品	令	698 193
化学纤维用浆粕	万吨	16.50	多色印刷品	对开色令	3 950 352

10－7 工业企业

项　目	单位数（个）	亏损企业	工　业总产值	工　业销售产值
总　计	**2 446**	**266**	**61 056 911**	**60 146 039**
#亏损企业	266	266	1 666 755	1 628 729
#民营企业	1 792	171	36 412 679	35 860 768
#国有控股企业	68	10	4 324 093	4 282 458
一、按登记注册类型分				
内资企业	1 852	179	40 529 946	39 946 435
国有企业	32	3	2 546 409	2 522 083
中央企业	4		289 983	271 170
地方企业	28	3	2 256 426	2 250 913
集体企业	53	6	669 830	668 211
股份合作企业	7		41 918	40 423
有限责任公司	177	28	8 827 099	8 736 149
股份有限公司	57	7	3 207 142	3 158 337
私营企业	1 460	125	24 127 299	23 724 683
其他企业	65	10	1 071 891	1 059 183
港澳台商投资企业	275	37	9 318 082	9 143 658
外商投资企业	319	50	11 208 883	11 055 946
二、按经济组织类型分				
独资企业	688	70	17 410 413	17 148 481
合作、合伙企业	110	14	1 806 012	1 779 308
股份有限公司	121	15	7 971 115	7 848 263
有限责任公司	1 527	167	33 869 370	33 369 988
三、按隶属关系分				
中央	13	2	1 419 284	1 383 741
省	9		801 579	799 687
市	56	15	2 779 451	2 781 046
县级市（区）	59	10	2 513 991	2 482 929
镇（街道）	145	17	2 849 736	2 812 245
村（居）委会	48	7	690 863	676 464
其他	2 116	215	50 002 008	49 209 927

主要经济指标

单位：万元

出口交货值	资 产 总 额	流 动 资 产	应 收 帐款净额	产成品 存 货	负 债 总 额
4 356 036	**43 465 336**	**21 954 245**	**6 142 131**	**1 906 151**	**24 794 098**
162 542	2 309 715	1 431 036	335 468	117 711	1 485 015
1 989 439	22 728 341	12 850 511	3 862 797	1 253 912	12 833 828
64 812	5 205 181	1 990 130	458 828	55 361	3 870 446
2 039 402	27 744 184	14 754 881	4 298 640	1 303 235	16 604 323
47 453	3 627 458	1 255 257	300 771	39 718	2 877 600
	555 472	212 627	126 203	4 714	414 321
47 453	3 071 987	1 042 630	174 568	35 004	2 463 280
16 984	314 281	153 948	68 385	9 704	197 615
2 647	32 630	22 003	10 539	2 033	18 137
353 033	6 435 661	3 479 386	1 031 878	313 953	3 881 702
400 268	2 475 737	1 496 019	464 598	164 682	1 166 141
1 157 510	14 135 975	8 009 310	2 286 644	751 213	8 108 384
61 507	708 917	331230	133 643	19 300	349 236
725 649	5 631 820	2 770 602	692 619	251 383	3 032 978
1 590 986	10 089 332	4 428 762	1 150 872	351 534	5 156 798
1 497 745	11 684 109	5 277 958	1 488 413	407 341	7 058 326
135 620	1 187 766	598 351	229 277	38 703	657 234
1 026 453	8 653 085	3 970 525	1 051 590	403 548	4 146 375
1 696 218	21 940 377	12 107 412	3 372 853	1 056 561	12 932 163
23 555	1 513 551	601 868	205 063	11 047	901 845
896	1 074 931	223 313	107 202	216	863 274
158 728	2 815 407	1 269 881	177 803	71 900	1 933 035
230 242	2 034 026	1 205 655	370 712	159 685	1 326 441
80 967	1 941 448	1 214 182	454 654	101 163	1 234 890
882	403 164	277 095	115 545	22 227	278 614
3 860 766	33 682 808	17 162 251	4 711 153	1 539 914	18 256 000

10-7（续1–1）

项　　目	单位数（个）	亏损企业	工　业总产值	工　业销售产值
四、按轻重工业分				
轻工业	780	85	11 254 631	11 051 479
重工业	16 66	181	49 802 280	49 094 560
五、按规模分				
大型企业	41		18 454 260	18 234 693
# 国有	5		1 794 219	1 790 026
中型企业	301	20	19 753 516	19 420 600
# 国有	11	2	428 719	411 574
小型企业	2 048	230	22 698 719	22 346 715
微型企业	56	16	150 416	144 030
六、按控股情况分				
国有控股企业	68	10	4 324 093	4 282 458
集体控股企业	80	12	1 582 624	1 565 103
私人控股企业	1 782	168	37 449 966	36 860 946
港澳台商控股企业	213	29	6 896 048	6 762 152
外商控股企业	232	37	8 927 490	8 831 795
其他企业	71	10	1 876 689	1 843 585
七、按工业行业大类分				
（一）采矿业	25	1	637 121	632 045
黑色金属矿采选业	6	1	363 677	362 440
有色金属矿采选业	2		6 033	5 646
非金属矿采选业	17		267 411	263 959
（二）制造业	2 399	261	59 068 982	58 166 074
农副食品加工业	32	1	1 480 426	1 462 262
食品制造业	12	3	175 898	176 225
酒、饮料和精制茶制造业	5		84 801	83 144
纺织业	91	16	967 087	958 280
纺织服装、服饰业	150	13	1 339 461	1 318 492
皮革、毛皮、羽毛及其制品和制鞋业	58	6	451 002	442 950
木材加工和木、竹、藤、棕、草制品业	10	2	1 342 833	1 333 503
家具制造业	7		64 907	63 736

出口交货值	资产 总额	流动 资产	应收 帐款净额	产成品 存货	负债 总额
1 551 992	9 939 455	4 669 143	1 056 966	358 540	5 466 247
2 804 045	33 525 881	17 285 102	5 085 165	1 547 611	19 327 851
1 804 204	16 582 516	7 579 535	1 846 322	770 691	9 693 721
44 359	2 282 489	725 897	111 196	23 252	1 941 996
1 586 718	12 154 730	6 299 425	1680 226	522 926	6 887 278
3 094	639 063	364 415	124 658	12 948	431 274
956 571	14 507 740	7 916 562	2 584 496	604 659	8 064 427
8 544	220 349	158 724	31 087	7 876	148 673
64 812	5 205 181	1 990 130	458 828	55 361	3 870 446
106 229	832 456	507 561	184 862	35 624	565 926
2 162 859	23 421 588	13 440 447	3 891 732	1 338 305	13 449 627
537 952	4 255 178	2 006 648	448 946	164 019	2 147 965
1 244 184	8 530 379	3 455 436	971 152	270 612	4 271 419
240 000	1 220 553	554 024	186 612	42 229	488 715
	372 349	145 398	22 591	7 703	234 656
	137 826	89 759	9 815	3 727	106 083
	29 922	2 320	787	121	27 224
	204 600	53 319	11 989	3 855	101 350
4 356 036	41 001 555	21 334 921	5 950 304	1 893 741	23 160 778
	597 635	395 098	30 564	25 489	422 209
6 703	353 793	206 660	13 310	5 459	273 411
	43 145	23 831	4 666	1 802	23 866
124 592	571 570	351 486	77 855	50 057	263 789
207 738	746 589	399 316	96 350	36 876	325 842
61 225	211 261	152 546	37 842	10 857	155 819
17 3358	1 107 544	679 296	118 574	132 918	786 510
	17 233	7 218	1 555	749	7 960

10-7（续1-2）

项　　目	单位数（个）	亏损企业	工　业总产值	工　　业销售产值
造纸和纸制品业	43	4	2 383 277	2 330 887
印刷和记录媒介复制业	24	3	190 604	187 214
文教、工美、体育和娱乐用品制造业	49	3	492 505	487 508
石油加工、炼焦及核燃料加工业	7		889 285	827 483
化学原料和化学制品制造业	215	18	11 220 795	11 135 042
医药制造业	28	9	228 100	222 971
化学纤维制造业	5		251 315	239 339
橡胶和塑料制品业	94	10	860 280	856 038
非金属矿物制品业	181	28	3 117 832	3 080 430
黑色金属冶炼和压延加工业	60	12	2 504 723	2 468 234
有色金属冶炼和压延加工业	63	10	1 332 612	1 309 727
金属制品业	250	23	2 903 485	2 856 519
通用设备制造业	171	17	3 051 446	3 023 906
专用设备制造业	88	8	1 674 258	1 649 838
汽车制造业	161	16	2 621 287	2 581 959
铁路、船舶、航空航天和其他运输设备制造业	66	6	2 879 872	2 853 297
电气机械及器材制造业	305	28	10 794 373	10 631 687
计算机、通信和其他电子设备制造业	121	15	2 625 899	2 508 989
仪器仪表制造业	67	7	2 724 614	2 662 245
其他制造业	29	2	249 466	251 875
废弃资源综合利用业	6		164 472	160 227
金属制品、机械和设备修理业	1	1	2 069	2 069
（三）电力、热力、燃气及水的生产和供应业	22	4	1 350 807	1 347 920
电力、热力的生产和供应业	9	3	1 137 393	1 137 057
燃气生产和供应业	6		17 0345	168 591
水的生产和供应业	7	1	43 069	42 273
八、按资产总额分				
1000 万元以下	304	13	128 0465	1 252 303
1000-5000 万元	1 111	118	7 693 737	7 587 901
5000-10000 万元	407	62	4 921 878	4 852 322

出口交货值	资　产 总　额	流　动 资　产	应　收 帐款净额	产成品 存　货	负　债 总　额
527 364	3 780 643	1 268 959	289 283	71 441	1 988 076
	108 268	58 966	17 799	4 524	69 326
128 087	187 886	91 211	22 722	8 568	98 279
18 476	434 328	222 748	38 948	61 988	222 661
556 065	6 942 149	3 151 292	720 753	270 154	3 873 459
580	182 392	105 777	25 694	7 319	104 911
	301 444	51 990	4 586	6 002	201 456
148 975	546 797	313 041	107 210	32 578	329 183
107 186	2 475 914	1 242 787	294 257	104 325	1 417 179
47 389	1 056 003	539 189	70 786	45 467	659 096
43 835	1 035 743	616 565	141 715	67 083	742 321
99 286	1 750 213	1 101 319	433 575	71 334	967 424
104 636	1 737 367	976 020	331 316	77 389	938 050
95 288	1 281 465	831 484	203 328	77 373	666 462
171 622	1 723 463	1 055 559	331 826	76 966	1 196 739
640 363	1 920 606	986 436	210 653	93 766	1 095 448
575 347	6 912 514	3 998 236	1 485 363	304 849	3 658 345
332 423	1 920 095	884 143	364 475	71 187	1 033 694
131 622	2 823 828	1 551 609	457 587	171 155	1 520 032
53 876	136 203	46 801	12 280	2 924	62 631
	92 369	24 210	4 988	3 144	55 422
	3 099	1 131	445		1 179
	2 091 432	473 926	169 236	4 708	1 398 664
	1 507 673	284 148	152 931	388	1 053 630
	155 550	54 180	10 659	445	81 811
	428 209	135 597	5 646	3 875	263 223
128 200	200 128	133 520	56 529	17 604	123 281
510 646	2 925 500	1 855 999	762 267	178 987	1 717 328
263 671	2 925 698	1 697 653	560 638	145 277	1 614 470

10-7（续1-3）

项　目	单位数（个）	亏损企业	工　业总产值	工　业销售产值
1-5 亿元	483	71	13 482 104	13 243 094
5-10 亿元	75	2	9 240 056	9 050 627
10-50 亿元	57		13 503 261	13 291 533
50 亿元以上	9		10 935 409	10 868 259
九、按产品销售收入分				
2000 万元以下	20	11	16 846	16 754
2000-5000 万元	1 163	179	3 369 641	3 300 874
5000-10000 万元	441	46	3 291 238	3 217 562
1-5 亿元	595	29	12 736 462	12 537 227
5-10 亿元	115		8 046 088	7 903 413
10-50 亿元	99	1	20 267 345	19 937 142
50-100 亿元	6		3 711 886	3 684 499
100 亿元以上	7		9 617 404	9 548 567
十、按年末从业人员数分				
300 人以下	2 109	245	22 870 352	22 513 100
300-1000 人	291	19	21 415 998	21 078 492
1000-2000 人	25	2	3 151 481	3 038 768
2000 人以上	21		13 619 081	13 515 678
十一、按地区分				
市　区	789	102	23 998 951	23 651 202
京口区	55	17	3 185 783	3 153 508
#正东路街道	3	1	8 071	8 109
健康路街道	6		54 933	54 302
大市口街道				
四牌楼街道	2	1	17 523	17 523
象山街道	19	7	1 011 399	1 000 297
谏壁街道	17	5	1 531 023	1 510 443
京口工业园区	7	3	442 752	442 754
共青团农场	1		120 081	120 081

出口交货值	资　产 总　额	流　动 资　产	应　收 帐款净额	产成品 存　货	负　债 总　额
853 990	9 967 390	5 595 210	1 645 658	452 394	5 451 189
582 070	5 319 849	2 801 812	758 689	250 655	3 239 220
596 152	11 182 193	5 414 455	1 217 241	364 932	6 394 285
1 421 307	10 944 578	4 455 598	1 141 109	496 303	6 254 326
288	103 690	92 050	10 749	3 345	96 486
274 239	4 094 237	2 537 659	844 185	199 646	2 443 051
291 925	3 102 114	1 671 327	549 243	125 633	1 810 995
1 108 201	8 491 924	4 343 228	1 377 063	356 620	4 611 364
293 515	4 090 496	2 228 916	583 171	204 205	2 274 662
799 443	11 709 405	6 188 288	1 617 030	476 170	6 814 936
192 308	2 755 961	935 935	112 622	54 844	2 083 302
1 396 117	9 117 509	3 956 842	1 048 069	485 689	4 659 303
1 007 081	14 754 404	8 110 323	2 615 173	608 551	8 233 874
1 521 153	12 872 146	6 630 163	1 733 414	564 316	7 116 913
252 841	3 281 429	1 778 510	364 026	149 037	2 058 164
1 574 961	12 557 357	5 435 249	1 429 517	584 247	7 385 148
1 665 563	19 722 445	8 540 338	2 178 352	549 545	11 194 498
114 655	3 418 754	1 390 190	309 692	56 712	2 690 070
	9 539	9 303	2 533	718	3 653
17 979	173 070	65 544	6 970	1 404	109 244
	5 769	4 193	941		2 157
56 956	1 333 043	568 251	110 448	17 320	1 100 624
6 798	1 350 432	386 882	117 840	6 258	1 078 179
32 922	517 992	342 973	68 887	31 012	388 877
	28 909	13 045	2 074		7 335

10-7（续1–4）

项　目	单位数（个）	亏损企业	工　业总产值	工　业销售产值
润州区	83	14	1 786 542	1 745 953
#宝塔路街道	1		85 686	85 686
和平路街道	10	1	38 130	37 044
金山街道				
七里甸街道	9	3	186 389	182 036
蒋乔街道	31	1	321 018	319 478
官塘桥街道	10	1	185 244	188 096
韦岗街道	5	2	289 524	288 320
工业园区	17	6	680 551	645 292
丹徒区	302	12	7 097 477	6 986 052
#高资街道	40		2 224 277	2 136 597
高桥镇	14	3	258 292	246 344
辛丰镇	63	2	1 256 302	1 278 825
谷阳镇	42		801 313	801 003
上党镇	25		684 494	660 585
宝堰镇	16		131 143	124 922
世业镇	2		18 016	18 016
宜城街道	76	4	1 427 941	1 427 354
江心镇	2		65 659	62 433
荣炳镇	10		132 808	130 862
新　区	349	59	1 1929 149	11 765 690
#姚桥镇	29	1	214 749	213 497
大路镇	22	4	201 099	197 015
丁岗镇	30		223 200	213 066
大港街道	174	29	9 540 824	9 446 116
丁卯街道	94	25	1 749 278	1 695 996
丹阳市	807	120	19 317 854	19 007 750
#司徒镇	53	9	570 691	534 978
延陵镇	37		527 656	524 593
珥陵镇	18	6	278 217	270 305
导墅镇	34	5	720 285	717 637
皇塘镇	48	8	989 691	959 202
吕城镇	57	11	790 272	784 865

出口交货值	资产总额	流动资产	应收帐款净额	产成品存货	负债总额
165 714	1 649 577	998 395	263 722	46 693	949 408
	96 807	34 426	2 840		50 999
	42 155	13 490	4 316	1 811	38 335
28 835	170 024	93 803	37 973	13 761	78 891
42 581	157 927	118 039	48 029	7 028	86 358
24 254	319 466	180 872	37 274	10 758	212 765
11 495	250 079	144 828	19 793	7 510	128 015
58 549	613 120	412 937	113 497	5 825	354 046
412 474	4 597 884	1 878 784	453 210	136 148	2 656 424
22 666	1 781 298	542 935	170 333	56 484	998 415
22 493	52 164	37 675	14 907	6 549	35 410
89 111	224 151	155 605	59 770	23 068	165 422
86 814	649 010	67 168	16 955	1 026	260 702
244	245 450	163 768	62 743	12 489	186 561
	72 067	10 925	2 855	2 871	10 682
	3 400	1 582	565	257	2 082
179 909	1 366 496	817 694	95 127	22 449	876 178
	17 547	9 768	3 314	485	8 368
	95 185	30 400	10 263	3 968	61 284
972 719	10 056 229	4 272 968	1 151 728	309 993	4 898 597
6 467	74 192	48 889	23 087	4 943	34 958
	254 455	156 280	58 824	10 624	167 514
428	95 512	58 753	23 688	3 920	57 401
819 886	8 376 425	3 370 094	846 608	251 602	4 103 339
145 937	1 255 645	638 952	199 521	38 904	535 387
1 712 437	11 841 091	7 522 647	1 844 869	886 684	7 470 782
90 047	533 024	402 465	138 690	39 655	333 345
56 607	264 518	166 470	34 932	15 663	191 196
19 769	289 177	228 463	27 267	6 795	189 523
8 995	313 046	238 065	95 621	11 496	210 000
21 892	373 935	264 780	77 417	31 285	275 311
23 094	408 123	281 482	67 412	39 381	278 067

10-7（续1–5）

项　目	单位数（个）	亏损企业	工　业总产值	工　业销售产值
陵口镇	33	1	132 665	126 094
访仙镇	31	6	453 514	432 710
界牌镇	88	3	1 175 245	1 161 566
新桥镇	75	13	1 116 769	1 109 659
后巷镇	45	9	4 271 743	4 217 370
埤城镇	22	4	1 934 606	1 903 879
云阳镇	98	8	1 359 072	1 309 149
开发区	147	29	3 723 729	3 679 558
扬中市	352	27	8 775 320	8 648 877
# 三茅街道	107	10	2 044 706	1 999 881
新坝镇	83	6	3 546 552	3 477 117
油坊镇	52	2	762 242	758 907
八桥镇	37	4	661 247	656 632
西来桥镇	22		534 682	533 405
开发区	51	5	1 225 892	1 222 935
句容市	498	17	8 964 786	8 838 211
# 华阳镇	52		692 919	698 775
宝华镇	44		661 067	66 0251
下蜀镇	38	3	1 436 380	1 437 248
边城镇	37	4	880 186	870 009
白兔镇	47	10	660 086	651 054
茅山镇	23		382 696	371 466
后白镇	67		838 645	841 288
天王镇	37		679 701	657 271
郭庄镇	43		550 977	547 906
开发区	103		2 120 217	2 044 969
茅山管委会	7		61 913	57 975

出口交货值	资产总额	流动资产	应收帐款净额	产成品存货	负债总额
10 751	66 068	45 344	19 247	3 901	39 639
56 728	221 856	170 161	48 788	25 170	168 792
39 995	733 710	490 679	123 703	34 006	590 574
27 314	881 709	587 914	183 035	35 011	648 222
848 306	1 960 255	1 173 474	264 019	178 963	989 702
70 011	1 769 609	1 041 559	259 757	155 425	902 709
83 580	628 915	404 358	130 621	50 153	278 754
204 879	2 170 126	1 286 444	232 277	131 888	1 521 738
336 139	6 953 341	4 102 199	1 669 129	274 930	3 818 957
63 336	1 319 750	980 441	375 988	77 172	729 241
127 228	2 827 737	1 541 232	752 555	89 137	1 385 469
116 046	704 748	409 177	141 637	27 649	411 320
14 307	499 861	264 738	81 830	18 070	332 756
734	474 506	276 594	71 703	13 141	304 047
14 488	1 126 739	630 016	245 417	49 762	656 123
641 897	4 948 460	1 789 063	449 781	194 991	2 309 862
	156 586	93 725	27 098	6 377	108 102
10 013	216 425	99 008	23 124	17 909	116 835
580	1 051 114	371 452	50 800	23 197	564 668
58 800	248 109	159 128	60 285	24 512	179 641
17 482	472 135	268 403	45 286	18 519	78 971
	46 804	19 708	5 414	4 721	20 545
28	454 964	327 548	87 098	40 645	295 703
	128 094	43 169	6 947	5 609	14 847
164 603	62 549	35 712	7 946	2 619	32 774
390 342	2 103 564	367 199	135 117	50 010	896 265
48	8 116	4 013	667	875	1 512

10-7（续2–1）

项　目	主　营 业务收入	销售成本	税金及附加	销　售 费　用
总　计	**59 753 365**	**50 851 013**	**217 891**	**1 222 025**
#亏损企业	1 608 014	1 490 701	5 944	52 012
#民营企业	35 620 894	30 121 354	135 685	814 522
#国有控股企业	4 240 572	3 592 519	15 344	70 544
一、按登记注册类型分				
内资企业	39 668 245	33 535 334	150 561	882 052
国有企业	2 509 651	2 094 200	7 761	42 235
中央企业	268 079	223 209	268	4 416
地方企业	2 241 572	1 870 991	7 493	37 819
集体企业	671 186	556 117	2 203	15 920
股份合作企业	42 262	33 596	565	2 616
有限责任公司	8 704 931	7 223 224	38 766	338 522
股份有限公司	3 163 806	2 497 032	8 736	92 459
私营企业	23 601 044	20 287 164	90 257	372 645
其他企业	935 418	809 784	2 270	15 672
港澳台商投资企业	9 060 333	7 879 060	27 242	118 396
外商投资企业	11 024 787	9 436 619	40 088	221 577
二、按经济组织类型分				
独资企业	17 147 100	14 688 884	69 564	273 698
合作、合伙企业	1 651 691	1 426 083	4 910	34 438
股份有限公司	7 603 302	6 179 319	16 304	159 358
有限责任公司	33 351 273	28 556 726	127 113	754 531
三、按隶属关系分				
中央	1 409 106	1 197 876	6 684	22 185
省	805 781	659 579	2 147	988
市	2 680 908	2 283 741	8 580	65 418
县级市（区）	2 450 147	1 956 494	16 222	128 175
镇（街道）	2 747 060	2 256 275	8 320	103 231
村（居）委会	666 562	554 403	2 608	32 440
其他	48 993 800	41 942 645	173 331	869 589

单位：万元

管理费用	财务费用	利润总额	亏损企业亏损额	利税总额	从业人员平均人数（人）
1 704 138	**827 174**	**3631 109**	**93 107**	**5 673 708**	**518 943**
115 140	44 987	-93 107	93 107	-58 047	36 873
1 101 334	495 008	1 911 946	39 117	3 160 181	326 859
141 024	127 152	304 439	17 635	438 908	28 808
1 231 456	620 808	2 218 081	43 136	3 594 659	353 941
85 892	106 771	176 955	2 639	256 398	20 409
10 289	6 383	19 961		23 465	1 552
75 604	100 388	156 994	2 639	232 933	18 857
18 814	4 968	26 616	712	54 453	7 257
2 193	505	1 489		3 923	1 140
350 386	160 872	481 536	7 123	804 701	65 053
149 659	68 496	211 214	3 023	311 132	22 530
600 490	268 742	1 250 630	27 827	2 067 239	228 419
23 804	10 414	67 892	1 812	93 607	8 903
174 936	70 232	571 653	19 906	888 356	81 074
297 746	136 135	841 375	30 065	1 190 693	83 928
412 318	206 741	1 070 383	22 645	1 677 035	161 184
45 074	16 923	100 761	1 955	154 016	16 867
245 137	175 643	575 494	7 185	783 055	52 339
1 001 609	427 868	1 884 472	61 322	3 059 602	288 553
41 595	14 042	127 100	6 611	171 166	5 207
12 032	30 716	108 281		140 211	5 328
110 616	78 564	146 362	6 686	220 340	23 269
123 417	79 029	127 983	6 604	240 377	27 691
129 585	46 445	120 514	4 681	227 976	27 103
26 103	10 880	30 603	929	46 623	6 266
1 260 789	567 499	2 970 265	67 597	4 627 015	424 079

10-7（续2-2）

项目	主营业务收入	销售成本	税金及附加	销售费用
四、按轻重工业分				
轻工业	11 038 410	9 507 349	45 359	229 944
重工业	48 714 954	41 343 664	172 532	992 081
五、按规模分				
大型企业	18 124 502	15 066 352	47 474	429 998
# 国有	1 769 223	1 476 075	5 281	24 748
中型企业	19 346 805	16 429 296	68 433	378 276
# 国有	411 347	342 517	1 248	14 556
小型企业	22 134 486	19 219 960	101 566	411 057
微型企业	147 571	135 405	419	2 695
六、按控股情况分				
国有控股企业	4 240 572	3 592 519	15 344	70 544
集体控股企业	1 561 330	1 315 820	3 531	26 544
私人控股企业	36 604 742	30 958 489	141 819	824 633
港澳台商控股企业	6 687 767	5 886 693	19 708	82 495
外商控股企业	8 688 280	7 399 931	31 904	167 791
其他企业	1 970 675	1 697 562	5 586	50 018
七、按工业行业大类分				
（一）采矿业	643 750	579 051	3 433	8 406
黑色金属矿采选业	369 532	348 717	993	3 472
黑色金属矿采选业	5 601	4 386	39	692
非金属矿采选业	268 618	225 949	2 401	4 242
（二）制造业	57 744 042	49 191 457	209 332	1 197 526
农副食品加工业	1 465 193	1 335 929	3 518	17 738
食品制造业	205 375	156 178	2 262	15 461
酒、饮料和精制茶制造业	72 289	59 788	2 243	1 270
纺织业	942 940	823 846	4 279	15 678
纺织服装、服饰业	1 328 093	1 167 566	7 742	22 877
皮革、毛皮、羽毛及其制品和制鞋业	453 408	397 275	1 644	6 608
木材加工和木、竹、藤、棕、草制品业	1 364 278	1 064 583	10 102	99 204
家具制造业	64 228	58 491	445	700

管理费用	财务费用	利润总额	亏损企业亏损额	利税总额	从业人员平均人数（人）
320 192	170 318	630 277	22 290	1 024 410	150 403
1 383 946	656 857	3 000 831	70 818	4 649 298	368 540
486 678	407 173	1 220 049		1 810 204	127 776
44 349	93 195	135 580		195 001	11 469
561 237	185 203	1 212 938	19 762	1 885 601	156 254
29 251	3 888	17 665	2 382	26 441	6 507
651 537	231 492	1 197 065	70 219	1 974 640	233 827
4 686	3 307	1 057	3 126	3 263	1 086
141 024	127 152	304 439	17 635	438 908	28 808
37 610	15 562	67 933	2 621	118 516	13 434
1 135 357	507 710	1 971 497	38 107	3 243 736	338 815
123 242	42 308	411 673	11 345	631 363	63 235
223 191	116 893	733 637	19 539	1 032 184	61 301
43 714	17 550	141 931	3 861	209 001	13 350
18 909	4 503	23 721	109	50 105	6 148
6 372	4 279	6 131	109	16 937	1 282
112	103	269		612	218
12 424	121	17 321		32 556	4 648
1 666 026	778 938	3 391 953	91 986	5 351 355	506 230
14 016	12 542	58 352	13	81 310	4 870
14 399	15 155	7 044	510	16 986	3 124
1 835	420	6 826		10 236	397
28 941	9 397	41 287	7 214	81 483	17 039
41 083	9 854	65 041	1 506	127 639	30 931
12 688	3 766	19 973	480	37 949	9 136
75 077	60 043	29 871	2 485	97 519	15 286
915	67	3 087		6 403	1 047

10-7（续2–3）

项　　目	主　　营 业务收入	销售成本	税金及附加	销　售 费　用
造纸和纸制品业	2 303 691	1 979 661	3 697	32 339
印刷和记录媒介复制业	180 214	151 654	1 252	3 522
文教、工美、体育和娱乐用品制造业	490 216	436 840	4 018	7 122
石油加工、炼焦及核燃料加工业	862 878	721 434	12 048	24 561
化学原料和化学制品制造业	10 781 696	9 420 220	24 412	122 339
医药制造业	226 491	169 771	1 467	20 780
化学纤维制造业	243 971	227 400	1 016	609
橡胶和塑料制品业	847 388	738 127	3 915	15 226
非金属矿物制品业	3 088 403	2 677 243	13 173	58 244
黑色金属冶炼和压延加工业	2 464 637	2 226 410	4 557	10 727
有色金属冶炼和压延加工业	1 385 346	1 237 088	3 293	18 546
金属制品业	2 863 964	2 467 394	11 487	59 527
通用设备制造业	3 057 709	2 560 591	9 889	54 117
专用设备制造业	1 647 324	1 330 244	9 101	40 840
汽车制造业	2 598 584	2 192 276	7 057	48 293
铁路、船舶、航空航天和其他运输设备制造业	2 812 808	2 408 621	6 714	21 010
电气机械及器材制造业	10 501 492	8 604 066	44 058	385 505
计算机、通信和其他电子设备制造业	2 521 928	2 170 495	7 779	29 312
仪器仪表制造业	2 567 018	2 074 327	7 106	53 218
其他制造业	249 696	198 975	761	10 770
废弃资源综合利用业	150 715	133 309	301	1 289
金属制品、机械和设备修理业	2 069	1 657		95
（三）电力、热力、燃气及水的生产和供应业	1 365 572	1 080 505	5 127	16 093
电力、热力的生产和供应业	1 148 471	919 848	4 191	46
燃气生产和供应业	171 420	131 288	538	7 610
水的生产和供应业	45 681	29 370	398	8 437
八、按资产总额分				
1000 万元以下	1 254 804	1 127 102	7 395	23 495
1000-5000 万元	7 604 533	6 629 673	36 234	140 214
5000-10000 万元	4 837 568	4 204 680	23 394	83 830

管理费用	财务费用	利润总额	亏损企业亏损额	利税总额	从业人员平均人数（人）
42 233	73 097	179 680	594	248 819	14 323
6 481	3 304	10 473	397	18 506	2 826
11 068	2 927	24 620	30	49 463	8 997
13 461	4 903	83 040		123 548	1 886
217 102	131 759	756 025	13 904	1 093 971	45 309
17 308	3 560	12 187	3 625	25 581	3 537
2 550	167	12 974		23 981	2 060
25 387	8 206	40 628	2 078	71 956	11 548
83 893	31 144	170 487	13 652	286 699	35 468
30 228	16 122	92 084	2 970	173 227	17 163
47 641	25 494	53 882	2 660	86 227	9 122
93 800	33 828	140 400	3 349	241 078	34 749
101 497	26 314	165 483	8 605	273 993	27 878
63 707	18 460	129 196	4 905	189 297	16 884
78 625	28 460	147 682	4 614	243 495	27 207
58 789	32 310	160 288	5 081	247 117	21 913
395 348	154 676	639 119	8 147	1 007 894	76 403
92 058	31 270	139 181	3 321	215 505	32 560
80 945	37 399	185 043	1 470	243 498	29 157
11 951	2 144	7 536	330	16 351	4 695
2687	2 108	10 513		11 669	663
317	42	-48	48	-48	52
19 203	43 734	215 434	1 013	272 248	6 565
7 439	41 377	190 282	689	240 111	4 195
6 224	98	24 581		28 628	966
5 540	2 258	571	324	3 509	1 404
36 201	6 543	49 220	985	96 782	22 873
247 110	59 809	306 326	18 363	578 078	117 897
151 938	52 253	234 744	16 810	419 819	64 829

10-7（续2–4）

项　　目	主　　营 业务收入	销售成本	税金及附加	销　售 费　用
1-5 亿元	13 323 938	11 384 990	54 563	285 898
5-10 亿元	8 876 822	7 532 809	33 429	169 160
10-50 亿元	13 101 572	11 118 771	38 289	240 408
50 亿元以上	10 754 127	8 852 987	24 587	279 020
九、按产品销售收入分				
2000 万元以下	16 827	14 294	94	444
2000-5000 万元	3 274 875	2 807 610	16 638	94 076
5000-10000 万元	3 198 263	2 765 946	17 095	82 119
1-5 亿元	12 590 392	10 849 547	68 380	286 364
5-10 亿元	7 992 480	6 811 468	20 258	125 416
10-50 亿元	19 420 981	16 500 172	68 969	348 535
50-100 亿元	3 831 189	3 346 069	4 989	13 521
100 亿元以上	9 428 357	7 755 909	21 469	271 549
十、按年末从业人员数分				
300 人以下	22 299 817	19 374 418	102 924	414 096
300-1000 人	20 965 365	17 933 248	67 950	388 651
1000-2000 人	3 040 542	2 584 415	11 595	56 881
2000 人以上	13 447 640	10 958 932	35 422	362 398
十一、按地区分				
市　区	23 367 415	20 036 319	82 258	396 079
京口区	3 159 869	2 753 777	12 262	42 987
#正东路街道	8 109	5 312	64	
健康路街道	52 032	36 200	327	6 259
大市口街道				
四牌楼街道	17 523	14 580	78	
象山街道	988 223	830 500	3 735	14 242
谏壁街道	1 506 903	1 342 593	4 449	13 812
京口工业园区	465 533	424 338	507	5 366
共青团农场	121 547	100 253	3 102	3 308

管理费用	财务费用	利润总额	亏损企业亏损额	利税总额	从业人员平均人数（人）
451 651	150 972	733 205	50 355	1 209 896	135 174
238 541	94 736	580 088	6 594	888 629	49 705
319 500	166 108	995 597		1 465 157	71 427
259 198	296 753	731 928		1 015 347	57 038
3 156	1 155	-2 107	2 255	-1 454	938
209 312	66 209	77 730	40 341	188 146	97 825
152 424	44 731	133 837	16 189	256 740	62 974
423 033	128 340	682 148	33 192	1 209 947	150 155
179 233	61 687	517 624		754 347	53 122
464 364	217 387	1 340 892	1 131	2 020 276	86 858
38 594	85 935	270 202		394 755	17 010
234 021	221 730	610 783		850 950	50 061
656 719	235 153	1 204 576	72 747	1 988 982	236 349
550 760	194 808	1 330 021	18 512	2 022 854	147 841
107 479	53 662	168 201	1 848	263 159	37 456
389 180	343 551	928 312		1 398 712	97 297
612 447	312 766	1 693 796	43 224	2 450 716	145 338
95 342	98 947	170 926	6 093	247 163	20 138
1 002	-19	1 745	49	2 360	149
8 692	615	536		2 758	1 697
758	-32	2 198		2 921	119
44 590	53 037	41 821	3 166	72 610	10 066
12 011	33 156	111 780	2 202	146 506	5 379
19 373	12 173	6 897	676	9 218	2 306
8 916	17	5 950		10 790	422

10-7（续2–5）

项　　目	主　营 业务收入	销售成本	税金及附加	销　售 费　用
润州区	1 783 117	1 538 592	8 214	42 843
#宝塔路街道	85 686	58 407	172	6 661
和平路街道	37 584	31 370	312	724
金山街道				
七里甸街道	183 792	152 808	766	11 018
蒋乔街道	314 499	264 650	836	7 888
官塘桥街道	201 597	166 922	1 262	6 571
韦岗街道	295 330	271 530	1 780	5 269
工业园区	664 629	592 905	3 086	4 711
丹徒区	7 025 166	5 826 515	30 511	121 945
#高资街道	2 183 191	1 825 205	5 278	18 969
高桥镇	251 589	234 129	1 294	745
辛丰镇	1 274 020	1 013 919	2 838	29 770
谷阳镇	785 836	671 295	3 332	22 616
上党镇	662 379	535 473	1 062	10 006
宝堰镇	124 922	105 354	2 470	2 177
世业镇	16 392	14 306	105	311
宜城街道	1 451 148	1 194 518	13 084	29 812
江心镇	62 756	55 133	190	965
荣炳镇	130 237	106 868	429	2 920
新　区	11 399 263	9 917 434	31 271	188 304
#姚桥镇	211 951	196 086	1 259	2 546
大路镇	191 979	173 706	662	1 218
丁岗镇	208 874	189 073	920	3 267
大港街道	8 991 240	7 864 364	22 979	131 757
丁卯街道	1 795 220	1 494 208	5 452	49 517
丹阳市	18 992 699	15 856 564	45 295	337 694
#司徒镇	531 765	413 049	1 925	19 810
延陵镇	521 575	451 300	1 473	10 282
珥陵镇	270 986	238 285	334	2 572
导墅镇	697 262	600 213	1 114	6 314
皇塘镇	960 626	823 963	2 422	14 690
吕城镇	783 458	687 490	899	6 559

管理费用	财务费用	利润总额	亏损企业亏损额	利税总额	从业人员平均人数（人）
99 955	9 568	87 926	17 333	170 038	19 220
3 118	-226	17 683		20 451	524
2 208	455	1 399	13	2 810	683
15 601	2 541	2 078	1 738	8 073	3 571
18 234	2 042	20 622	88	29 924	3 942
17 511	146	8 891	21	19 449	2 481
14 995	4 823	-156	5 607	9 084	3 183
28 288	-213	37 409	9 866	80 248	4 836
162 388	64 823	503 676	4 524	809 436	53 171
33 001	28 127	219 941		301 906	7 525
2 755	1 145	9 524	338	21 880	2 563
42 475	10 499	32 753	2 037	80 221	10 551
19 370	536	49 344		80 953	9 466
9 047	3 433	32 589		57 567	2 979
4 092	23	10 806		20 541	1 586
1 127	14	530		1 254	557
38 637	19 445	132 936	579	216 134	14 291
557	243	1 057		5 112	755
4 431	96	13 793		20 750	1 513
254 762	139 427	931 268	15 273	1 224 078	52 809
3 108	1 692	5 619	168	9 209	2 366
7 315	3 927	5 173	1 287	8 990	2 547
4 394	1 457	9 777		16 132	1 842
159 825	125 814	746 605	7 672	970 497	31 792
80 120	6 538	164 092	6 148	219 251	14 262
533 956	318 079	929 084	37 366	1 411 937	184 716
24 124	11 111	36 200	2 918	49 678	12 126
13 746	6 072	21 759		38 446	5 708
4 839	6 287	12 329	1 495	14 566	2 908
12 749	8 543	33 636	275	58 870	5 987
21 246	12 437	41 424	2 583	58 968	8 607
26 814	13 390	33 196	1 073	50 081	9 169

10-7（续2–6）

项　目	主　营 业务收入	销售成本	税金及附加	销　售 费　用
陵口镇	125 330	108 110	566	2 490
访仙镇	417 644	345 280	1 321	6 088
界牌镇	1 159 514	998 299	1 888	15 329
新桥镇	1 130 454	956 767	3 420	26 181
后巷镇	4 210 992	3 372 913	7 682	54 933
埤城镇	1 815 720	1 494 633	3 052	20 353
云阳镇	1 360 326	1 119 603	3 529	19 809
开发区	3 701 453	3 213 642	5 926	34 391
扬中市	8 462 863	6 913 285	40 371	368 482
# 三茅街道	1 928 010	1 517 275	12 161	130 699
新坝镇	3 453 164	2 810 789	16 966	170 591
油坊镇	749 294	612 834	1 778	15 354
八桥镇	627 544	549 790	1 586	10 795
西来桥镇	513 801	450 241	732	7 866
开发区	1 191 051	972 357	7 148	33 177
句容市	8 930 387	8 044 845	49 968	119 770
# 华阳镇	698 775	628 644	1 301	7 158
宝华镇	664 196	587 158	5 407	14 272
下蜀镇	1 426 530	1 279 902	6 806	18 213
边城镇	899 267	792 232	5 117	7 131
白兔镇	658 891	594 668	4 564	9 217
茅山镇	361 308	337 604	2 744	2 300
后白镇	836 302	719 653	8 255	19 051
天王镇	659 171	596 450	7 459	14 524
郭庄镇	551 628	508 053	5 129	3 661
开发区	2 116 123	1 962 722	2 781	15 132
茅山管委会	58 198	37 760	404	9 111

管理费用	财务费用	利润总额	亏损企业亏损额	利税总额	从业人员平均人数（人）
5 147	1 424	6 212	24	10 460	3 149
16 240	4 703	27 755	827	41 178	6 736
27 574	21 779	63 534	2 015	85 551	11 281
37 418	17 323	56 438	3 248	100 457	13 888
104 727	81 423	209 233	1 897	290 142	19 235
30 309	30 851	115 879	785	142 041	16 085
42 672	7 889	109 280	1 929	129 506	13 679
78 431	35 143	159 123	3 423	275 487	38 853
385 312	151 556	600 905	6 114	959 925	76 079
115 046	28 874	116 682	1 076	204 337	17 900
141 313	60 065	254 379	914	400 758	29 447
40 477	15 308	66 092	622	103 703	9 109
25 947	11 903	28 608	603	43 163	5 961
13 819	10 389	31 289		38 718	3 303
48 712	25 017	103 855	2 899	169 246	10 359
172 423	44 774	407 324	6 404	851 130	112 810
12 730	1 283	37 627		66 692	12 050
22 698	1 971	25 545		61 763	9 319
28 295	4 534	87 233	1 442	145 372	12 071
15 019	1 213	35 443	1 397	91 789	6 844
9 805	4 079	28 346	3 565	68 779	8 922
2 116	85	15 499		34 935	3 663
17 395	14 081	39 272		81 640	10 602
15 844	11 223	13 822		42 193	9 139
4 055	213	27 551		54 240	6 995
36 031	6 042	94 550		198 708	32 361
8 436	51	2 435		5 022	844

10－8 国有工业企业

项 目	单位数(个)	亏 损	工 业总产值	工 业销售产值	出口交货值
总 计	**32**	**3**	**2 546 409**	**2 522 083**	**47 453**
# 亏损企业	3	3	18 742	19 931	
一、按地区分					
京口区	8	1	1 505 182	1 511 730	28 204
润州区	3		122 333	117 509	
丹徒区	7		196 861	198 248	2 252
新 区	5	1	640 175	614 396	16 916
丹阳市	3	1	43 307	42 468	
扬中市	1		8 923	8 923	
句容市	5		29 628	28 810	81
二、按轻重工业分					
轻工业	10		396 223	389 280	2 333
重工业	22	3	2 150 185	2 132 803	45 120
三、按规模分					
大型企业	5		1 794 219	1 790 026	44 359
中型企业	11	2	428 719	411 574	3 094
小型企业	16	1	323 472	320 483	
微型企业					

主要经济指标

单位：万元

资产总额	负债总额	主营业务收入	利润总额	亏损企业亏损额	利税总额	从业人员平均人数（人）
3 627 458	**2 877 600**	**2 509 651**	**176 955**	**2 639**	**256 398**	**20 409**
72 482	33 563	18 102	-2 639	2 639	-2 239	1 644
2 184 700	1 823 559	1 522 770	134 621	257	186 848	9 450
62 860	34 907	120 257	1 279		3 690	942
734 125	577 502	229 178	6 748		17 831	2 597
401 218	278 914	550 049	29 240	901	38 756	4 231
174 217	131 588	50 485	1 351	1 482	2 294	1 508
9 269	2 558	7 771	275		766	208
61 069	28 573	29 141	3 440		6 213	1 473
706 928	521 994	414 629	14 363		32 716	6 447
2 920 531	2 355 606	2 095 022	162 592	2 639	223 681	13 962
2 282 489	1 941 996	1 769 223	135 580		195 001	11 469
639 063	431 274	411 347	17 665	2 382	26 441	6 507
705 907	504 330	329 081	23 711	257	34 956	2 433

10-8（续）

项　目	单位数（个）	亏　损	工　业总产值	工　业销售产值	出口交货值
四、按工业行业大类分					
（二）采矿业	1		4 213	4 213	
非金属矿采选业	1		4 213	4 213	
（二）制造业	25	3	1 798 826	1 775 017	47 453
农副食品加工业	1		33 190	31 934	
食品制造业	1		83 938	85 325	2 252
纺织服装、服饰业	4		26 883	26 397	81
造纸及纸制品业	1		223 205	217 007	
化学原料及化学制品制造业	4	1	938 817	940 037	42 107
非金属矿物制品业	3		55 279	55 271	
金属制品业	1		10 225	8 729	
通用设备制造业	1		4 153	4 153	
专用设备制造业	1		83 196	78 680	
铁路、船舶、航空航天和其他运输设备制造业	1	1	12 673	12 673	
电气机械和器材制造业	2		37 835	39 023	
计算机、通信和其他电子设备制造业	1		229 692	211 188	
电气机械和器材制造业	4	1	59 740	64 601	3 014
（三）电力、热力、燃气及水的生产和供应业	6		743 370	742 853	
电力、热力的生产和供应业	2		710 448	710 448	
水的生产和供应业	4		32 922	32 404	

资产总额	负债总额	主营业务收入	利润总额	亏损企业亏损额	利税总额	从业人员平均人数（人）
61 074	40 335	4 213	925		1 248	118
61 074	40 335	4 213	925		1 248	118
2 272 962	1 779 648	1 740 512	71 604	2639	120 915	16 265
2 769	178	35 055	2 658		2 859	51
279 121	226 237	116 922	2 222		9 485	1 659
42 731	11 828	24 445	3 167		6 231	1 854
106 944	67 406	205 276	5 713		11 338	1 803
1 106 973	932 613	889 008	35 912	1 482	59 259	6 400
67 126	57 798	55 220	1 664		3 300	454
3 782	2 740	8 839	205		372	60
2 389	2 207	3 775	47		210	109
37 594	19 029	81 351	687		1 541	516
17 160	9 699	9 975	-901	901	-765	444
30 753	15 695	37 838	663		2 542	574
201 998	144 397	208 020	17 701		17 803	886
373 623	289 823	64 787	1 867	257	6 743	1 455
1 293 423	1 057 617	764 925	104 427		134 234	4 026
1 002 461	832 224	728 207	103 650		131 089	2 908
290 962	225 393	36 719	777		3 146	1 118

10－9 三资工业企业

项　目	单位数（个）	亏　损	工　业总产值	工　业销售产值	出口交货值
总　计	**594**	**87**	**20 526 965**	**20 199 604**	**2 316 635**
# 亏损企业	87	87	518 941	502 930	108 206
一、按地区分					
京口区	11	3	317 066	299 893	19 160
润州区	30	8	637 475	604 352	67 775
丹徒区	60	3	1 914 453	1 849 830	239 031
新　区	115	19	7 777 313	7 708 481	863 641
丹阳市	207	44	5 521 190	5 424 089	458 454
扬中市	77	8	1 061 873	1 048 329	156 074
句容市	94	2	3 297 595	3 264 631	512 500
二、按轻重工业分					
轻工业	207	31	4 475 585	4 390 767	1 200 399
重工业	387	56	16 051 379	15 808 838	1 116 235
三、按规模分					
大型企业	15		5 723 697	5 648 437	692 046
中型企业	119	12	6 911 885	6 754 481	1 054 131
小型企业	447	70	7 861 308	7 769 036	570 239
微型企业	13	5	30 075	27 650	219
四、按工业行业大类分					
（一）采矿业	3		102 643	102 775	
黑色金属矿采选业	2		94 237	94 510	
非金属矿采选业	1		84 06	8 265	
（二）制造业	583	87	20 240 944	19 915 245	2 316 635
农副食品加工业	2		68 209	65 754	
食品制造业	5	2	22 884	22 584	4 451
酒、饮料和精制茶制造业	1		59 600	59 000	
纺织业	17	5	301 788	301 932	82 700
纺织服装、服饰业	50	5	461 158	452 454	130 641

主要经济指标

单位：万元

资产总额	负债总额	主营业务收入	利润总额	亏损企业亏损额	利税总额	从业人员平均人数（人）
15 721 152	**8 189 776**	**20 085 119**	**1 413 027**	**49 971**	**2 079 048**	**165 002**
922 585	500 977	514 230	-49 971	49 971	-36 532	15 851
240 975	146 532	287 790	14 232	1 495	24 705	3 645
493 272	242 014	607 430	28 061	16 761	52 380	7 637
1 329 732	709 584	1 868 091	153 313	2 152	233 053	15 248
7317 978	3 323 440	7 558 785	699 812	5 302	910 192	25 838
3 080 874	2 083 000	5 432 939	268 575	20 000	394 166	57 357
1104 516	675 198	1 024 256	74 190	2 847	127 733	13 407
2 153 805	1 010 009	3 305 828	174 844	1 414	336 818	41 870
5 125 493	2 712 868	4 364 701	303 574	10 660	461 294	56 146
10 595 659	5 476 908	15 720 418	1 109 453	39 311	1 617 754	108 856
6 253 439	3 322 000	5 563 614	444 546		636 510	42 225
4 292 250	2 272 557	6 976 928	468 329	12 863	708 949	63 220
5 120 942	2 576 790	7 515 392	499 766	36 338	732 884	59 148
54 521	18 429	29 186	387	770	706	409
29 445	18 657	104 527	5 110		11 571	347
16 588	9 115	96 262	4 726		10 885	91
12 857	9 543	8 265	384		686	256
15 456 582	8 041 687	19 794 980	1 379 932	49 971	2 034 398	163 366
18 146	4 445	65 474	7 566		11 814	308
32 086	11 432	21 487	488	503	1 201	989
21 849	17 708	48 182	3 688		6 101	100
97 885	56 234	292 764	10 739	3 891	20 107	3 698
219 600	126 613	459 750	20 264	354	38 105	10 574

10–9（续）

项　目	单位数（个）	亏　损	工　业总产值	工　业销售产值	出口交货值
皮革、毛皮、羽毛及其制品和制鞋业	18	4	238 847	233 277	22 051
木材加工和木、竹、藤、棕、草制品业	5	2	249 701	247 412	38 372
家具制造业	3		22 929	2 2740	
造纸和纸制品业	6		1 428 501	1 410 285	524 335
印刷和记录媒介复制业	2		9 356	9 462	
文教、工美、体育和娱乐用品制造业	18	2	197 825	196 305	84 607
石油加工、炼焦和核燃料加工业	3		857 798	795 996	18 476
化学原料和化学制品制造业	70	5	6 287 586	6 283 042	304 446
医药制造业	6	2	68 683	67 598	580
化学纤维制造业	1		20 652	20 033	
橡胶和塑料制品业	16	2	322 777	322 469	120 612
非金属矿物制品业	50	7	1 294 426	1 297 646	64 148
黑色金属冶炼和压延加工业	12	1	928 246	919 209	44 126
有色金属冶炼和压延加工业	10	3	180 386	175 678	1 907
金属制品业	53	6	860 330	850 787	67 791
通用设备制造业	34	5	886 235	858 634	45 815
专用设备制造业	16	4	158 677	154 333	16 442
汽车制造业	34	10	870 942	857 755	112 285
铁路、船舶、航空航天和其他运输设备制造业	23	3	716 973	703 678	175 849
电气机械和器材制造业	59	9	1 808 259	1 774 809	158 160
计算机、通信和其他电子设备制造业	40	8	1 211 609	1 139 501	209 399
仪器仪表制造业	21	2	479 794	447 094	63 173
其他制造业	6		104 067	106 039	26 271
废弃资源综合利用业	2		122 709	119 740	
（三）电力、热力、燃气及水的生产和供应业	8		183 377	181 585	
电力、热力的生产和供应业	2		12 616	12 578	
燃气生产和供应业	5		167 135	165 381	
水的生产和供应业	1		3 626	3 626	

资产总额	负债总额	主营业务收入	利润总额	亏损企业亏损额	利税总额	从业人员平均人数（人）
138 452	109 339	241 652	8 327	460	17 941	3 790
133 353	71 748	245 998	14 571	2 485	24 050	1943
9 885	3 508	22 876	1 059		2 307	433
3 211 350	1 615 987	1 387 830	143 867		188 478	6 514
12 125	5 186	8 700	267		708	299
86 996	45 941	197 320	9 667	25	18 551	3 512
396 433	197 012	805 074	81 681		121 867	1 726
3 751 226	1 851 762	6 033 515	475 065	9 772	647 848	14 575
66 812	39 830	69 510	6 263	1 239	12 291	1 229
2 162	396	19 065	801		1 727	226
243 882	139 098	324 087	17 289	861	31 080	3 746
1 117 984	549 379	1 295 615	84 935	8 310	133 818	17 285
334 979	207 107	943 062	41 385	225	72 229	7 255
180 887	126 944	248 180	26 401	818	34 645	1 039
498 982	244 973	857 769	42 085	533	70 803	10 485
631 701	282 300	897 092	71 255	6 429	101 322	7 354
258 693	140 886	149 617	8 092	3 161	14 554	3 029
821 462	556 397	871 180	57 848	2 090	85 406	8 791
466 308	244 936	675 545	27 932	2 890	50 417	9 093
1 191 957	680 291	1 751 010	98 250	3 373	147 751	14 972
1 010 241	475 285	1 197 555	64 584	2 069	106 860	19 931
399 453	178 830	448 163	44 475	485	56 932	8 889
24 518	9 500	106 060	3 225		7 063	1 267
77 176	48 623	110 851	7 865		8 426	314
235 125	129 432	185 612	27 985		33 080	1 289
65 292	37 953	13 761	3 432		4 286	229
153 036	81 252	168 210	24 531		28 578	916
16 797	10 226	3 641	22		216	144

10－10 民营工业企业

项　目	单位数（个）	亏　损	工　业总产值	工　业销售产值	出口交货值
总　计	**1 792**	**171**	**36 412 679**	**35 860 768**	**1 989 439**
#亏损企业	171	171	1 116 599	1 093 713	54 336
一、按地区分					
京口区	31	11	934 244	916 152	67 291
润州区	47	6	716 015	715 655	97 940
丹徒区	228	9	4 490 763	4 442 917	171 191
新　区	221	36	3 196 369	3 128 137	89 652
丹阳市	596	75	13 744 694	13 532 620	1 253 983
扬中市	273	19	7 701 974	7 589 147	180 065
句容市	396	15	5 628 619	5 536 140	129 317
二、按轻重工业分					
轻工业	555	52	5 923 311	5 815 930	349 259
重工业	1237	119	30 489 368	30 044 838	1 640 179
三、按规模分					
大型企业	19		10 773 076	10 635 270	1 067 799
中型企业	166	6	11 156 688	11 001 915	526 982
小型企业	1565	154	14 364 759	14 109 388	386 332
微型企业	42	11	118 157	114 195	8 325
四、按工业行业大类分					
（一）采矿业	17	1	315 447	310 554	
黑色金属矿采选业	3	1	64 230	62 720	
有色金属矿采选业	1		3 103	3 009	
非金属矿采选业	13		248 115	244 825	
（二）制造业	1771	168	36 077 376	35 530 618	1 989 439
农副食品加工业	27	1	955 572	944 713	
食品制造业	6	1	69 076	68 316	
酒、饮料和精制茶制造业	4		25 201	24 144	
纺织业	73	11	663 777	654 826	41 892

主要经济指标

单位：万元

资产 总额	负债 总额	主营 业务收入	利润 总额	亏损企业 亏损额	利税 总额	从业人员 平均人数 （人）
22 728 341	**12 833 828**	**35 620 894**	**1 911 946**	**39 117**	**3 104 807**	**326 859**
1 288 191	930 489	1 064 156	-39 117	39 117	-12 851	18 873
795 769	566 597	911 234	11 865	4 292	19 733	6 418
764 097	435 252	729 814	51 615	572	96 062	8 729
2 046 123	1 166 445	4 444 032	253 202	2 373	444 498	33 330
2 018 189	1 039 775	3 020 627	181 653	7 740	240 436	21 185
8 572 341	5 244 392	13 500 723	658 820	15 885	970 700	125 712
5 833 455	3 139 310	7 428 036	526 073	3 267	828 076	62 405
2 698 366	1 242 057	5 586 427	228 718	4 989	505 302	69 080
3 886 925	2 056 843	5 791 613	302 139	11 306	489 663	86 663
18 841 416	10 776 985	29 829 281	1 609 807	27 811	2 615 144	240 196
7 741 684	4 222 791	10 618 885	631 266		935 598	71 989
6 387 731	3 683 008	10 747 952	614 075	4 518	989 904	84 074
8 435 640	4 798 127	14 137 839	666 004	32 244	1 177 419	170 138
163 286	129 902	116 218	601	2 356	1 886	658
144 712	63 603	315 318	16 766	109	33 409	4 710
16 276	11 821	62 784	846	109	3 117	483
2 671	1 511	2 964	158		365	128
125 765	50 271	249 570	15 762		29 927	4 099
22 421 572	12 712 954	35 286 079	1 895 292	38 750	3 071 149	321 750
389 340	268 232	932 410	39 643	13	53 989	4 105
42 587	35 742	66 966	4 334	7	6 293	476
21 296	6 158	24 107	3 138		3 432	297
468 079	204 903	648 224	30 520	3 323	60 700	13 200

10-10（续）

项　目	单位数（个）	亏　损	工　业总产值	工　业销售产值	出口交货值
纺织服装、服饰业	96	8	851 420	839 641	77 016
皮革、毛皮、羽毛及其制品和制鞋业	40	2	212 155	209 673	39 175
木材加工和木、竹、藤、棕、草制品业	5		1 093 132	1 086 091	134 987
家具制造业	4		41 978	40 996	
造纸和纸制品业	35	4	722 908	695 022	3 029
印刷和记录媒介复制业	20	2	166 723	163 248	
文教、工美、体育和娱乐用品制造业	31	1	294 680	291 203	43 480
石油加工、炼焦和核燃料加工业	4		31 487	31 487	
化学原料和化学制品制造业	139	11	3 846 843	3 764 414	207 003
医药制造业	22	7	159 417	155 373	
化学纤维制造业	4		230 663	219 306	
橡胶和塑料制品业	77	8	530 091	526 438	28 364
非金属矿物制品业	125	21	1 729 029	1 688 712	43 038
黑色金属冶炼和压延加工业	48	11	1 576 477	1 549 025	3 264
有色金属冶炼和压延加工业	52	7	1 150 069	1 131 891	41 928
金属制品业	196	17	2 032 930	1 997 003	31 495
通用设备制造业	135	12	2 156 140	2 156 164	58 821
专用设备制造业	70	4	1 429 833	1 414 348	78 846
汽车制造业	127	6	1 750 345	1 724 203	59 337
铁路、船舶、航空航天和其他运输设备制造业	42	2	2 150 226	2 136 945	464 514
电气机械和器材制造业	241	18	8 822 734	8 694 323	417 187
计算机、通信和其他电子设备制造业	78	7	1 010 159	984 170	123 024
仪器仪表制造业	42	4	2 185 081	2 150 550	65 436
其他制造业	23	2	145 399	145 837	27 605
废弃资源综合利用业	4		41 764	40 487	
金属制品、机械和设备修理业	1	1	2 069	2 069	
（三）电力、热力、燃气及水的生产和供应业	4	2	19 855	19 596	
电力、热力的生产和供应业	2	2	14 057	14 057	
燃气生产和供应业	1		3 210	3 210	
水的生产和供应业	1		2 589	2 330	

资产总额	负债总额	主营业务收入	利润总额	亏损企业亏损额	利税总额	从业人员平均人数（人）
484 258	187 401	843 898	41 609	1 152	82 838	18 503
72 809	46 480	211 757	11 646	20	19 656	5 346
974 192	714 762	1 118 280	15 299		73 470	13 343
7 348	4 452	41 352	2 029		4 095	614
448 690	292 882	702 033	29 763	594	36 773	5 867
88 698	59 444	157 010	8 918	397	15 581	2 319
100 890	52 338	292 896	14 953	5	30 887	5 485
37 896	25 649	57 804	1 358		1 631	160
2 000 649	1 037 060	3 723 987	232 673	2 074	365 454	23 769
115 580	65 080	156 982	5 925	2 386	11 925	2 308
299 282	201 060	224 907	12 172		18 720	1 834
299 625	187 500	516 088	22 955	1 217	40 913	7 666
1 186 253	723 996	1 697 803	82 267	5 342	142 749	17 388
721 023	451 989	1 521 574	50 699	2 745	100 555	9 908
853 725	614 397	1 135 008	27 442	1 842	49 071	8 054
1 247 449	719 712	1 997 356	98 111	2 816	167 484	24 204
1 096 350	652 252	2 151 886	92 428	2 176	169 825	20 345
979 076	504 656	1 413 555	120 050	1 745	167 607	13 280
902 001	640 343	1 727 404	89 834	2 524	158 593	18 416
1 437 138	840 813	2 127 288	133 256	1 291	197 451	12 376
5 450 046	2 801 262	8 577 426	531 895	4 725	838 348	59 560
516 567	261 902	978 440	46 764	1 252	63 607	10 285
2 050 752	1 051 379	2 054 069	138 701	728	176 771	18 813
111 685	53 131	143 636	4 311	330	9 540	3 428
3 099	1 179	2 069	-48	48		52
162 057	57 271	19 497	-112	258	249	399
41 821	32 564	13 957	-258	258		324
2 515	559	3 210	50			50
117 721	24 149	2 330	96		249	25

10－11 主要年份分地区

年 份	全 市	市 区	京口区	润州区
1998	1 230	341	28	31
1999	1 197	334	32	30
2000	1 145	339	33	33
2001	1 232	383	42	36
2002	1 289	408	42	44
2003	1 412	459	50	68
2004	1 531	456	50	69
2005	1 773	518	58	83
2006	1 961	595	115	170
2007	2 210	656	118	167
2008	2 504	740	132	167
2009	3 064	905	150	184
2010	3 125	874	117	150
2011	2 173	707	63	95
2012	**2 446**	**789**	**55**	**83**

10－12 主要年份分地区

年 份	全 市	市 区	京口区	润州区
1998	458.35	180.47	9.17	5.68
1999	491.84	195.81	9.69	4.60
2000	546.17	241.33	10.31	4.63
2001	613.25	283.65	11.85	5.74
2002	726.61	344.56	17.61	8.33
2003	855.36	402.76	25.15	11.71
2004	1 073.11	508.91	52.00	16.91
2005	1 331.56	626.32	61.73	26.45
2006	1 628.78	731.82	131.35	120.41
2007	2 144.71	945.72	156.86	153.92
2008	2 780.32	1 222.74	231.69	157.84
2009	3 240.06	1 346.26	214.67	172.73
2010	4 190.41	1 724.74	257.42	191.45
2011	5 207.66	2 157.98	316.64	197.20
2012	**6 105.69**	**2 399.90**	**318.58**	**178.65**

规模以上工业企业单位数

单位：个

		丹阳市	扬中市	句容市
丹徒区	新　区			
105	12	408	234	247
105	16	401	229	233
109	21	359	227	220
149	21	383	229	237
162	26	406	242	233
179	38	456	265	232
185	43	531	270	274
209	56	652	303	300
200	108	722	330	314
232	137	851	371	332
269	172	1 005	404	355
355	216	1 204	482	473
374	233	1 303	475	473
324	225	712	295	459
302	**349**	**807**	**352**	**498**

规模以上工业总产值

单位：亿元

		丹阳市	扬中市	句容市
丹徒区	新　区			
46.93	6.53	139.67	66.60	71.61
52.13	16.45	154.18	65.03	76.81
49.11	22.27	153.84	72.37	78.64
56.05	37.14	171.05	69.53	89.02
66.16	41.53	202.56	80.93	98.57
78.28	56.92	236.51	100.20	115.89
96.21	83.89	294.13	128.97	141.09
130.38	111.92	365.21	163.44	176.66
165.66	278.53	467.78	204.08	225.11
221.22	381.21	646.15	259.85	293.00
293.47	539.73	843.67	336.93	376.97
365.01	593.85	996.10	431.93	465.77
502.05	773.82	1 299.29	566.79	599.59
650.25	993.89	1 604.94	729.66	715.08
709.75	**1 192.91**	**1 931.79**	**877.53**	**896.48**

10－13 主要年份分地区

年 份	全 市	市 区	京口区	润州区
1998	123.01	50.10	2.06	1.60
1999	134.88	56.24	2.36	1.33
2000	142.85	60.41	2.64	1.52
2001	161.72	73.09	2.97	1.50
2002	192.40	90.13	4.17	2.30
2003	227.55	106.55	6.73	3.70
2004	298.72	146.27	12.68	4.55
2005	360.44	170.70	16.61	7.10
2006	460.97	218.10	38.08	32.57
2007	565.65	258.04	40.03	39.74
2008	682.92	307.82	60.28	36.96
2009	790.03	336.79	56.75	40.79
2010	1 029.05	410.27	64.78	46.16
2011	1 260.01	514.57	77.40	49.00
2012	**1 427.91**	**580.76**	**78.00**	**41.80**

10－14 主要年份分地区

（以上年

年 份	全 市	市 区	京口区	润州区
1998	107.4	101.6	91.1	65.8
1999	109.6	112.2	114.8	82.8
2000	105.9	107.4	111.8	114.6
2001	113.8	118.5	113.2	122.5
2002	117.4	120.6	138.8	126.4
2003	122.5	128.3	137.4	121.7
2004	122.0	122.5	173.6	139.3
2005	123.4	122.3	121.8	136.8
2006	121.3	121.2	115.4	124.6
2007	119.1	117.7	119.2	121.5
2008	116.8	115.6	113.4	112.8
2009	115.3	114.4	114.7	112.1
2010	116.1	115.9	115.0	116.1
2011	114.3	114.2	114.4	113.1
2012	**114.8**	**114.1**	**111.3**	**107.6**

规模以上工业增加值

单位：亿元

丹徒区	新　区	丹阳市	扬中市	句容市
12.81	1.16	38.09	18.39	16.43
13.87	2.60	41.53	18.09	19.02
13.00	5.40	41.60	20.24	20.60
14.81	8.59	46.12	19.15	23.36
17.36	11.14	54.29	22.28	25.70
20.42	16.94	63.29	26.94	30.78
26.36	25.65	78.40	35.24	38.80
35.20	33.41	97.15	44.42	48.17
49.68	84.92	125.32	55.98	61.57
61.70	105.76	163.80	67.30	76.51
74.00	136.57	201.30	82.45	91.36
89.91	149.34	236.17	106.50	110.57
117.73	181.60	325.42	141.77	151.59
156.06	232.12	390.33	177.09	178.03
183.96	**277.00**	**430.51**	**208.88**	**207.76**

规模以上工业增加值指数

为100）

丹徒区	新　区	丹阳市	扬中市	句容市
94.4		119.4	105.5	103.3
108.3	224.7	109.1	98.4	115.7
93.7	207.7	100.2	111.9	108.3
111.3	132.7	111.5	105.6	110.4
116.1	118.9	116.6	116.8	112.8
114.6	129.5	116.5	118.2	115.3
119.8	130.6	121.6	124.3	120.4
124.5	121.0	124.1	123.8	124.4
121.8	125.5	121.8	122.1	121.8
119.3	119.5	122.6	119.3	119.2
118.1	117.1	118.7	118.3	118.0
115.6	114.3	116.5	117.0	114.7
116.0	116.1	116.3	116.7	116.0
114.2	114.4	114.5	114.7	113.8
114.6	**115.6**	**115.5**	**115.0**	**115.0**

10－15 主要年份分地区

年 份	全 市	市 区	京口区	润州区
1998	365.74	133.86	7.59	3.97
1999	400.24	150.28	8.22	4.07
2000	441.61	190.91	8.46	4.16
2001	507.69	233.41	9.79	5.07
2002	625.24	300.29	16.15	8.02
2003	766.57	374.95	24.07	11.06
2004	979.10	475.29	50.38	16.30
2005	1 245.63	595.80	66.06	25.64
2006	1 575.94	734.13	132.38	117.81
2007	2 023.80	905.65	155.42	145.24
2008	2 590.34	1 120.87	229.54	153.90
2009	3 051.68	1 248.31	210.88	164.53
2010	4 009.31	1 624.27	256.06	177.52
2011	5 040.45	2 069.56	313.38	182.25
2012	**5 975.34**	**2 336.74**	**315.99**	**178.31**

10－16 主要年份分地区

（以上年

年 份	全 市	市 区	京口区	润州区
1998	112.0	100.8	97.5	73.2
1999	109.4	112.3	108.3	102.3
2000	110.3	127.0	103.0	102.3
2001	115.0	122.3	115.7	121.9
2002	123.0	127.4	167.9	157.2
2003	123.3	124.0	154.2	126.0
2004	123.9	119.7	202.3	145.1
2005	124.5	121.4	126.4	145.5
2006	126.2	123.0	117.6	133.0
2007	126.9	122.8	125.3	134.3
2008	127.8	125.3	124.6	126.3
2009	114.5	109.2	108.3	107.5
2010	132.3	133.7	128.6	125.6
2011	129.9	129.6	135.5	114.7
2012	**116.9**	**114.1**	**102.5**	**102.1**

规模以上工业主营业务收入

单位：亿元

丹徒区	新　区	丹阳市	扬中市	句容市
38.99	5.90	119.07	50.00	62.80
41.85	16.14	136.62	48.70	64.64
41.30	22.14	130.02	53.01	67.66
46.00	31.07	144.89	54.43	74.96
58.19	44.15	172.01	65.90	87.04
70.01	63.27	205.11	84.03	102.48
85.35	90.79	257.87	115.31	130.64
115.38	117.31	335.50	149.65	164.68
163.68	284.28	433.74	192.96	215.10
213.88	358.32	598.59	243.16	276.41
281.27	456.16	791.26	316.54	361.66
351.48	521.42	955.92	402.31	445.14
489.06	701.64	1 264.49	540.06	580.48
634.81	939.12	1 569.01	695.94	705.94
702.52	**1 139.93**	**1 899.27**	**846.29**	**893.04**

规模以上工业主营业务收入指数

为100）

丹徒区	新　区	丹阳市	扬中市	句容市
89.5	—	121.3	120.5	116.1
107.3	273.8	114.7	97.4	102.9
98.7	137.1	95.2	108.9	104.7
111.4	140.3	111.4	102.7	110.8
125.4	142.1	118.1	120.8	119.8
118.5	135.4	119.2	131.2	124.3
120.4	135.1	125.1	135.9	127.5
130.8	115.3	128.2	129.4	125.7
130.6	127.3	129.1	127.2	131.4
120.3	122.9	135.4	123.5	126.3
127.7	126.3	130.4	128.5	129.7
116.2	109.1	118.5	125.5	120.9
129.1	141.5	132.3	133.3	127.7
132.2	129.3	130.6	131.6	127.8
116.0	**120.5**	**119.2**	**117.7**	**119.1**

10－17 主要年份分地区

年　份	全 市	市 区	京口区	润州区
1998	22.62	6.73	0.33	0.04
1999	25.95	9.65	0.39	0.19
2000	29.12	12.91	0.36	0.19
2001	31.98	12.84	0.43	0.42
2002	47.87	24.40	0.72	0.56
2003	63.99	34.96	1.16	0.83
2004	76.80	39.32	1.92	1.22
2005	97.71	51.70	0.22	1.90
2006	130.21	69.03	10.81	9.86
2007	176.84	94.79	13.31	14.24
2008	210.46	103.50	15.75	15.42
2009	263.54	126.36	16.30	19.23
2010	366.92	175.59	22.66	21.91
2011	468.31	218.58	27.87	21.97
2012	**567.37**	**245.07**	**24.72**	**17.00**

10－18 主要年份分地区

（以上年

年　份	全 市	市 区	京口区	润州区
1998	100.7	81.8	111.1	21.7
1999	114.7	143.2	117.0	444.6
2000	112.2	133.8	92.0	101.1
2001	109.4	97.5	107.2	198.4
2002	137.0	154.3	149.6	129.1
2003	136.7	146.3	166.4	130.2
2004	120.1	112.6	158.2	151.5
2005	127.7	129.7	11.5	180.8
2006	132.8	132.2	119.5	161.7
2007	135.5	138.3	144.8	146.3
2008	120.6	112.5	78.6	130.4
2009	116.0	114.5	109.2	106.3
2010	137.7	139.7	138.6	139.9
2011	134.6	132.2	132.9	113.9
2012	**115.9**	**111.9**	**103.7**	**101.9**

规模以上工业利税总额

单位：亿元

丹徒区	新　区	丹阳市	扬中市	句容市
2.60	-0.59	7.33	5.71	2.85
2.46	0.73	8.33	5.00	2.97
2.98	0.93	8.02	5.03	3.17
3.42	0.37	9.07	5.29	4.78
3.96	1.99	11.10	6.60	5.77
4.92	2.30	13.29	8.17	7.57
5.97	5.22	16.66	11.17	9.66
8.09	6.61	20.67	14.42	10.92
15.18	26.60	27.94	18.71	14.53
21.32	39.13	39.48	23.64	18.93
22.87	49.45	51.72	30.99	24.25
40.20	50.63	62.73	41.16	33.29
53.20	77.83	84.51	59.25	47.57
71.33	97.41	105.27	77.48	66.98
80.94	**122.41**	**141.19**	**95.99**	**85.11**

规模以上工业利税总额指数

为100）

丹徒区	新　区	丹阳市	扬中市	句容市
92.5	—	123.8	108.3	94.2
94.6	-124.5	113.7	87.5	104.3
121.4	126.8	96.2	100.6	106.6
106.9	53.3	113.1	109.6	138.6
114.2	287.0	121.7	121.5	126.4
122.4	188.1	119.0	133.2	135.7
118.7	239.2	125.8	135.9	127.5
129.2	110.4	128.9	129.7	115.3
128.7	126.4	135.1	130.5	134.2
134.2	144.8	139.2	124.0	130.1
111.5	124.9	130.8	129.6	126.9
151.1	102.8	118.8	128.1	118.2
132.8	145.1	133.2	138.5	137.9
141.7	132.6	132.2	133.0	142.8
118.3	**121.1**	**119.9**	**118.0**	**119.6**

10－19 主要年份分地区

年　份	全　市	市　区	京口区	润州区
1998	4.48	-0.26	0.09	-0.08
1999	6.25	1.80	0.13	-0.03
2000	7.64	3.22	0.08	0.04
2001	8.93	2.52	0.12	0.12
2002	19.36	10.86	0.42	0.16
2003	28.23	16.84	0.71	0.34
2004	35.63	19.83	1.25	0.46
2005	47.76	27.04	-0.55	0.92
2006	70.24	40.26	5.75	5.63
2007	103.16	61.59	8.36	8.80
2008	121.29	66.87	6.42	9.27
2009	156.24	85.67	8.37	12.74
2010	228.08	122.61	12.96	14.96
2011	301.58	150.88	16.88	14.89
2012	**363.11**	**169.38**	**17.09**	**8.79**

10－20 主要年份分地区

（以上年

年　份	全　市	市　区	京口区	润州区
1998	85.1	-26.6	80.4	513.3
1999	139.6	-685.3	154.0	36.1
2000	122.3	179.0	62.0	-125.4
2001	114.0	76.6	101.0	421.6
2002	208.0	388.8	244.8	123.2
2003	153.0	162.0	177.6	168.7
2004	119.1	109.6	176.4	173.9
2005	131.4	133.0	-50.2	203.8
2006	145.0	146.0	130.6	232.1
2007	144.7	150.4	145.8	156.0
2008	120.6	113.5	57.9	140.0
2009	117.3	119.2	144.3	115.0
2010	144.8	144.5	152.6	142.6
2011	137.9	130.3	137.3	109.4
2012	**115.9**	**113.3**	**109.4**	**88.7**

规模以上工业利润总额

单位：亿元

丹徒区	新　区	丹阳市	扬中市	句容市
1.20	-0.69	2.53	1.83	0.38
1.29	0.08	3.07	1.41	-0.03
1.28	0.13	2.73	1.41	0.29
1.41	-0.71	3.17	1.73	1.52
1.71	0.85	4.10	2.43	1.98
2.06	0.71	5.26	3.08	3.06
2.46	3.83	7.35	4.85	3.61
3.15	4.30	9.95	6.77	4.00
7.55	18.42	13.97	9.51	6.49
11.50	29.52	20.59	12.41	8.57
11.09	40.08	27.92	16.50	10.00
24.38	40.18	34.22	22.27	14.08
33.38	61.31	47.07	36.27	22.13
44.59	74.52	68.26	48.89	33.55
50.37	**93.13**	**92.91**	**60.09**	**40.73**

规模以上工业利润总额指数

为100）

丹徒区	新　区	丹阳市	扬中市	句容市
103.1	—	149.0	92.8	60.3
107.1	-11.9	121.6	77.1	-8.6
99.2	154.5	88.9	99.7	-882.8
104.0	-915.6	116.1	133.4	302.4
121.3	-196.7	127.1	136.8	130.3
119.0	3425.0	126.5	153.7	155.5
114.4	541.8	128.7	155.6	120.1
131.6	104.1	129.4	142.4	111.8
141.8	128.6	140.8	140.2	156.5
144.2	158.8	145.4	128.4	131.7
99.0	133.6	135.7	131.1	117.3
175.3	100.4	120.4	130.2	118.4
146.5	142.1	138.4	152.1	148.7
138.0	130.4	148.7	136.7	150.8
120.3	**121.2**	**120.7**	**116.5**	**115.2**

10－21 规模以上工业企业

能源名称	单 位	全 市	市 区	京口区	润州区
原 煤	吨	18 853 868	17 583 193	10 822 788	171 636
洗精煤	吨	589 212	589 162		
其他洗煤	吨	16	16		
煤制品	吨	71 261	19 526		
焦 炭	吨	601 488	205 055	83 773	19
焦炉煤气	万立方米	23 081	23 081		
天然气	万立方米	22 337	12 514	1 509	79
汽 油	吨	17 312	6 557	310	659
煤 油	吨	2 286	2 091		58
柴 油	吨	44 234	28 980	4 570	8 351
燃料油	吨	14 349	11 992		111
液化石油气	吨	1 767	1 057	701	75
润滑油	吨	210	30	5	
石油焦	吨	232 711	232 711		124 800
石油沥青	吨	51 446	51 446		
其他石油制品	吨	2 084	1 968		18
热 力	百万千焦	25 559 810	23 319 277	6346 067	
电 力	万千瓦时	1 583 368	877 717	309 648	41 153
生物质废料用于燃料	吨	21 402	1242		
余热余压	百万千焦	483 897	483 897	452 697	
其它工业废料用于燃料	吨				
其他能源	吨标准煤				
能源合计	**吨标准煤**	**17 497 418**	**14 983 257**	**7 666 928**	**326 986**

能源消费量

丹徒区	新　区	丹阳市	扬中市	句容市
4 840 741	1 748 028	629 011	81 948	559 715
589 162		50		
16				
16 406	3 120	51 735		
110 409	10 854	394 802	945	686
23 081				
709	10 217	9 231	557	36
4 528	1 060	7 838	1 920	996
1 959	74	14	177	3
6 146	9 913	11 519	1 597	2 139
1 641	10 240	2 358		
173	108	254	99	356
	25	132	48	
107 911				
51 446				
16	1 934	116		
895 099	16 078 111	820 737	295 636	1 124 160
174 099	352 817	463 169	102 006	140 475
	1 242	20 160		
	31 200			
4 690 944	**2 298 400**	**1 613 759**	**206 863**	**693 539**

10－22 主要能源

项　目	原　煤（吨）	洗精煤（吨）	煤制品（吨）	焦　炭（吨）	焦炉煤气（万立方米）
总　计	**18 853 868**	**589 212**	**71 261**	**601 488**	**23 081**
黑色金属矿采选业					
有色金属矿采选业					
非金属矿采选业					
开采辅助活动					
其他采矿业					
农副食品加工业	6 850				
食品制造业	2 835				
酒、饮料和精制茶制造业	574				
烟草制品业					
纺织业	27 243				
纺织服装、服饰业	4 747				
皮革、毛皮、羽毛及其制品和制鞋业	2 271		50		
木材加工和木、竹、藤、棕、草制品业	713				
家具制造业					
造纸和纸制品业	1 585 930				
印刷和记录媒介复制业	958				
文教、工美、体育和娱乐用品制造业	294				
石油加工、炼焦和核燃料加工业		589 162		104 472	17 369
化学原料和化学制品制造业	1 322 850		25 179	85 658	650
医药制造业	1 446				
化学纤维制造业	102 149				
橡胶和塑料制品业	27 406				
非金属矿物制品业	1 223 484		4 592	3 876	
黑色金属冶炼和压延加工业	34 681		40 867	399 587	
有色金属冶炼和压延加工业	10 286			213	
金属制品业	16 105	50	237	309	
通用设备制造业	14 791			686	
专用设备制造业	3 639			1 430	
汽车制造业	2 213			1 089	
铁路、船舶、航空航天和其他运输设备制造业	117 234			360	
电气机械和器材制造业	90 974			313	
计算机、通信和其他电子设备制造业	1 240		260	37	
仪器仪表制造业	170			3 458	
其他制造业	719		76		
废弃资源综合利用业	6 900				
金属制品、机械和设备修理业					
电力、热力生产和供应业	14 245 165				5 062
燃气生产和供应业					
水的生产和供应业					

按行业分组消费量

天然气（万立方米）	汽　油（吨）	煤　油（吨）	柴　油（吨）	燃料油（吨）	液化石油气（吨）
22 337	**17 312**	**2 286**	**44 234**	**14 349**	**1 767**
	11				
	75		3 686		
25	23	28	995		
533	41		14		
	10		68		
36	459		315	466	
20	668		396		
	120		50		
603	237		2 476		
	5				
3 655	449	1	3 924		
91	102	3	152		
	136		82		2
38	33		269	1 094	
5 701	693	33	3 666	9 287	236
68	22		12		
1 025	3				
	397		360		
568	1 842	237	8 175	1 121	361
1 249	109		430		1
1 485	113		430	526	
364	1 879	17	1 020		4
437	1 965	1 857	3 203		115
1 165	382	14	1 302	18	3
233	1 435		1 196		98
4 634	499		3 149	364	168
342	4 108	51	5 576	1 450	172
63	564		1 035		543
4	824	45	815	24	62
	15		200		
	9		1 233		
	87		4		

10-22（续）

项　目	润滑油（吨）	石油焦（吨）	石油沥青（吨）	其他石油制品（吨）	热　力（百万千焦）
总　计	**210**	**232 711**	**51 446**	**2 084**	**25 559 810**
黑色金属矿采选业					
有色金属矿采选业					
非金属矿采选业					
开采辅助活动					
其他采矿业					
农副食品加工业					
食品制造业					121 405
酒、饮料和精制茶制造业					
烟草制品业					
纺织业				7	11 664
纺织服装、服饰业					5 815
皮革、毛皮、羽毛及其制品和制鞋业					
木材加工和木、竹、藤、棕、草制品业					765 182
家具制造业					
造纸和纸制品业					8 207 738
印刷和记录媒介复制业					
文教、工美、体育和娱乐用品制造业					
石油加工、炼焦和核燃料加工业		107 911	51 446		893 208
化学原料和化学制品制造业	6			1 860	14 280 810
医药制造业					10 984
化学纤维制造业					
橡胶和塑料制品业	33				32 312
非金属矿物制品业	2	124 800			1 136 079
黑色金属冶炼和压延加工业					611
有色金属冶炼和压延加工业	19				
金属制品业	25			122	11 912
通用设备制造业	20			8	
专用设备制造业					
汽车制造业				59	
铁路、船舶、航空航天和其他运输设备制造业					
电气机械和器材制造业	30			18	39 754
计算机、通信和其他电子设备制造业	70				
仪器仪表制造业	5			10	17 200
其他制造业					
废弃资源综合利用业					15 776
金属制品、机械和设备修理业					
电力、热力生产和供应业					9 360
燃气生产和供应业					
水的生产和供应业					

电 力（万千瓦小时）	生物质废料用于燃料（吨）	余热余压（百万千焦）	其它工业废料用于燃料（吨）	能源合计（吨标准煤）
1 583 368	**21 402**	**483 897**		**17 497 418**
6 936				8 541
7 850				15 128
16 448				26 965
1 877				14 936
999				1 752
22 103	3 285			51 353
11 804				19 985
3 426				6 116
45 650	13 795			101 584
371				464
200 153	1 242			1 620 152
2 390				5 212
3 817				5 263
9 182				961 257
312 048		426 668		2 038 617
2 782				5 782
9 024				98 679
17 271				43 102
128 866	3 080	57 229		1 339 799
168 344				659 117
49 573				89 800
49 832				83 019
33 405				69 068
25 883				53 796
25 737				41 724
84 504				255 715
101 969				213 341
40 707				55 789
35 507				50 423
2 204				35 76
1 625				7 464
44				54
151 585				9 538 097
520				773
8 932				10 977

10－23 规模以上工业企业

项 目	2012年		2011年	
	综合能源消费量（吨标准煤）	产值综合能耗（吨标准煤/万元）	综合能源消费量（吨标准煤）	产值综合能耗（吨标准煤/万元）
总 计	**11 829 323**	**0.19**	**11 123 117**	**0.21**
一、按地区分				
市 区	9 415 805	0.38	8 856 029	0.41
京口区	4 809 576	1.44	4 116 448	1.28
润州区	325 599	0.18	371 297	0.18
丹徒区	2 649 947	0.35	2 638 064	0.41
新 区	1 630 684	0.14	1 730 219	0.17
丹阳市	1 525 346	0.08	1 411 530	0.09
扬中市	195 193	0.02	175 222	0.02
句容市	692 979	0.08	680 336	0.09
二、按工业行业大类分				
黑色金属矿采选业	8 524	0.02	7 120	0.02
非金属矿采选业	14 598	0.05	11 786	0.05
农副食品加工业	25 522	0.02	24 916	0.02
食品制造业	14 693	0.09	12 572	0.08
酒、饮料和精制茶制造业	1 750	0.02	3 232	0.04
纺织业	50 320	0.05	56 459	0.06
纺织服装、服饰业	19 442	0.02	18 692	0.02
皮革、毛皮、羽毛及其制品和制鞋业	5 462	0.01	5 137	0.01
木材加工和木、竹、藤、棕、草制品业	101 574	0.08	104 494	0.08
家具制造业	459	0.01	369	0.01
造纸和纸制品业	1 075 467	0.44	1 156 436	0.49
印刷和记录媒介复制业	4 889	0.03	5 510	0.04

综合能源消费量

项　目	2012 年		2011 年	
	综合能源消费量（吨标准煤）	产值综合能耗（吨标准煤 / 万元）	综合能源消费量（吨标准煤）	产值综合能耗（吨标准煤 / 万元）
文教、工美、体育和娱乐用品制造业	5 213	0.01	4 517	0.01
石油加工、炼焦和核燃料加工业	144 383	0.15	170 459	0.17
化学原料和化学制品制造业	1 771 734	0.15	1 804 534	0.19
医药制造业	5 626	0.03	11 030	0.07
化学纤维制造业	98 620	0.39	63 240	0.31
橡胶和塑料制品业	42 528	0.05	39 682	0.06
非金属矿物制品业	1 336 740	0.44	1 389 927	0.51
黑色金属冶炼和压延加工业	656 830	0.25	655 730	0.29
有色金属冶炼和压延加工业	89 736	0.07	92 599	0.07
金属制品业	82 284	0.03	73 205	0.03
通用设备制造业	67 959	0.02	65 179	0.03
专用设备制造业	52 821	0.04	47 674	0.04
汽车制造业	39 784	0.01	36 577	0.02
铁路、船舶、航空航天和其他运输设备制造业	243 674	0.08	215 818	0.08
电气机械和器材制造业	204 756	0.02	191 740	0.02
计算机、通信和其他电子设备制造业	54 686	0.02	49 820	0.03
仪器仪表制造业	48 093	0.02	56 310	0.02
其他制造业	3 490	0.01	3 666	0.01
废弃资源综合利用业	7 464	0.05	8 548	0.14
金属制品、机械和设备修理业	54	0.03	34	0.02
电力、热力生产和供应业	5 526 667	4.80	4 737 640	5.11
燃气生产和供应业	772	0.00	701	0.01
水的生产和供应业	10 924	0.27	9 548	0.26

10－24 规模以上工业企业能源购进、消费及库存

能源名称	单 位	年初库存	购进量		消费量	年末库存
			实物量	金 额（万元）		
原 煤	吨	1 111 904	19 214 376	12 462 137	18 853 868	1 470 424
洗精煤	吨	44 280	596 383	596 443	589 212	51 451
其他洗煤	吨		16	13	16	
煤制品	吨	3 411	71 958	63 835	71 261	4 108
焦 炭	吨	20 970	497 608	647 725	601 488	21 562
焦炉煤气	万立方米		5 712	22 617	23 081	
天然气	万立方米		22 337	701 259	22 337	
汽 油	吨	340	17 054	134 266	17 312	256
煤 油	吨	5	2 226	12 781	2 286	2
柴 油	吨	2 047	44 407	344 660	44 234	2 436
燃料油	吨	2 011	12 607	52 066	14 349	269
液化石油气	吨	252	2 033	12 818	1 767	468
润滑油	吨		205	1 901	210	
石油焦	吨	69 123	208 102	372 894	232 711	44 514
石油沥青	吨	9 500	47 382	94 764	51 446	5 436
其他石油制品	吨	7	2 077	4 083	2 084	7
热 力	百万千焦		11 036 011	871 296	25 559 810	
电 力	万千瓦小时		1 234 808	9 170 565	1 583 368	
生物质废料用于燃料	吨		21 402	7 446	21 402	
余热余压	百万千焦		57 229	9 817	483 897	
其它工业废料用于燃料	吨					
其他燃料	吨标准煤					
能源合计	吨标准煤				**17 497 418**	

10－25　重点耗能工业企业名单

企业名称	所属地区	企业名称	所属地区
镇江江南化工有限公司	新　区	金东纸业（江苏）股份有限公司	新　区
镇江市自来水公司	京口区	江苏镇江发电有限公司	丹徒区
正茂集团有限责任公司	润州区	江苏联合水泥有限公司	润州区
江苏船山集团有限责任公司	润州区	镇江宏顺热电有限公司	丹徒区
江苏索普（集团）有限公司	京口区	镇江李长荣综合石化工业有限公司	丹徒区
江苏省福达特种钢有限公司	扬中市	丹阳协联热电有限公司	丹阳市
江苏康祥集团公司	扬中市	江苏美乐车圈有限公司	丹阳市
江苏环太集团有限公司	扬中市	江苏远东水泥有限公司	句容市
江苏省双阳化工有限公司	丹阳市	镇江苏惠乳胶制品有限公司	扬中市
江苏丹毛纺织股份有限公司	丹阳市	句容台泥水泥有限公司	句容市
江苏飞达控股集团有限公司	丹阳市	普莱克斯（镇江）工业气体有限公司	京口区
江苏长丰科技集团	丹阳市	江苏洁美生物能源有限公司	丹阳市
江苏天工集团有限公司	丹阳市	中储粮镇江粮油有限公司	京口区
大亚科技集团有限公司	丹阳市	江苏恒神纤维材料有限公司	丹阳市
丹阳市申阳电梯部件有限公司	丹阳市	无锡市东泰精细化工有限责任公司镇江分公司	新　区
江苏丰裕工具有限公司	丹阳市	无锡格林艾普化工股份有限公司镇江分公司	新　区
江苏超跃化学有限公司	新　区	华东泰克西汽车铸造有限公司	新　区
镇江荣德新能源科技有限公司	扬中市	丹阳中超化工有限公司	丹阳市
镇江大东纸业有限公司	新　区	镇江高鹏药业有限公司	新　区
镇江奇美化工有限公司	新　区	江苏恒顺集团有限公司	丹徒区

10–25（续）

企业名称	所属地区	企业名称	所属地区
江苏华宇灯具有限公司	丹阳市	镇江大港热电厂有限责任公司	新　区
江苏太白集团有限公司	新　区	江苏宏达新材料股份有限公司	扬中市
镇江东亚碳素焦化有限公司	润州区	扬中市华太热电有限公司	扬中市
江苏鸿泰钢铁有限公司	京口区	柯诺（江苏）木业有限公司	丹阳市
镇江市丹徒区协隆铸件有限公司	丹徒区	巨宝精密加工（江苏）有限公司	句容市
江苏晶谷米机有限公司	丹阳市	丹阳龙江钢铁有限公司	丹阳市
镇江南帝化工有限公司	新　区	镇江鼎胜铝业股份有限公司	京口区
句容宁武高新技术发展有限公司	句容市	大力神科技集团	丹阳市
江苏瑞美福实业有限公司	丹阳市	江苏鹤林水泥有限公司	丹徒区
国电江苏谏壁发电有限公司	京口区	中化镇江焦化有限公司	丹徒区
江苏丹化醋酐有限公司	丹阳市	江苏中亚玻璃纤维有限公司	丹阳市
江苏沃得机电集团有限公司	丹阳市	江苏宏达新材料股份有限公司长江分公司	新　区
优利德（江苏）化工有限公司	新　区	罗地亚（镇江）化学品有限公司	新　区
镇江万发化纤有限责任公司	丹徒区	江苏华泰化工有限公司	丹徒区
镇江茂源化工有限公司	丹徒区	江苏恒顺达生物能源有限公司	新　区
金海宏业（镇江）石化有限公司	丹徒区	镇江正丹化学工业有限公司	新　区
江苏建华管桩有限公司	句容市	中国国电集团公司谏壁发电厂	京口区
镇江联成化学工业有限公司	新　区		

10－26　主要工业产品单位产量能耗

项　目	单　位	2012 年	2011 年
机制纸及纸板耗电	千瓦时/吨	678.97	692.77
机制纸及纸板综合能耗	千克标准煤/吨	379.51	416.21
炼焦工序单位能耗	千克标准煤/吨	139.60	140.50
单位烧碱生产综合能耗(离子膜法30%)	千克标准煤/吨	342.19	359.28
单位烧碱生产耗交流电(离子膜法30%)	千瓦时/吨	2 339.82	2 396.00
单位烧碱生产综合能耗(隔膜法30%)	千克标准煤/吨	677.68	681.45
单位烧碱生产耗交流电(隔膜法30%)	千瓦时/吨	2 216.97	2 261.85
吨水泥熟料综合能耗	千克标准煤/吨	116.13	117.79
吨水泥熟料综合电耗	千瓦时/吨	62.34	62.44
吨水泥综合能耗	千克标准煤/吨	83.67	81.43
吨水泥综合电耗	千瓦时/吨	75.45	76.52
吨水泥标准煤耗	千克/吨	74.35	76.64
轧钢工序单位能耗	千克标准煤/吨	74.50	81.74
轧钢工序单位电力消耗	千瓦时/吨	332.39	377.88
吨铝加工材消耗电量	千瓦时/吨	1 331.47	1 403.98
吨铝加工材消耗能源量	千克标准煤/吨	259.73	269.19
电厂火力发电标准煤耗	克标准煤/千瓦时	296.37	300.72
电厂火力供电标准煤耗	克标准煤/千瓦时	312.63	319.36
发电厂用电率	%	5.17	5.82

注：本表统计范围为年耗标准煤 5000 吨以上工业企业。

10－27 规模以上工业

项　目	取水总量			重复用水
		地表水	自来水	
总　计	**39 269.35**	**32 401.04**	**6 314.40**	**85 895.41**
一、按地区分				
市　区	22 287.09	19 409.69	2 393.81	80 506.04
#京口区	17 096.49	16 566.86	493.56	59 035.58
润州区	481.52	252.43	197.24	1 741.51
丹徒区	1 225.60	653.58	553.21	2 410.59
新　区	3 483.49	1 936.82	1 149.80	17 318.37
丹阳市	10 987.56	8 181.64	2 742.67	4 750.88
扬中市	3 087.40	2 446.39	640.89	16.76
句容市	2 907.30	2 363.32	537.03	621.74
二、按轻重工业分				
轻工业	28 986.72	27 652.36	1 304.34	13 166.34
重工业	10 282.63	4 748.68	5 010.06	72 729.07
三、按工业行业大类分				
黑色金属矿采选业	106.82	95.04	11.79	546.77
非金属矿采选业	195.17	185.35	7.11	603.33
农副食品加工业	42.13	0.15	41.26	0.22
食品制造业	75.59		75.59	13.50
酒、饮料和精制茶制造业	62.18		62.18	0.04
纺织业	237.85	0.07	234.54	13.08
纺织服装、鞋、帽制造业	228.35	56.67	150.45	12.54
皮革、毛皮、羽毛（绒）及其制品业	89.53	0.03	88.40	0.38
木材加工及木、竹、藤、棕、草制品业	247.74	42.74	204.99	22.23
家具制造业	1.39		1.39	

企业水消费

单位：万立方米

项　目	取水总量	地表水	自来水	重复用水
造纸及纸制品业	1 668.81	1 574.04	94.77	13 057.90
印刷业和记录媒介的复制	12.79		12.79	0.17
文教体育用品制造业	25.84	0.99	24.59	
石油加工、炼焦及核燃料加工业	141.12	111.87	29.20	5.12
化学原料及化学制品制造业	3 773.11	1 910.08	1 452.86	58 126.56
医药制造业	38.19	1.01	37.18	24.42
化学纤维制造业	33.51		33.51	
橡胶和塑料制品业	92.73	0.36	89.13	8.99
非金属矿物制品业	741.94	238.39	476.98	1 082.90
黑色金属冶炼及压延加工业	550.29	256.47	276.95	3 031.49
有色金属冶炼及压延加工业	203.65	0.95	198.91	724.95
金属制品业	681.99	3.12	667.21	6.75
通用设备制造业	207.81	4.64	182.10	28.13
专用设备制造业	14.31	1.56	130.03	5.30
汽车制造业	212.97	2.25	201.77	9.27
铁路、船舶、航空航天和其他运输设备制造业	397.62	12.12	375.30	52.95
电气机械和器材制造业	613.24	97.52	506.75	67.51
计算机、通信和其他电子设备制造业	297.26	9.94	286.60	38.63
仪器仪表制造业	291.84	9.77	282.08	38.76
废弃资源综合利用业	31.69		31.69	
金属制品、机械和设备修理业	0.29		0.29	
电力、热力生产和供应业	1 781.55	1 761.16	18.93	8 373.52
燃气生产和供应业	6.51		6.51	
水的生产和供应业	26 024.03	26 024.03	10.52	

10－28 主要年份用电量

单位：万千瓦时

项 目	2008年	2009年	2010年	2011年	2012年
全社会用电量	**1 376 869**	**1 449 203**	**1 642 246**	**1 840 898**	**1 934 743**
#农、林、牧、渔业	10 160	11 454	12 497	14 011	15 255
工业	1 124 770	1 171 410	1 318 117	1 489 542	1 516 153
建筑业	10 124	14 015	16 063	16 495	17 185
交通运输、仓储和邮政业	16 229	20 457	23 818	33 281	42 493
信息传输、计算机服务和软件业	6 050	6 254	6 243	7 526	9 685
商业、住宿和餐饮业	29 788	32 366	36 676	41 168	52 779
金融、房地产、商务及居民服务业	15 841	18 502	22 113	28 772	35 525
公共事业及管理组织	37 565	38 436	40 220	42 376	51 408
#城乡居民生活用电	126 342	136 309	166 499	167 727	194 260
城 镇	57 916	61 008	77 346	78 148	91 370
乡 村	68 426	75 301	89 153	89 579	102 890
#市 区	742 148	785 822	848 956	963 808	1 014 686
丹阳市	427 666	441 481	517 039	553 244	582 261
扬中市	75 799	87 014	105 483	133 259	136 687
句容市	131 256	134 886	170 768	190 587	201 109
工业用电量	**1 124 770**	**1 171 410**	**1 318 117**	**1 489 542**	**1 516 153**
#轻工业	158 584	134 897	148 414	162 241	175 141
重工业	966 186	1 036 513	1 169 703	1 327 301	1 341 012
#采矿业	17 294	12 709	12 336	14 214	12 374
制造业	991 779	1022025	1 010 247	1 150 909	1 188 005
电力、燃气及水的生产和供应业	115 697	136 676	295 534	324 419	315 774
#市 区	613 010	649 300	689 165	789 674	811 309
丹阳市	360 089	363 857	426 788	455 850	466 959
扬中市	52 956	61 136	75 674	103 134	99 860
句容市	98 715	97 117	126 490	140 884	138 025

11 篇 交通、邮电

CHAPTER 11

TRANSPORTATION POST AND TELECOMMUNICATION

11－1 公路、内河航道、码头情况

项　目	单　位	2012年	2011年
一、公路线路里程	**公里**	**7 068**	**7 015**
等级公路	公里	7 068	7 015
高　速	公里	182	152
一　级	公里	714	704
二　级	公里	894	787
三　级	公里	627	884
四　级	公里	4 651	4 488
路面等级里程	公里	7 068	7 015
有铺装路面（高级）	公里	6 109	6 047
简易铺装路面（次高级）	公里	106	107
未铺装路面	公里	853	862
公路桥梁数	座	1 248	1 234
公路桥梁长度	米	92 993	81 878
二、内河航道里程	**公里**	**597**	**597**
#水深1米以上	公里	438	437
等级航道	公里	111	111
四级以上	公里	19	19
五　级	公里	24	24
六　级	公里	46	46
七　级	公里	22	22
等外航道	公里	486	486
航道闸坝	座	21	21
#碍航闸坝	座	3	3
三、港口码头泊位数	**个**	**333**	**322**
#万吨级	个	36	35
#生产用	个	331	320
码头长度	米	27 569	25 266
#生产用	米	27 449	25 146

11－2 民用机动车及运输船舶拥有量

项 目	单 位	2012 年	2011 年
民用车辆	辆	**586 724**	**542 570**
一、汽车	辆	287 663	242 472
#个人	辆	231 000	188 217
载客汽车	辆	251 132	211 357
#个人	辆	211 630	205 852
#营运	辆	5 806	5 017
#出租	辆	2 344	2 333
#大型	辆	3 180	3 043
中型	辆	3 537	3 766
小型	辆	236 811	197 338
微型	辆	7 604	7 211
载货汽车	辆	32 826	30 953
#重型	辆	10 306	7 902
中型	辆	6 729	6 917
轻型	辆	15 610	14 414
微型	辆	181	222
其他汽车	辆	3 705	4 611
二、摩托车	辆	274 437	275 093
普通	辆	268 966	265 502
轻便	辆	5 471	9 591
三、拖拉机	辆	22 639	23 391
#小型	辆	18 948	20 067
四、挂车	辆	1 985	1 614
民用运输驳船总计	艘	**720**	**857**
一、机动船舶数	艘	641	653
客船	艘 / 客位	49/3 371	67/3 844
货船	艘 / 吨位	459/145 021	450/127 046
拖船	艘 / 千瓦	133/25 858	136/26 328
二、驳船	艘 / 吨位	79/24 131	204/348 947

补充资料：年末机动车驾驶员786597人，其中：汽车驾驶员659099人。

11－3　客、货运输量

项　目	全　市	市　区		丹阳市	扬中市	句容市
			丹徒区			
一、客运量（万人）	**22 452**	**11 575**	**1 489**	**4 839**	**2 179**	**3 859**
铁路	798	570	62	228		
公路	21 654	11 005	1 427	4 611	2 179	3 859
#交通部门						
非交通部门	21 654	11 005	1 427	4 611	2 179	3 859
#个体	775			775		
二、旅客周转量（万人公里）	**1 422 028**	**801 975**	**75 153**	**302 918**	**134 599**	**182 536**
铁路						
公路	1 422 028	801 975	75 153	302 918	134 599	182 536
#交通部门						
非交通部门	1 422 028	801 975	75 153	302 918	134 599	182 536
#个体	91 951			91 951		
三、货运量（万吨）	**14 485**	**8 335**	**2 570**	**3 101**	**842**	**2 207**
铁路	292	276	97	16		
公路	13 271	7 447	2 258	3 023	807	1 994
#交通部门						
非交通部门	13 271	7 447	2 258	3 023	807	1 994
#个体	4 512	1 540	841	1 402	321	1 249
水路	922	612	215	62	35	213
#交通部门						
非交通部门	922	612	215	62	35	213
四、货物周转量（万吨公里）	**996 858**	**586 948**	**186 665**	**184 951**	**53 804**	**171 155**
铁路						
公路	731 045	410 168	124 759	166 507	44 698	109 672
#交通部门						
非交通部门	731 045	410 168	124 759	166 507	44 698	109 672
#个体	140 337	47 926	26 107	43 551	10 040	38 820
水路	265 813	176 780	61 906	18 444	9 106	61 483
#交通部门						
非交通部门	265 813	176 780	61 906	18 444	9 106	61 483
五、港口货物吞吐量（万吨公里）	**15 140**	**9 711**	**1 437**	**747**	**3 828**	**854**
#长江港	13 460	9 020	974		3 828	612
#集装箱运量（TEU)	375 359	375 359				
#外贸	2 133	2 056	52		77	

11－4 邮电基本情况

项 目	单 位	全 市	市 区	丹阳市	扬中市	句容市
邮政局所总数	处	108	34	37	13	24
公用电话点	处	22 205	12 986	4 721	1 728	2 770
国际互联网络用户	万户	72.4	34.7	18.7	8.3	10.6
本地电话用户	万户	169.17	67.00	48.56	20.79	32.33
#城市电话用户	万户	83.45	48.13	15.28	10.33	9.70
#移动市话用户	万户	17.02	8.31	3.93	2.16	2.62
住宅电话用户	万户	105.86	47.04	28.67	13.18	16.96
#农村电话用户	万户	41.88	8.42	17.80	5.40	10.26
全社会移动电话用户	万户	336.71	155.14	91.18	37.43	52.94
全社会移动电话用户（3G）	万户	69.35	33.16	17.31	8.86	10.01
移动电话交换机容量	万路	520	299	111	36	74
移动电话基站数	个	5 395	3 784	737	293	581
移动电话通信信道	个	3 241 185	1 531 310	762 388	486 615	460 872
邮路总条数	条	44	17	19	3	5
邮路总长度	公里	2 992	1 636	880	98	378
农村投递线路总长度	公里	12 107	4 208	3 818	1 741	2 340
邮政汽车	辆	117	51	28	24	14
邮资机	台	24	12	7	2	3
ATM自动柜员机	台	125	44	45	13	23

11－5　邮电业务量

项　目	单　位	全　市	市　区	丹阳市	扬中市	句容市
邮政业务总量	万元	30 310	13 059	8 944	3 546	4 761
电信业务总量	万元	287 027	144 037	72 505	31 536	38 949
邮政业务收入	万元	32 861	13 991	10 023	3 617	5 230
电信业务收入	万元	245 996	119 734	64 980	31 853	29 430
函件	万件	2 904	2 069	509	188	138
包裹	万件	12	5	4	1	2
汇票	万张	51	22	19	4	6
机要邮件	万件	3	3			
特快专递	万件	41	16	13	7	5
订销报纸累计份数	万份	9 492	4 558	2 679	1 146	1 109
订销杂志累计份数	万份	439	260	98	43	38
报纸期发份数	万份	32	15	9	4	4
杂志期发份数	万份	30	17	5	4	4
报刊流转额	万元	10 101	5 150	2 648	1 192	1 111
邮政信箱箱格口数	万个	12	6	2	3	1
邮政妥投点	万个	25	19	2	3	1
邮政储蓄收储余额	亿元	105	35	35	14	21
集邮	万枚	348	220	56	38	34
长途电话	万次	6 839	2 983	2 076	875	905
公用电话	部	28 409	16 024	5 962	2 721	3 702

11－6 主要年份运输、邮电生产完成情况

年 份	货运量总计（万吨）	铁路	公路	客运量总计（万人）	铁路	公路	港口货物吞吐量（万吨）	邮电业务总量（万元）
1949	20		20				12	192
1952	83	15	68	11		11	45	239
1957	129	21	108	320	184	136	108	360
1962	210	40	170	482	403	79	160	660
1965	345	71	274	270	209	61	280	686
1970	588	97	245	781	272	339	233	765
1975	869	176	364	1 279	348	735	509	995
1978	1 170	226	541	1 736	388	1 209	706	1 204
1979	1 196	218	570	1 987	415	1 410	673	1 280
1980	1 207	215	573	2 289	464	1 652	709	1 414
1981	1 149	218	533	2 596	465	1 963	752	1 534
1982	1 248	243	577	2 919	459	2 285	794	1 631
1983	1 885	262	1 095	3 195	488	2 536	890	1 798
1984	1 928	281	1 070	3 348	535	2 666	1 009	1 986
1985	3 370	304	2 266	4 008	556	3 307	1 076	2 508
1986	3 342	309	2 303	3 936	563	3 255	1 260	3 304
1987	3 714	302	2 711	3 921	619	3 196	1 519	3 664
1988	3 421	261	2 479	3 917	712	3 087	1 687	4 798
1989	3 713	315	2 764	3 818	662	3 064	1 803	5 312
1990	3 631	326	2 828	3 509	569	2 867	1 669	6 199
1991	3 874	304	3 058	3 648	550	3 020	1 635	8 472
1992	6 181	313	5 249	4 419	573	3 764	1 896	12 608
1993	3 498	330	2 492	3 433	589	2 770	2 154	20 087
1994	3 664	308	2 808	4 231	584	3 584	2 080	30 714
1995	4 220	318	3 271	4 839	523	4 271	1 971	42 214
1996	3 815	298	3 109	5 160	479	4 638	2 211	51 500
1997	3 931	367	3 132	5 286	421	4 833	2 246	68 851
1998	3 705	298	3 054	5 358	424	4 909	2 226	86 144
1999	3 933	292	3 259	5 526	458	5 045	2 437	97 086
2000	4 100	383	3 343	5 638	436	5 175	2 996	109 830
2001	4 259	380	3 460	5 904	493	5 390	2 949	124 025
2002	4 385	437	3 632	6 148	507	5 615	3 247	149 997
2003	4 654	472	3 856	6 150	426	5 704	3 690	162 568
2004	5 189	557	4 283	6 669	484	6 168	5 342	188 935
2005	5 231	264	4 574	7 223	511	6 712	6 001	214 180
2006	5 507	134	4 951	7 965	524	7 441	6 863	250 329
2007	6 325	140	5 674	9 238	495	8 743	8 849	272 060
2008	7 263	124	6 568	10 632	540	10 092	10 055	287 706
2009	9 613	208	8 740	13 837	562	13 275	10 132	302 520
2010	10 435	199	9 494	15 868	606	15 263	12 054	382 142
2011	12 335	340	11 177	18 898	690	18 208	13 336	289 242
2012	**14 485**	**292**	**13 271**	**22 452**	**798**	**21 654**	**15 140**	**317 336**

注：1966 年以前公路为水路、陆路合计数。
邮电业务总量 2000 年前按 1990 年不变价格计算，2000 年及以后年度按 2000 年不变价格计算。

12篇

国内贸易

CHAPTER 12

DOMESTIC TRADE

12－1 亿元以上商品交易市场基本情况

项　目	摊位数（个）	营业面积（平方米）	成交额（万元）		交易业主从业人员（人）
				零售额	
一、市场合计	**7 709**	**1 367 916**	**4 214 433**	**4 045 049**	**14 954**
镇江市招商市场管理处	142	5 720	112 640		142
江苏华东灯具城	406	19 078	156 800		420
丹阳市华阳眼镜市场	200	5 000	151 900	150 000	250
扬中建宁农贸市场	293	80 000	168 130	168 130	860
丹阳市市场服务中心万家欢小商品市场	245	2 500	100 150	100 150	247
镇江农副产品批发市场有限公司	388	40 000	1 114 583		926
丹阳华东建材市场	249	15 196	30 462 141	30 462 141	1 680
扬中利民市场	180	3 500	217 585	158 837	249
丹阳市市场服务中心千家乐市场	200	3 200	220 932	211 950	345
东方皮革商城管理处	368	17 000	368 230	368 230	412
华东皮鞋市场管理委员会	337	14 872	646 940	646 940	342
大港农贸市场	310	5 850	1 924 000	1 924 000	354
镇江润州市场	485	500 000	429 400	429 400	574
丹徒区宝堰集贸市场	1 896	500 000	3 637 002	3 618 000	4 710
句容温州商贸城有限公司	180	51 000	204 000	204 000	250
镇江市招商市场管理处	780	40 000	550 072	550 072	951
京口区甘露商城	512	25 000	1 410 087	1 410 087	732
镇江九州国际装饰家居广场有限公司	538	40 000	269 735	48 552	1 510
二、市场经营方式					
批发	3 701	261 150	4 194 826	3 968 396	5 058
零售	4 008	1 106 766	37 949 501	36 482 093	9 896
三、市场类别					
综合市场	3 447	591 000	549 096	407 554	7 892
# 农产品	833	47 500	136 663	25 015	1 423
专业市场	4 262	776 916	3 665 337	3 637 495	7 062
# 纺织品服装鞋帽	2 008	573 950	178 321	162 641	2 287
食品饮料烟酒	200	3 200	22 093	21 195	345
小商品	142	5 720	11 264		142
金属材料	249	15 196	3 046 214	3 046 214	1 680
建材装饰材料	473	131 000	37 213	37 213	1 110

12－2　批发、零售业销售收入前20家企业

批发贸易企业	所属地区	零售贸易企业	所属地区
中海油销售镇江有限公司	润州区	镇江市八佰伴商场有限公司	京口区
江苏省烟草公司镇江市公司	京口区	镇江百盛商城有限公司	京口区
镇江中江能源有限公司	京口区	镇江九泰投资咨询有限责任公司	京口区
淮矿现代物流有限责任公司镇江分公司	润州区	丹阳市华帝百货有限公司	丹阳市
镇江丹骐实业有限公司	京口区	镇江宝德汽车服务有限公司	京口区
江苏裕本物资贸易有限公司	润州区	镇江苏宁电器有限公司	京口区
镇江索普能源有限公司	京口区	镇江京鹏丰田汽车销售服务有限公司	润州区
江苏朱氏粮油进出口有限公司	丹阳市	镇江扬中商城	扬中市
镇江泰鑫废旧物资回收有限公司	京口区	镇江奥达汽车销售服务有限公司	新　区
江苏南钢钢材现货贸易有限公司	润州区	镇江恒隆汽车销售服务有限公司	京口区
镇江华商金恒贸易有限公司	润州区	镇江福联汽车贸易有限公司	京口区
镇江誉华金属贸易有限公司	京口区	昆山润华商业有限公司镇江分公司	润州区
江苏沃得工程机械销售有限公司	丹徒区	镇江欧尚超市有限公司	丹阳市
沃得精机销售有限公司	丹阳市	镇江常力汽车销售服务有限公司	京口区
江苏泛华进出口有限公司	新　区	镇江科驰车辆销售有限公司	句容市
江苏华康医药股份有限公司	扬中市	镇江新世纪商厦有限责任公司	京口区
江苏盛泰能源有限责任公司	扬中市	扬中市通达商业总公司	扬中市
江苏建鑫矿产能源发展有限公司	句容市	江苏科诚医药有限公司	润州区
镇江市星洲进出口贸易有限公司	润州区	镇江家世界万方连锁超市有限责任公司	京口区
丹阳红叶石油制品有限公司	丹阳市	镇江南泰对外经贸有限公司	京口区

12－3　住宿、餐饮业营业收入前20家企业

住宿业企业	所属地区	餐饮业企业	所属地区
江苏长江大酒店有限公司	扬中市	镇江兴地商业管理有限公司	京口区
镇江国际饭店置业有限公司	京口区	扬中市新世界大饭店有限公司	扬中市
江苏水中仙国际酒店有限公司	丹阳市	镇江市香逸渔港大酒店有限公司	润州区
扬中宾馆有限公司	扬中市	丹阳市新世纪国际大酒店	丹阳市
镇江金山湖景大酒店	京口区	句容曙光国际大酒店有限公司	句容市
镇江市碧榆园	润州区	镇江大娘水饺餐饮有限公司	京口区
江苏金陵融锦饭店有限公司	丹阳市	丹阳市水中仙东方会馆有限公司	丹阳市
镇江市一泉宾馆	润州区	镇江香逸渔港餐饮娱乐发展有限公司	京口区
镇江大酒店股份有限公司	润州区	镇江市明都大饭店管理有限公司	京口区
江苏金陵润扬大桥酒店有限公司	丹徒区	镇江宴春酒楼有限公司	京口区
句容宾馆有限公司	句容市	镇江观海楼酒店有限公司	京口区
镇江新华电宾馆有限公司	新　区	镇江市康鑫大酒店有限公司	润州区
扬中市华厦大酒店有限公司	扬中市	镇江市东方大酒楼有限责任公司	京口区
扬中市金叶大酒店有限公司	扬中市	丹阳香逸渔港餐饮娱乐发展有限公司	丹阳市
镇江强凌酒店有限公司	京口区	句容京华桂冠国际酒店有限公司	句容市
丹阳太平洋饭店有限公司	丹阳市	扬中市周仔大酒店有限公司	扬中市
江苏锦豪国际大酒店有限公司	丹阳市	镇江市上岛咖啡餐饮有限责任公司	京口区
句容怡景湾度假村有限公司	句容市	镇江市大港圌山饭店有限公司	京口区
镇江佳朋酒店有限公司	京口区	江苏宁沪高速公路股份有限公司仙人山服务区	丹徒区
扬中市江洲宾馆	扬中市	丹阳市王府酒店有限公司	丹阳市

12－4 社会消费品

项 目	全 市	市 区	京口区
合 计	**7 664 607**	**3 804 502**	**1 918 865**
一、按所在地分			
城 镇	7 277 221	3 804 502	1 918 865
乡 村	387 386		
二、按行业分			
批发企业	1 125 012	803 784	314 522
零售企业	5 646 021	2 581 797	1 339 189
住宿企业	68 968	37 054	14 474
餐饮企业	824 606	381 867	250 680
三、按规模分			
限额以上	3 998 006	2 735 977	1 330 788
批发企业	840 538	750 673	294 080
零售企业	2 804 051	1 764 718	911 831
住宿企业	41 057	19 919	8 331
餐饮企业	312 360	200 667	116 546
限额以下	3 666 601	1 068 525	588 077
批发企业	284 474	53 111	20 442
零售企业	2 841 970	817 079	427 358
住宿企业	27 911	17 135	6 143
餐饮企业	512 246	181 200	134 134

零售总额

单位：万元

润州区	丹徒区	新　区	丹阳市	扬中市	句容市
953 998	**439 804**	**491 835**	**2 023 823**	**903 167**	**933 115**
953 998	439 804	491 835	1 909 268	848 158	715 293
			114 555	55 009	217 822
442 073	46 886	303	103 477	101 574	116 177
426 751	335 177	480 680	1 702 548	677 199	684 477
11 641	10 932	7	3 188	23 049	5 677
73 533	46 809	10 845	214 610	101 345	126 784
808 563	106 876	489 750	490 577	390 109	381 343
424 051	32 517	25	27 065	39 245	23 555
315 586	57 736	479 565	401 487	306 954	330 892
9 868	1 717	3	2 941	14 998	3 199
59 058	14 906	10 157	59 084	28 912	23 697
145 435	332 928	2 085	1 533 246	513 058	551 772
18 022	14 369	278	76 412	62 329	92 622
111 165	277 441	1 115	1 301 061	370 245	353 585
1 773	9 215	4	247	8 051	2 478
14 475	31 903	688	155 526	72 433	103 087

12－5　社会消费品零售总额分季情况

单位：万元

项　目	合　计	一季度	二季度	三季度	四季度
社会消费品零售总额;	**7 664 607**	**1 898 440**	**1 880 735**	**1 775 239**	**2 110 193**
一、按所在地分					
市	7 277 221	1 804 076	1 788 715	1 670 840	2 013 590
县以下	387 386	94 364	92 020	104 399	96 603
二、按行业分					
批发	1 125 012	239 154	298 914	257 698	329 246
零售	5 646 021	1 445 490	1 374 436	1 300 725	1 525 371
住宿	68 968	15 874	16 014	20 091	16 989
餐饮	824 606	197 922	191 372	196 725	238 587
三、按地区分					
市　区	3 804 502	941 797	922 096	941 570	999 039
#京口区	1 918 865	498 347	448 802	461 040	510 676
润州区	953 998	232 900	224 561	239 780	256 757
丹徒区	439 804	96 588	116 038	116 446	110 732
新　区	491 835	113 962	132 695	124 304	120 874
丹阳市	2 023 823	505 771	503 527	440 552	573 973
扬中市	903 167	217 925	228 011	182 428	274 803
句容市	933 115	232 947	227 101	210 689	262 378

12－6　主要年份分地区社会消费品零售总额

单位：万元

年　份	全　市	市　区	丹徒区	丹阳市	扬中市	句容市
1978	36 260	18 946	5 367	8 146	3 489	5 679
1979	45 221	22 487	6 766	10 909	4 409	7 416
1980	56 026	27 898	7 954	14 477	5 465	8 186
1981	61 918	30 912	8 591	15 959	6 065	8 982
1982	67 444	32 895	9 447	17 412	6 016	11 121
1983	75 357	36 115	9 685	19 398	7 120	12 724
1984	89 907	44 594	12 394	22 271	8 010	15 032
1985	117 267	60 347	14 178	29 137	9 626	18 157
1986	136 187	70 626	17 215	33 505	10 713	21 343
1987	162 003	82 360	19 761	39 210	14 457	25 976
1988	212 979	108 055	28 606	51 184	20 482	33 258
1989	222 437	111 460	26 724	53 491	22 432	35 054
1990	231 105	117 166	30 643	55 176	24 252	34 511
1991	265 409	133 747	34 698	65 169	29 977	36 516
1992	343 892	148 468	40 623	114 068	35 754	45 602
1993	544 603	302 110	52 126	124 751	47 253	70 489
1994	684 566	368 361	66 946	160 817	60 135	95 253
1995	862 553	463 650	80 034	202 791	80 448	115 664
1996	1 019 538	548 064	93 220	235 180	99 378	136 916
1997	1 091 925	569 240	98 718	261 460	113 458	147 767
1998	1 151 981	587 582	108 116	282 246	123 664	158 489
1999	1 238 380	629 120	115 064	310 697	131 682	166 881
2000	1 344 880	692 015	124 269	339 306	141 558	172 001
2001	14 546 88	739 919	134 459	370 593	153 590	190 586
2002	1 630 829	836 783	147 378	412 369	172 651	209 026
2003	1 838 073	953 668	163 706	460 100	191 771	232 534
2004	2 098 233	1 068 764	132 228	537 902	222 500	269 067
2005	2 413 727	1 150 694	152 327	653 726	299 343	309 964
2006	2 800 688	1 341 300	176 627	754 851	345 708	358 829
2007	3 313 647	1 590 948	207 069	889 766	406 557	426 376
2008	4 102 100	1 988 495	266 573	1 107 857	493 372	512 376
2009	4 757 379	2 312 541	284 972	1 285 564	571 695	587 579
2010	5 646 808	2 774 669	327 718	1 515 680	663 703	692 756
2011	6 640 744	3 287 946	384 870	1 753 520	782 117	817 161
2012	**7 664 607**	**3 804 502**	**439 804**	**2 023 823**	**903 167**	**933 115**

12－7 限额以上批发

项　　目	流动资产合　　计	固定资产原　　价	资　产总　计	营业收入合　　计
总　计	**2 093 888**	**419 215**	**2 925 785**	**6 630 796**
#国有控股	339 406	80 172	395 275	978 451
#市　区	1 430 758	271 463	2 011 245	4 855 232
丹阳市	444 793	63 345	572 418	854 771
扬中市	107 592	62 134	190 171	625 042
句容市	110 745	22 273	151 951	295 751
#内资企业	1 943 614	350 900	2 687 171d	5 992 969
国有企业	270 344	65 038	318 366	429 758
集体企业	19 540	33 154	69 458	126 631
股份合作企业	2 742	1 718	6 013	9 191
联营企业				
有限责任公司	470 810	61 188	548 719	1 711 887
股份有限公司	98 971	8 188	110 383	516 356
私营企业	1 070 049	179 798	1 621 232	3 137 285
其他企业	11 159	1 816	12 998	61 862
港、澳、台商投资	114 898	44 034	157 627	449 284
外商投资	16 950	24 078	55 720	112 442
一、批发业	**1 523 166**	**120 883**	**1 971 005**	**4 358 925**
#国有控股	297 357	57 098	333 609	896 011
（一）按登记注册类型分				
内资企业	1 422 088	119 057	1 861 448	4 111 346
国有企业	247 844	48 915	281 353	367 925
集体企业	8 075	826	26 636	64 332
股份合作企业				
有限责任公司	327 194	21 442	365 396	1 250 517
股份有限公司	74 576	965	78 869	338 541
私营企业	759 047	46 586	1 103 619	2 072 447
其他企业	5 351	324	5 576	17 584
港、澳、台商投资	82 652	1 624	84 290	171 479
（二）按行业分				
农畜产品批发	29 849	1 748	31 241	27 238
食品、饮料及烟草制品批发	267 971	47 525	304 269	522 579
纺织、服装及日用品批发	129 225	4 305	133 674	293 285
文化、体育用品及器材批发	694	95	851	1 600
医药及医疗器材批发	6 816	1	14 207	68 683
矿产品、建材及化工产品批发	735 352	45 422	1 088 660	2 854 922
机械设备、五金交电及电子产品批发	142 315	12 513	156 102	176 574
其　他	170 529	6 449	197 493	309 120

零售贸易业财务状况

单位：万元

主营业务 收入	主营业务 成本	主营业务 税金及附加	营业 利润	利润 总额	应交 增值税
6 602 480	**5 811 220**	**52 826**	**442 503**	**397 852**	**92 360**
970 016	862 310	20 296	60 085	61 540	15 634
4 834 051	4 319 608	27 883	309 940	277 780	66 134
851 121	780 813	2 544			15 541
624 422	452 026	21 117	121 630	108 086	4 162
292 886	258 773	1 282	10 933	11 986	6 523
5 967 356	5 231 964	51 205	423 183	383 167	87 623
428 933	329 309	19 995	59 304	60 638	15 006
126 631	85 517	2 098	32 649	31 956	2 013
8 940	8 237	35	129	127	86
1 703 354	1 587 905	3 618	51 332	32 701	20 851
515 437	491 620	394	8 640	5 429	5 829
3 122 199	2 683 264	23 090	259 532	243 809	43 556
61 862	46 112	1 974	11 597	8 507	283
446 582	421 693	1 138	1 450		2 830
112 442	96 652	420	4 854	4 886	1 336
4 348 865	**3 859 245**	**38 887**	**317 848**	**302 584**	**58 978**
887 710	793 323	19 879	55 701	57 671	14 659
4 101 285	3 627 282	38 823	307 981	292 904	58 406
367 214	276 362	19 782	56 004	58 002	14 204
64 332	44 434	44	19 185	19 237	1 094
1 242 907	1 185 553	2 248	26 912	20 907	11 110
338 122	328 344	42	5 117	5 158	4 795
2 071 126	1 778 951	16 164	197 655	189 549	27 190
17 584	13 639	544	3 108	51	14
171 479	171 052		225	338	
27 238	26 458	2			30
521 769	415 606	19 878	66 165	64 927	15 124
292 902	284 156	93	1 268	1 444	542
1 600	1 430	2	52	50	12
68 683	46 485	3 149	18 068	17 914	142
2 846 054	2 557 591	9 839	206 544	189 150	18 140
176 574	154 626	1 700	12 937	12 600	946
309 120	276 561	3 635	9 479	13 024	23 371

12-7（续）

项　　目	流动资产合　　计	固定资产原　　价	资　产总　计	营业收入合　　计
二、零售业	**570 721**	**298 331**	**954 779**	**2 271 869**
#国有控股	42 049	23 074	61 666	82 440
（一）按登记注册类型分				
内资企业	521 526	231 843	825 722	1 881 623
国有企业	22 499	16 124	37 014	61 833
集体企业	11 465	32 328	42 823	62 299
股份合作企业	2 742	1 718	6 013	9 191
联营企业				
有限责任公司	143 616	39 746	183 323	461 370
股份有限公司	24 394	7 223	31 514	177 815
私营企业	311 002	133 211	517 613	1 064 839
其他企业	5 808	1 493	7 422	44 278
港、澳、台商投资	32 246	42 410	73 337	277 805
外商投资	16 950	24 078	55 720	112 442
（二）按行业分				
综合零售	145 762	204 436	389 605	863 707
食品、饮料及烟草制品专门零售	16 797	5 088	27 677	105 415
纺织、服装及日用品专门零售	8 892	3 773	15 452	45 728
文化、体育用品及器材专门零售	16 189	11 117	26 265	67 327
医药及医疗器材专门零售	70 347	9 909	80 000	149 632
汽车、摩托车、燃料及零配件专门零售	231 427	53 002	311 671	780 227
家用电器及电子产品专门零售	47 728	6 572	60 233	219 434
五金、家具及室内装修材料专门零售	31 942	4 042	41 912	31 327
其　他				
（三）按经营方式分				
独立经营	372 371	248 036	695 406	1 512 901
连锁经营总店	5 006	2 469	8 295	21 981
连锁经营分店	52 469	19 789	67 116	219 098
其　他	140 875	28 038	183 963	517 889
（四）按业态分				
百货商店	77 837	148 974	247 826	509 810
超级市场	18 407	9 506	36 003	101 875
专业店	182 385	4 5535	259 692	737 539
专卖店	162 974	3 5028	208 438	548 576

主营业务收　入	主营业务成　本	主营业务税金及附加	营业利润	利润总额	应交增值税
2 253 615	**1 951 975**	**13 940**	**121 281**	**93 201**	**33 382**
82 307	68 987	417	4 384	3 869	975
1 866 070	1 604 682	12 382	115 202	90 263	29 216
61 719	52 947	213	3 300	2 636	802
62 299	41 083	2 054	13 464	12 719	920
8 940	8 237	35	129	127	86
460 447	402 353	1 371	24 420	11 794	9 741
177 315	163 275	353	3 523	271	1 033
1 051 073	904 314	6 927	61 877	54 260	16 366
44 278	32 473	1 430	8490	8 456	269
275 103	250 641	1 138	1 225		2 830
112 442	96 652	420	4 854	4 886	1 336
857 414	715 116	9 060	54 524	47 683	14 353
105 100	90 701	623	6 572	6 000	1 677
45 605	38 044	422	4 751	3 093	574
66 894	59 518	376	2 330	1 013	454
1 49630	136 878	220	1 308	865	2 117
769320	690 485	1 167	30 043	26 635	12 776
219 254	190 380	988	16 355	2 520	1 063
31 327	22 950	1 073	5 321	5 314	289
1 499 405	1 280 795	11 062	95 858	77 813	24 244
21 981	19 176	37	15	23	305
217 676	184 286	1 242	11 582	6 943	3 221
514 553	467 717	1 599	13 826	8 422	5 612
506 736	426 032	5 373	34 966	30 578	10 913
101 853	81 092	1 111	8 123	4 970	841
736 609	647 611	2 386	42 591	27 299	8 910
537 672	482 261	2 195	18 648	14 445	9 082

12－8 限额以上住宿、

项目	流动资产合计	固定资产原价	资产总计	营业收入合计
总计	**114 625**	**198 018**	**347 864**	**207 587**
#国有控股	9 008	85 958	87 769	26 628
#市区	69 706	145 668	211 055	128 041
丹阳市	22 841	18 976	72 051	36 056
扬中市	16 909	14 694	30 018	29 246
句容市	5 169	18 681	34 740	14 245
#内资企业	81 442	158 912	256 288	198 366
国有企业	4 610	46 789	52 531	12 531
集体企业	1 928	699	2 203	5 467
股份合作企业				
有限责任公司	19 298	19 841	43 125	35 137
股份有限公司	5 177	42 622	36 377	16 395
私营企业	47 870	46 173	115 815	114 352
其他企业	110		403	246
外商投资企业	31 442	37 211	88 541	6 338
一、住宿业	**67 426**	**140 916**	**233 289**	**76 331**
#国有控股	7 151	77 967	81 503	21 552
（一）按登记注册类型分				
#内资企业	36 050	103 778	144 877	70 168
国有企业	3 602	43 400	49 995	10 427
集体企业	1 928	699	2 203	5 467
股份合作企业				
有限责任公司	14 843	15 253	29 987	17 796
国有独资公司				
其他有限责任公司	14 843	15 253	29 987	17 796
股份有限公司	4 078	37 119	31 582	10 851
私营企业	11 598	7 306	31 110	25 627
私营独资企业	114	193	252	1 980
私营合伙企业	406	39	2 468	1 472
私营有限责任公司	11 012	6 838	27 823	21 816
私营有限责任公司	66	236	567	359
其他企业				
外商投资企业	31 376	37 138	88 411	6 163
（二）按国民经济行业分组				
旅游饭店	63 457	135 063	219 809	62 321
一般饭店	3 933	5 790	12 768	12 956
其他住宿服务	37	63	712	1 054

餐饮企业财务状况

单位：万元

主营业务收　入	主营业务成　本	主营业务税金及附加	营业利润	利润总额	应交增值税
206 619	**106 132**	**11 793**	**-2 244**	**-5 277**	**1 559**
25 824	10 657	1 586	150	-548	12
127 237	67 150	6 150	-2 440	-5 050	929
35 891	15 998	3 535	-4 268	-4 696	357
29 246	16 793	1 345	4 022	4 043	215
14 245	6 190	763	441	427	58
197 540	102 646	11 289	5 723	2 237	1 531
12 531	6 158	638	-36	-45	12
5 467	3 341	305	152	147	35
35 136	17 996	1 801	2 104	1 267	247
15 592	6 585	1 069	443	-276	60
114 330	61 290	6 814	2 980	1 082	1 159
246	233	1	8	8	2
6 195	2 100	346	-7 967	-7 528	
75 385	**34 331**	**3 963**			**233**
20 748	7 691	1 136			12
69 364	32 322	3 628	2 023	1 134	233
10 427	4 816	515	244	226	12
5 467	3 341	305	152	147	35
17 795	10 392	875	1 507	886	15
17 795	10 392	875	1 507	886	15
10 048	3 246	609			14
25 627	10 528	1 324	781	567	158
1 980	1 287	99	554	554	24
1 472	866	90	291	294	9
21 816	8 186	1 115			117
359	190	20	22	22	7
6 021	2 008	335			
61 375	26 014	3 161			186
12 956	8 267	751	316	203	47
1 054	49	51	260		

12-8（续）

项　　目	流动资产合　　计	固定资产原　　价	资　　产总　　计	营业收入合　　计
（三）按星级等级分组				
二星	336	800	924	793
三星	2 936	2 160	10 631	11 076
四星	18 896	30 885	68 121	22 760
五星	38 111	60 395	93 447	17 157
其他	7 147	46 676	60 167	24 545
（四）按经营方式分组				
独立门店	66 464	140 555	231 079	74 682
连锁总店（总部）				
连锁门店	963	271	2 109	1 451
其他		89	100	199
二、餐饮业	**47 198**	**57 102**	**114 575**	**131 256**
#国有控股	1 857	7 990	6 267	5 076
（一）按登记注册类型分组				
#内资企业	45 392	55 134	111 411	128 198
国有企业	1 008	3 389	2 536	2 104
集体企业				
股份合作企业				
有限责任公司	4 454	4 588	13 138	17 341
国有独资公司				
其他有限责任公司	4 454	4 588	13 138	17 341
股份有限公司	1 099	5 503	4 795	5 544
私营企业	36 272	38 867	84 705	88 725
私营独资企业	4 479	5 717	13 096	19 331
私营合伙企业		766	860	831
私营有限责任公司	31 186	32 187	69 914	67 139
私营股份有限公司	607	197	835	1 424
其他企业	2 559	2 788	6 237	14 484
外商投资企业	1 807	1 968	3 165	3 058
（二）按国民经济行业分组				
正餐服务	47 023	57 029	114 042	130 836
快餐服务	110		403	246
其他餐饮服务	66	73	130	174
（三）按营方式分组				
独立门店	39 056	50 063	99 859	117 346
连锁总店（总部）				
连锁门店	4 944	2 209	7 151	10 312
其他	3 198	4 830	7 565	3 598
（四）按单位规模分组				
大型				
中型	18 662	20 958	43 994	61 982
小型	27 302	34 299	67 367	63 743
微型	1 234	1 845	3 215	5 530

单位：万元

主营业务 收　　入	主营业务 成　　本	主营业务 税金及附加	营　业 利　润	利　润 总　额	应　交 增值税
793	499	43	114	91	30
11 076	4 360	534	728	717	131
22 617	10 572	1 121			3
16 355	5 421	963			
24 545	13 479	1 303	1 283	513	70
73 736	34 044	3 863			233
1 451	243	78	389		
199	43	22	88		
131 234	**71 801**	**7 830**	**3 696**	**1 114**	**1 325**
5 076	2 966	449	408		
128 176	70 323	7 661	3 700	1 102	1 297
2 104	1 342	123			
17 341	7 604	926	597	380	232
17 341	7 604	926	597	380	232
5 544	3 338	460	1 103	416	45
88 703	50 763	5 489	2 198	515	1 002
19 309	11 535	905	2 334	1 836	385
831	534	9	145	145	4
67 139	37 937	4 495			603
1 424	756	80			10
14 484	7 276	662	81	63	18
3 058	1 478	169		11	28
130 814	71 476	7 818	3 692	1 110	1 324
246	233	1	8	8	2
174	92	11			
117 324	63 864	7 118	2 649	1 145	1 198
10 312	6 661	349	831	431	117
3 598	1 276	363	215		11
61 982	29 295	4 628	742	268	435
63 721	37 836	3 124	2 511	767	812
5 530	4 671	78	444	79	79

12－9 限额以上批发和零售业商品购销存总额

单位：万元

项目	商品购进总额	商品销售总额	批发	零售	商品库存总额
总计	**7 071 081**	**7 585 081**	**4 479 694**	**3 105 387**	**349 891**
#国有及国有控股	4 707 029	5 041 056	4 418 196	622 861	202 726
一、批发业	**4 619 565**	**4 949 598**	**4 413 628**	**535 970**	**188 355**
#国有及国有控股	837 940	964 423	754 864	209 559	34 292
按登记注册类型分					
内资企业	4 362 345	4 689 855	4 160 107	529 748	188 132
国有企业	321 977	421 976	419 853	2 123	27 153
集体企业	66 062	70 731	68 940	1 790	309
股份合作企业					
有限责任公司	1 293 396	1 351 517	1 100 031	251 486	61 382
股份有限公司	319 954	368 370	280 549	87 821	4 657
私营企业	2 273 728	2 370 941	2 226 365	144 576	93 696
其他企业	87 229	106 321	64 369	41 952	936
港、澳、台商投资	171 052	171 162	171 162		
外商投资企业	86 168	88 581	82 359	6 222	223
二、零售业	**2 451 516**	**2 635 482**	**66 066**	**2 569 416**	**161 536**
#国有及国有控股	87 464	91 458	4 568	86 890	14 371
按登记注册类型分					
内资企业	2 017 204	2 199 936	65 644	2 134 293	153 544
国有企业	66 661	69 319	4 568	64 751	9 817
集体企业	63 916	72 196	2 271	69 925	3 194
股份合作企业	9 410	9 769	1 007	8 762	349
联营企业					
有限责任公司	511 864	537 077	47 058	490 019	38 363
股份有限公司	208 523	216 669		216 669	13 188
私营企业	1 106 175	1 244 107	10 610	1 233 497	86 341
其他企业	50 655	50 801	129	50 672	2 293
港、澳、台商投资	303 941	304 041	154	303 887	5 271
外商投资企业	130 371	131 505	268	131 237	2 721
按经营方式分					
独立商店	1 652 165	1 779 693	21 392	1 758 301	119 067
连锁商店总店	19 366	24 698		24 698	600
连锁商店分店	234 695	258 722	2 318	256 404	16 457
其他	545 290	572 370	42 356	530 014	25 412
按零售业态分					
超级市场	107 516	117 781	78	117 703	7 956
大型超市	272 014	276 187	268	275 919	9 868
百货商店	539 109	587 229	2 108	585 121	17 274
专业店	751 083	845 293	14 011	831 282	56 543
专卖店	616 517	638 081	8 155	629 926	55 333

12－10 限额以上批发和零售业企业商品销售情况

单位：万元

项 目	销售合计	批发业	零售业
合 计	**7 585 081**	**4 949 599**	**2 635 482**
农畜产品类	29 156	29 156	
# 谷物、豆及薯类	10 703	10 703	
综合零售类	1 012 801		1 012 801
百货零售类	587 268		587 268
超级市场零售类	424 984		424 984
食品、饮料及烟草制品类	736 764	614 269	122 495
食品类	257 262	193 352	63 910
饮料及茶叶类	44 608	29 814	14 794
烟草制品类	434 894	391 103	43 791
纺织、服装及日用品类	358 788	304 816	53 972
# 纺织品、针织品及原料类	34 916	34 192	724
服装类	240 631	216 480	24 151
化妆品及卫生用品类	30 512	17 003	13 509
文化、体育用品及器材类	78 692	1 695	76 998
# 文具用品类	41 169		41 169
图书类	14 237		14 237
首饰、工艺品及收藏品类	20 420		20 420
医药及医疗器材类	247 764	79 460	168 304
药品类	145 823	79 460	66 363
矿产品、建材及化工产品类	3 242 641	3 242 641	
# 煤炭及制品类	725 678	725 678	
石油及制品类	679 253	679 253	
金属及金属矿类	1 383 625	1 383 625	
机械设备、五金交电及电子产品类	1 359 214	202 524	1 156 690
# 汽车、摩托车及零配件类	917 775	8 568	909 207
家用电器类	248 697	7 627	241 070
贸易经纪与代理	112 034	112 034	
其他类	355 378	355 378	

13篇

外向型经济、旅游

CHAPTER 13

EXPORT-ORIENTED ECONOMY, TOURISM

13－1　进出口、出口总额前20家企业

进出口企业名称	所属地区	出口企业名称	所属地区
金东纸业（江苏）股份有限公司	新　区	金东纸业（江苏）股份有限公司	新　区
镇江奇美化工有限公司	新　区	江苏天工工具有限公司	丹阳市
中国镇江外轮代理有限公司	京口区	镇江江南化工有限公司	润州区
江苏天工工具有限公司	句容市	江苏苏润高碳材股份有限公司	丹徒区
江苏省镇江船厂（集团）有限公司	润州区	镇江原源国际贸易有限公司	京口区
大赛璐安全系统（江苏）有限公司	丹阳市	帝高力装饰材料（江苏）有限公司	丹徒区
镇江江南化工有限公司	润州区	圣象集团有限公司	丹阳市
江苏苏润高碳材股份有限公司	润州区	镇江环太硅科技有限公司	扬中市
道达尔润滑油（镇江）有限公司	新　区	江苏省镇江船厂（集团）有限公司	润州区
江苏泛华进出口有限公司	润州区	大赛璐安全系统（江苏）有限公司	丹阳市
句容宁武新材料发展有限公司	句容市	现代重工（中国）电气有限公司	扬中市
镇江联成化学工业有限公司	新　区	都茂（江苏）机电科技有限公司	句容市
爱励鼎胜铝业（镇江）有限公司	京口区	镇江鼎胜铝业股份有限公司	京口区
江苏久正光电有限公司	句容市	江苏久正光电有限公司	句容市
帝高力装饰材料（江苏）有限公司	扬中市	江苏久正光电有限公司	句容市
圣象集团有限公司	丹阳市	镇江原源国际贸易有限公司	京口区
现代重工（中国）电气有限公司	扬中市	江苏肯帝亚木业有限公司	丹阳市
巨宝精密加工（江苏）有限公司	句容市	镇江美驰轻型车系统（第二）有限公司	新　区
恩坦华汽车零部件（镇江）有限公司	新　区	江苏福荣制衣有限公司	丹阳市
江苏沃得植保机械有限公司	丹阳市	丹阳市荣华贸易有限责任公司	丹阳市

13－2 外向型

项　目	单 位	全 市	市 区	京口区	润州区
一、新注册企业数	个	**142**	**69**	**12**	**17**
二、合同注册外资	万美元	**255 748**	**135 639**	**27 059**	**19 860**
三、实际利用外资	万美元	**221 410**	**114 518**	**13 482**	**15 081**
四、进出口总额	万美元	**1 141 429**	**767 048**	**76 312**	**69 581**
#省级以上开发区	万美元	843 384	570 449	17 496	36 979
#进口总额	万美元	367 722	292 562	31 170	20 386
#省级以上开发区	万美元	321 196	261 925	10 592	11 739
#出口总额	万美元	773 707	474 486	45 142	49 195
#省级以上开发区	万美元	522 188	308 524	6 904	25 240
五、新签对外承包劳务合同额	万美元	**63 979**	**45 995**	**18 430**	**8 315**
六、对外承包劳务营业额	万美元	**58 551**	**42 041**	**15 768**	**5 681**
七、对外劳务输出					
年末在外人数	人	5 033	4 560	2 180	1 893
全年新派人数	人	3 058	2 699	650	1 372

经济主要指标

丹徒区	新　区	丹阳市	扬中市	句容市
11	**29**	**6**	**51**	**16**
16 302	**72 397**	**12 000**	**65 071**	**43 038**
15 235	**70 721**	**16 652**	**47 603**	**42 637**
54 228	**374 275**	**265 139**	**48 123**	**61 119**
30 126	485 848	215 215	20 573	37 147
7 366	231 508	46 732	11 853	16 575
3 860	235 734	43 235	5 490	10 546
46 862	142 767	218 407	36 270	44 544
26 266	250 114	171 980	15 083	26 601
5 423	**13 827**	**6 320**	**6 410**	**5 253**
4 824	**15 767**	**6 560**	**4 948**	**5 003**
487		473		
677		359		

13－3　主要国家和地区进出口总额

单位：万美元

国家（地区）	进出口总额	进　口	出　口
亚洲	**599 380**	**235 030**	**364 350**
香港	36 793	753	36 040
印度	35 356	2 823	32 533
日本	120 938	59 455	61 483
韩国	90 419	57 086	33 333
台湾	65 122	42 689	22 433
东盟组织	164 074	62 873	101 201
非洲	**37 730**	**534**	**37 196**
欧洲	**195 841**	**50 415**	**145 426**
俄罗斯	23 395	5 338	18 057
欧盟组织	156 293	40 611	115 682
拉丁美洲	**66 598**	**6 140**	**60 458**
北美洲	**201 370**	**57 361**	**144 009**
加拿大	31 030	17 786	13 244
美国	170 340	39 575	130 765
大洋洲	**40 485**	**18 217**	**22 268**
澳大利亚	38 001	17 489	20 512
新西兰	2 292	728	1 564

13－4　接待海外旅游者分国别（地区）人数

单位：人

国家（地区）	接待人数	国家（地区）	接待人数
总　计	**662 768**	**欧洲**	**111 620**
# 外国人	491 769	英国	20 470
亚　洲	**396 584**	法国	5 629
# 香港	87 699	德国	7 418
澳门	9 611	意大利	1 756
台湾	73 689	瑞士	322
日本	24 642	瑞典	610
韩国	31 701	俄罗斯	8 037
蒙古	259	西班牙	235
印度尼西亚	990	其他	67 143
马来西亚	4 954	**美洲**	**117 104**
菲律宾	5 627	美国	29 842
新加坡	27 461	加拿大	27 891
泰国	15 092	其他	59 371
印度	2 102	**大洋洲**	**33 151**
越南	535	澳大利亚	11 558
缅甸	822	新西兰	1 074
朝鲜	22 065	其他	20 519
巴基斯坦	1 245	**非洲**	**1 738**
其他	88 090	**其他**	**2 571**

13－5 游览景点接待人数

单位：万人

游览景点	2007年	2008年	2009年	2010年	2011年	2012年
合　计	**1 589.9**	**1 818.8**	**2 301.3**	**2 683.3**	**3 100.0**	**3 170.2**
金山公园	124.9	155.6	215.9	246.9	298.6	
焦山公园	88.5	90.3	119.8	134.6	164.7	276.7
北固山公园	54.1	55.6	70.6	48.5		
南山公园	67.0	73.2	75.4	100.1	120.3	120.5
伯先公园	34.7	38.3	52.3	63.8	64.2	66.2
河滨公园	260.5	319.0	392.0	482.0	542.6	600.3
宝塔山公园	29.2	30.6	36.5	39.3	39.4	43.2
博物馆	74.0	84.8	64.5	69.1	86.6	101.2
宋元古街	130.5	221.0	326.5	350.8	424.6	486.5
茅山风景区	253.4	253.9	304.7	380.1	474.1	490.7
宝华山风景区	100.1	114.8	145.0	168.5	202.2	202.0
圌山公园	85.0	87.7	92.3	112.6	122.5	140.6
其他	288.0	294.0	405.8	487.0	560.2	642.3

13－6 主要年份外向型经济主要指标

单位：万美元、万人、亿元

年　份	进出口总　额	出　口	协议利用外资金额	实际利用外资金额	国内旅游人　　数	国内旅游收　入	接待海外旅游者人次数	旅游外汇收　入
1984			16				1.59	76
1985			48				1.60	77
1986			325				1.63	78
1987			108	63			1.65	87
1988			11 23	578			1.67	98
1989			2 245	2 590			1.68	105
1990			2 772	515			1.70	111
1991			2 417	1 820			1.86	117
1992		3 869	18 425	4 851			2.52	129
1993		15 044	32 801	13 360			2.94	140
1994		34 623	20 467	17 343			3.05	680
1995	55 863	50 561	105 333	21 897	260	11.00	3.75	761
1996	65 982	58 973	50 351	24 000	279	14.00	5.36	1 355
1997	88 797	70 857	64 890	50 521	292	16.10	6.58	1 777
1998	150 898	80 436	13 353	80 030	238	24.00	8.30	2 709
1999	50 142	41 802	14 584	51 294	400	36.00	9.20	3 497
2000	146 144	65 861	23 923	29 703	443	41.90	10.49	4 988
2001	145 385	74 574	53 499	32 637	486	43.10	11.46	5 334
2002	209 775	101 068	104 070	52 276	610	47.50	14.96	6 714
2003	267 003	128 876	178 880	80 554	670	54.00	15.72	7 361
2004	347 935	151 863	268 110	121 462	971	86.00	25.43	12 292
2005	396 148	203 538	321 651	59 590	1 167	103.50	30.65	17 900
2006	477 386	266 326	157 438	73 034	1 381	127.61	36.40	25 000
2007	630 480	368 727	233 144	106 354	1 590	153.91	46.41	36 000
2008	746 077	425 209	233 400	120 175	1 904	185.07	53.55	42 000
2009	603 273	354 113	280 457	144 081	2 242	234.30	58.89	45 435
2010	815 392	475 090	232 524	161 462	2 607	285.59	61.33	46 966
2011	1 007 316	561 941	206 407	180 759	3 100	345.63	65.01	52 200
2012	**1 141 429**	**773 707**	**255 748**	**221 410**	**3 502**	**410.14**	**66.28**	**55 818**

注：1、从1999年起自营出口总额指标改为海关数；
　　2、从2004年起利用外资实际金额指标改为实际到账数。

14篇 私营个体经济

CHAPTER 14

PRIVATELY OWNED INDIVDUAL ECONOMY

14－1　私营个体经济基本情况

项　目	经营户数（个）	从业人员（人）	注册资本（万元）
一、总　计	**223 228**	**1 176 968**	**32 395 499**
城　镇	144 882	693 708	20 143 162
农　村	78 346	483 260	12 252 337
二、按行业分			
第一产业	16 491	75 770	3 129 182
农、林、牧、渔业	16 491	75 770	3 129 182
第二产业	46 092	583 040	12 947 403
工　业	42 546	531 427	11 800 306
采矿业	68	917	52 230
制造业	42 405	529 232	11 688 548
电力、热力、燃气及水生产和供应业	73	1 278	59 528
建筑业	3 546	51 613	1 147 097
第三产业	160 645	518 158	16 318 913
批发和零售业	123 337	357 970	9 922 547
交通运输、仓储和邮政业	5 042	18 648	528 900
住宿和餐饮业	1 465	8 894	368 298
信息传输、软件和信息技术服务业	8 699	31 934	194 994
金融业	133	1 301	548 019
房地产业	1 356	13 796	1 784 604
租赁和商务服务业	3 909	25 443	1 811 196
科学研究和技术服务业	1 474	19 793	673 240
水利、环境和公共设施管理业	137	1 857	88 493
居民服务、修理和其他服务业	13 865	33 723	337 412
教　育	76	492	9 833
卫生和社会工作	109	404	2 284
文化、体育和娱乐业	1 040	3 897	49 021
其他	3	6	73
三、当年新增	**29 297**	**139 474**	**6 429 070**

14－2 私营

项 目	全 市	市 区	市 直	京口区
一、总 计	**60 181**	**28 093**	**2 943**	**8 905**
城 镇	36 719	22 254	2 729	8 439
农 村	23 462	5 839	214	466
二、按行业分				
第一产业	4 683	1 355	18	44
农、林、牧、渔业	4 683	1 355	18	44
第二产业	26 535	7 425	645	1 034
工 业	23 643	5 762	340	538
采矿业	28	10	3	
制造业	23 570	5 739	335	536
电力、热力、燃气及水生产和供应业	45	13	2	2
建筑业	2 892	1 663	305	496
第三产业	28 963	19 313	2 280	7 827
批发和零售业	19 585	12 984	1 350	5 449
交通运输、仓储和邮政业	1 330	973	110	136
住宿和餐饮业	1 215	840	91	508
信息传输、软件和信息技术服务业	468	342	41	151
金融业	128	66	37	9
房地产业	998	582	142	191
租赁和商务服务业	2 593	1 698	256	750
科学研究和技术服务业	1 084	675	110	190
水利、环境和公共设施管理业	117	49	11	10
居民服务、修理和其他服务业	1 084	823	98	318
教 育	38	30	4	12
卫生和社会工作	14	11	1	5
文化、体育和娱乐业	308	239	29	98
其他	1	1		
三、当年新增	**9 667**	**4 508**	**405**	**1 592**

企业户数

单位：户

			丹阳市	扬中市	句容市
润州区	丹徒区	新　区			
6 236	**5 561**	**4 448**	**15 142**	**6 552**	**10 394**
5 543	1 566	3 977	6 343	3 710	4 412
693	3 995	471	8 799	2 842	5 982
162	1 086	45	345	66	2 917
162	1 086	45	345	66	2 917
1 049	2 680	2 017	9 984	3 789	5 337
717	2 405	1 762	9 592	3 570	4 719
	4	3	4		14
714	2 400	1 754	9 576	3 565	4 690
3	1	5	12	5	15
332	275	255	392	219	618
5 025	1 795	2 386	4 813	2 697	2 140
3 594	1 220	1 371	3 483	1 835	1 283
430	102	195	179	105	73
122	25	94	175	79	121
92	22	36	61	27	38
3	8	9	17	7	38
70	113	66	128	108	180
380	121	191	429	246	220
110	72	193	171	170	68
6	9	13	26	8	34
162	55	190	93	98	70
8	2	4	3	2	3
4		1	1		2
43	46	23	47	12	10
1					
923	**1 029**	**559**	**2 020**	**932**	**2 207**

14－3 私营企业

项　目	全　市	市　区		
			市　直	京口区
一、总　计	**838 705**	**313 787**	**61 497**	**54 736**
城　镇	472 223	232 099	53 160	51 130
农　村	366 482	81 688	8 337	3 606
二、按行业分				
第一产业	54 285	14 362	220	254
农、林、牧、渔业	54 285	14 362	220	254
第二产业	516 219	140 369	32 569	8 672
工　业	466 332	116 781	24 807	5 097
采矿业	721	169	25	
制造业	464 408	116 410	24 671	5 077
电力、热力、燃气及水生产和供应业	1 203	202	111	20
建筑业	49 887	23 588	7 762	3 575
第三产业	268 201	159 056	28 708	45 810
批发和零售业	164 001	96 436	14 680	30 440
交通运输、仓储和邮政业	14 161	8 994	1 506	1 174
住宿和餐饮业	8 540	6 123	1 741	2 362
信息传输、软件和信息技术服务业	11 364	6 099	1 674	2 130
金融业	1 294	789	520	73
房地产业	13 169	7 369	2 090	1 636
租赁和商务服务业	22 942	13 177	2 697	4 321
科学研究和技术服务业	19 032	10 881	2 145	946
水利、环境和公共设施管理业	1 803	563	316	66
居民服务、修理和其他服务业	9 053	6 526	915	1 992
教　育	423	338	106	75
卫生和社会工作	212	129	33	33
文化、体育和娱乐业	2 203	1 628	285	562
其他	4	4		
三、当年新增	**97 158**	**31 129**	**3 565**	**8 242**

从业人员

单位：人

润州区	丹徒区	新　区	丹阳市	扬中市	句容市
51 493	**83 362**	**62 699**	**261 313**	**120 533**	**143 072**
46 053	26 641	55 115	105 784	70 048	64 292
5 440	56 721	7 584	155 529	50 485	78 780
1 779	11 507	602	3 981	658	35 284
1 779	11 507	602	3 981	658	35 284
9 531	53 745	35 852	203 441	86 868	85 541
6 516	47 371	32 990	190 883	82 495	76 173
	93	51	100		452
6 506	47 272	32 884	190 384	82 390	75 224
10	6	55	399	105	497
3 015	6 374	2 862	12 558	4 373	9 368
40 183	18 110	26 245	53 891	33 007	22 247
29 475	10 379	11 462	36 110	19 717	11 738
2 689	1 487	2 138	2 026	1 468	1 673
798	210	1 012	925	543	949
1 267	271	757	2 857	1 156	1 252
21	71	104	142	55	308
1 006	1 731	906	2 309	1 123	2 368
2 663	1 408	2 088	4 085	3 667	2 013
613	1 525	5 652	3 248	4 098	805
23	98	60	665	203	372
1 228	700	1 691	1 062	842	623
74	48	35	46	11	28
17		46	50		33
305	182	294	366	124	85
4					
3 723	**10 024**	**5 575**	**27 941**	**13 056**	**25 032**

14－4 私营企业

项目	全市	市区	市直	京口区
一、总计	**28 645 135**	**12 818 416**	**3 247 605**	**3 514 233**
城镇	18 003 788	10 519 309	2 941 114	3 493 183
农村	10 641 347	2 299 107	306 491	21 050
二、按行业分				
第一产业	2 536 341	838 900	24 172	13 316
农、林、牧、渔业	2 536 341	838 900	24 172	13 316
第二产业	12 360 261	2 905 483	1 002 596	151 989
工业	11 235 142	2 428 232	785 717	76 049
采矿业	51 357	45 866	44 066	
制造业	11 124 775	2 378 767	738 700	75 889
电力、热力、燃气及水生产和供应业	59 010	3 600	2 951	160
建筑业	1 125 119	477 251	216 879	75 940
第三产业	13 748 532	9 074 032	2 220 837	3 348 929
批发和零售业	7 736 960	5 603 965	577 856	2 797 409
交通运输、仓储和邮政业	478 910	348 807	75 992	8 647
住宿和餐饮业	365 953	331 765	47 590	229 062
信息传输、软件和信息技术服务业	67 842	21 518	8 692	5 087
金融业	547 701	253 731	111 345	20 036
房地产业	1 781 004	790 477	442 357	51 544
租赁和商务服务业	1 789 019	1 154 855	815 284	105 267
科学研究和技术服务业	669 448	339 754	89 156	38 092
水利、环境和公共设施管理业	88 109	48 750	25 871	343
居民服务、修理和其他服务业	175 502	145 592	16 886	82 193
教育	9 549	2 561	1 000	387
卫生和社会工作	1 514	1 389	200	96
文化、体育和娱乐业	36 962	30 810	8 607	10 766
其他	60	60		
三、当年新增	**5 733 103**	**2 827 601**	**744 443**	**863 191**

注册资本

单位：万元

润州区	丹徒区	新　区	丹阳市	扬中市	句容市
1 710 408	**2 474 779**	**1 871 392**	**7 603 597**	**3 020 364**	**5 202 757**
1 681 351	660 590	1 743 072	3 542 485	1 769 664	2 172 330
29 057	1 814 189	128 320	4 061 112	1 250 701	3 030 427
87 258	701 945	12 209	166 916	9 176	1 521 349
87 258	701 945	12 209	166 916	9 176	1 521 349
58 343	927 494	765 062	4 980 359	2 210 216	2 264 203
37 015	864 164	665 287	4 687 982	2 096 188	2 022 739
	1 727	73	1 300		4 191
36 982	862 357	664 839	4 657 633	2 093 188	1 995 187
33	80	376	29 049	3 000	23 361
21 328	63 330	99 775	292 376	114 028	241 464
1 564 807	845 339	1 094 121	2 456 323	800 972	1 417 205
1 299 257	417 203	512 240	1 417 037	326 701	389 256
203 451	29 123	31 595	32 259	69 345	28 499
3 459	3 698	47 956	14 151	4 579	15 459
2 640	3 276	1 822	23 630	15 319	7 376
10 010	61 900	50 440	125 060	42 100	126 810
2 851	161 283	132 442	266 228	74 119	650 180
20 173	72 736	141 395	377 496	124 684	131 984
6 713	56 708	149 086	171 615	132 664	25 416
176	21 128	1 232	13 351	3 192	22 816
14 113	12 486	19 914	11 927	7 400	10 583
299	105	770	503	85	6 400
93		1 000	20		105
1 513	5 695	4 229	3 047	784	2 321
60					
411 155	**635 795**	**173 017**	**1 398 009**	**302 631**	**1 204 862**

14－5 个体

项目	全市	市区		
			市直	京口区
一、总计	**163 047**	**68 020**		**19 208**
城镇	108 163	51 671		19 086
农村	54 884	16 349		122
二、按行业分				
第一产业	11 808	4 008		150
农、林、牧、渔业	11 808	4 008		150
第二产业	19 557	6 009		946
工业	18 903	5 714		889
采矿业	40	16		
制造业	18 835	5 693		888
电力、热力、燃气及水生产和供应业	28	5		1
建筑业	654	295		57
第三产业	131 682	58 003		18 112
批发和零售业	103 752	45 787		13 849
交通运输、仓储和邮政业	3 712	296		57
住宿和餐饮业	250	135		35
信息传输、软件和信息技术服务业	8 231	3 390		1 126
金融业	5	3		
房地产业	358	267		136
租赁和商务服务业	1 316	597		162
科学研究和技术服务业	390	186		73
水利、环境和公共设施管理业	20	11		1
居民服务、修理和其他服务业	12 781	6 818		2 481
教育	38	25		9
卫生和社会工作	95	86		21
文化、体育和娱乐业	732	402		162
其他	2			
三、当年新增	**19 630**	**7 816**		**2 294**

经营户数

单位：户

润州区	丹徒区	新　区	丹阳市	扬中市	句容市
17 754	**15 700**	**15 358**	**46 663**	**13 824**	**34 540**
17 462	3 431	11 692	29 282	8 927	18 283
292	12 269	3 666	17 381	4 897	16 257
214	2 589	1 055	4 450	74	3 276
214	2 589	1 055	4 450	74	3 276
631	2 403	2 029	8 265	1 920	3 363
587	2 325	1 913	8 143	1 899	3 147
1	12	3	15		9
582	2 313	1 910	8 118	1 896	3 128
4			10	3	10
44	78	116	122	21	216
16 909	10 708	12 274	33 948	11 830	27 901
12 842	8 903	10 193	26 587	8 900	22 478
117	37	85	2 735	254	427
81	6	13	45	50	20
1 004	625	635	1 662	1 087	2 092
1		2	1	1	
77	27	27	33	12	46
162	103	170	340	160	219
59	24	30	79	38	87
3	2	5	2	1	6
2 368	957	1 012	2 316	1 291	2 356
9		7	2	1	10
54	3	8	5		4
132	21	87	140	35	155
			1		1
1 451	**2 247**	**1 824**	**5 308**	**1 847**	**4 659**

14－6 个体经营

项 目	全 市	市 区	市 直	京口区
一、总 计	**338 263**	**156 211**		**49 184**
城 镇	221 485	115 937		48 894
农 村	116 778	40 274		290
二、按行业分				
第一产业	21 485	9 051		404
农、林、牧、渔业	21 485	9 051		404
第二产业	66 821	20 181		2 778
工 业	65 095	19 252		2 623
采矿业	196	56		
制造业	64 824	19 190		2 622
电力、热力、燃气及水生产和供应业	75	6		1
建筑业	1 726	929		155
第三产业	249 957	126 979		46 002
批发和零售业	193 969	97 761		34 080
交通运输、仓储和邮政业	4 487	600		135
住宿和餐饮业	354	193		63
信息传输、软件和信息技术服务业	20 570	10 663		4 332
金融业	7	5		
房地产业	627	515		279
租赁和商务服务业	2 501	1 271		349
科学研究和技术服务业	761	406		211
水利、环境和公共设施管理业	54	29		2
居民服务、修理和其他服务业	24 670	14 354		5 949
教 育	69	50		15
卫生和社会工作	192	172		45
文化、体育和娱乐业	1 694	960		542
其他	2			
三、当年新增	**42 316**	**18 255**		**4 349**

户从业人员

单位：人

			丹阳市	扬中市	句容市
润州区	丹徒区	新　区			
25 055	**35 971**	**46 001**	**100 098**	**16 799**	**65 155**
24 634	7 481	34 928	60 002	10 760	34 786
421	28 490	11 073	40 096	6 039	30 369
308	6 304	2 035	6 390	125	5 919
308	6 304	2 035	6 390	125	5 919
1 053	8 779	7 571	34 718	4 274	7 648
946	8 550	7 133	34 410	4 242	7 191
1	48	7	118		22
940	8 502	7 126	34 264	4 229	7 141
5			28	13	28
107	229	438	308	32	457
23 694	20 888	36 395	58 990	12 400	51 588
17 174	16 321	30 186	43 304	9 209	43 695
157	92	216	3 151	255	481
89	11	30	88	50	23
2 177	1 852	2 302	5 489	1 210	3 208
1		4	1	1	
110	60	66	50	13	49
209	253	460	751	168	311
90	45	60	189	50	116
3	9	15	11	1	13
3 400	2 173	2 832	5 465	1 407	3 444
11		24	4	1	14
74	32	21	12		8
199	40	179	474	35	225
			1		1
1 993	**6 235**	**5 678**	**14 220**	**1 949**	**7 892**

14－7 个体经营

项 目	全 市	市 区		
			市 直	京口区
一、总 计	**3 750 364**	**1 631 010**		**212 852**
城 镇	2 139 374	928 838		212 528
农 村	1 610 990	702 172		324
二、按行业分				
第一产业	592 841	251 530		3 530
农、林、牧、渔业	592 841	251 530		3 530
第二产业	587 142	186 800		10 007
工 业	565 164	176 496		9 101
采矿业	873	384		
制造业	563 773	176 067		9 096
电力、热力、燃气及水生产和供应业	518	45		5
建筑业	21 978	10 304		906
第三产业	2 570 381	1 192 680		199 316
批发和零售业	2 185 587	1 023 704		163 545
交通运输、仓储和邮政业	49 990	6 366		523
住宿和餐饮业	2 345	1 432		204
信息传输、软件和信息技术服务业	127 152	53 970		11 346
金融业	318	108		
房地产业	3 600	2 448		744
租赁和商务服务业	22 177	10 903		1 670
科学研究和技术服务业	3 792	2 007		565
水利、环境和公共设施管理业	384	139		1
居民服务、修理和其他服务业	161 910	87 324		18 885
教 育	284	164		22
卫生和社会工作	770	617		152
文化、体育和娱乐业	12 059	3 498		1 659
其他	13			
三、当年新增	**695 967**	**285 631**		**16 575**

户注册资本

单位：万元

			丹阳市	扬中市	句容市
润州区	丹徒区	新　区			
287 881	**673 088**	**457 188**	**920 548**	**314 970**	**883 835**
287 138	82 016	347 156	622 179	220 958	367 398
743	591 072	110 032	298 370	94 012	516 437
5 153	191 159	51 688	162 148	5 039	174 124
5 153	191 159	51 688	162 148	5 039	174 124
3 918	133 326	39 550	216 393	102 892	81 056
3 300	127 543	36 552	214 305	101 693	72 670
	295	89	422		67
3 260	127 248	36 463	213 682	101 669	72 355
40			201	24	249
617	5 783	2 998	2 088	1 200	8 386
278 810	348 604	365 950	542 007	207 039	628 655
235 747	286 401	338 012	437 272	154 218	570 393
916	2 029	2 899	34 120	3 827	5 676
948	106	174	408	215	291
9 715	24 333	8 577	26 451	25 533	21 198
8		100	10	200	
853	393	458	861	83	208
1 406	5 082	2 745	5 395	2 560	3 319
794	405	243	769	319	696
26	15	97	80	30	135
26 762	29 665	12 012	32 735	17 854	23 998
47		95	23	1	96
293	26	146	85		68
1 297	150	393	3 796	2 199	2 566
			3		10
16 624	**184 472**	**67 960**	**166 820**	**47 210**	**196 306**

15篇 财政、金融、保险

CHAPTER 15

FINANCE
BANKING INSURANCE

15－1 保险业务情况

单位：万元

项目	全市	市区	丹阳市	扬中市	句容市
保费收入	**578 545**	**283 497**	**154 389**	**73 534**	**67 125**
财产险	146 902	75 590	43 612	14 102	13 598
企业财产险	13 934	7 142	4 407	1 647	738
机动车辆保险	111 147	57 386	32 855	10 544	10 362
货物运输险	2 217	1 338	236	557	86
家庭财产险	320	149	91	63	17
其它险	19 284	9 575	6 023	1 291	2 395
人身险	431 643	207 907	110 777	59 432	53 527
人寿险	413 107	196 269	107 648	57 511	51 679
短期人身险	18 536	11 638	3 129	1 921	1 848
赔案件数（件）	**130 202**	**70 899**	**33 563**	**14 352**	**11 388**
赔款金额	**135 806**	**64 670**	**39 901**	**16 890**	**14 345**
财产险	73 266	37 579	21 892	7 634	6 161
企业财产险	8 470	3 528	2 629	2 009	304
机动车辆保险	59 012	31 206	17 800	5 098	4 908
货物运输险	683	454	122	107	
家庭财产险	96	44	18	32	2
其它险	5 005	2 347	1 323	388	947
人身险	62 540	27 091	18 009	9 256	8 184
人寿险	54 895	19 836	17 909	9 109	8 041
短期人身险	7 645	7 255	100	147	143

15－2 财政收入

项　目	全　市	市　区	京口区	润州区
财政收入	**5 308 609**	**2 966 934**	**219 662**	**296 450**
上划中央收入	1 110 718	527 337	80 907	106 572
增值税（75%）	683 544	306 117	50 091	59 696
消费税	21 574	19 855	1 542	186
企业所得税（60%）	300 714	157 658	21 143	36 264
个人所得税（60%）	104 886	43 707	8 131	10 426
公共财政预算收入	2 154 790	1 178 015	138 000	189 123
# 税收收入	1 741 154	927 720	124 035	171 148
# 增值税（25%）	233 465	106 040	17 842	20 718
营业税	669 722	360 271	66 676	72 698
企业所得税（40%）	200 476	105 105	14 096	24 176
个人所得税（40%）	69 924	29 137	5 420	6 951
财政支出	**5 031 357**	**2 845 144**	**100 712**	**147 030**
# 公共财政预算支出	2 352 453	1 197 194	71 959	105 497
# 一般公共服务	292 232	152 300	10 974	14 172
科学技术	102 373	66 253	3 679	4 914
教育	460 060	213 779	25 522	34 253
文化体育与传媒	40 426	22 314	366	652
社会保障和就业	167 523	73 257	7 290	8 460
财政对社会保障基金补助支出	31 888	2 020		
医疗卫生	145 725	64 441	4 283	4 934
环境保护	98 212	47 810	1 042	480
城乡社区事务	318 982	235 418	6 541	9 156
交通运输	69 304	42 418	635	393
农林水事务	222 586	68 505	1 093	2 771

与支出情况

单位：万元

丹徒区	新　区	丹阳市	扬中市	句容市
385 289	**670 866**	**1 181 638**	**559 693**	**600 344**
114 898	165 054	321 322	159 902	102 157
71 869	94 963	201 402	117 855	58 170
52	1 958	1 654	15	50
38 522	56 122	76 419	31 389	35 248
4 455	12 011	41 847	10 643	8 689
180 355	390 458	500 876	225 741	250 158
163 486	324 815	419 237	181 327	212 870
24 273	33 366	67 843	39 725	19 857
60 038	114 687	152 025	64 602	92 824
25 681	37 415	50 946	20 926	23 499
2 970	8 007	27 898	7 096	5 793
255 261	**410 597**	**1 038 209**	**480 560**	**667 444**
177 118	293 297	543 083	253 612	358 564
26 672	26 814	63 130	30 250	46 552
5 144	40 139	13 302	9 859	12 959
48 491	27 654	112 976	51 923	81 382
2 998	766	7 219	4 377	6 516
10 953	4 837	50 573	19 064	24 629
587		22 753	2 855	4 260
11 265	4 686	36 602	19 711	24 971
6 698	7 324	24 236	9 633	16 533
10 730	145 296	42 351	19 645	21 568
3 975	24	9 283	7 553	10 050
30 465	8 115	56 473	34 378	63 230

15－3 历年

年 份	全 市	市 区	京口区	润州区
1952	2 783	980		
1957	3 521	1 516		
1962	3 958	2 206		
1965	5 942	3 628		
1970	8 898	5 497		
1975	15 344	10 138		
1978	21 924	14 219		
1979	21 313	13 822		
1980	22 897	14 577		
1981	24 048	14 461		
1982	27 800	16 730		
1983	30 449	17 822		
1984	33 843	19 853		
1985	39 957	22 163	491	1 356
1986	42 609	23 746	617	1 567
1987	46 608	25 705	741	1 776
1988	51 756	28 497	952	2 218
1989	56 892	31 268	1 138	2 663
1990	60 378	32 967	1 162	2 783
1991	56 664	31 183	1 043	2 861
1992	65 016	34 760	1 213	3 131
1993	110 784	62 310	3 348	3 840
1994	131 284	70 782	4 102	4 253
1995	152 321	81 299	5 747	5 173
1996	178 287	94 340	6 344	6 082
1997	202 953	107 120	6 554	6 480
1998	230 595	121 282	7 343	6 694
1999	252 683	138 448	8 798	6 826
2000	324 072	173 403	10 201	8 530
2001	408 073	223 340	12 174	10 364
2002	568 049	324 084	17 103	15 753
2003	739 182	426 111	26 451	24 738
2004	921 168	542 473	73 493	58 846
2005	1 184 229	711 677	101 428	73 383
2006	1 512 598	913 475	97 373	95 248
2007	2 032 676	1 246 106	141 975	128 349
2008	2 332 006	1 300 660	146 525	144 235
2009	2 963 530	1 727 443	139 292	151 442
2010	3 814 998	2 202 095	163 640	200 687
2011	5 312 693	3 265 769	202 012	264 193
2012	**5 308 609**	**2 966 934**	**219 662**	**296 450**

财政收入

单位：万元

丹徒区	新　区	丹阳市	扬中市	句容市
352		1 034	106	663
439		1 331	153	521
374		1 238	174	340
535		1 557	304	453
591		2 421	498	482
1 438		3 345	974	887
2 040		4 860	1 753	1 092
1 927		4 832	1 539	1 120
2 084		5 489	1 580	1 251
2 264		6 437	1 706	1 444
2 403		7 265	2 109	1 696
2 616		8 217	2 542	1 868
2 660		9 113	2 818	2 059
3 192		11 537	3 750	2 507
3 523		11 961	4 096	2 806
3 895		13 189	4 559	3 155
4 564		14 453	5 133	3 673
4 804		16 228	5 559	3 837
5 117		17 179	6 041	4 191
4 422		15 677	6 161	3 643
5 478		18 148	7 251	4 857
8 203	544	28 076	10 794	9 604
10 733	909	35 926	13 391	11 185
12 945	1 025	41 141	16 765	13 116
17 304	1 231	46 843	20 451	16 653
18 718	1 911	53 220	24 038	18 575
20 676	3 004	59 407	28 778	21 128
21 220	6 858	60 930	30 881	22 424
27 654	22 494	79 653	40 557	30 459
32 019	48 854	95 774	51 359	37 600
39 953	67 736	126 368	68 988	48 609
50 008	90 673	166 231	83 007	63 833
62 002	102 186	200 579	98 108	80 008
80 003	125 009	253 590	118 952	100 010
130 000	165 503	322 368	150 957	125 798
185 170	222 516	415 444	200 748	170 378
173 934	267 469	550 287	256 031	225 028
248 428	319 215	630 234	305 851	300 002
300 588	480 545	800 536	432 211	380 156
464 216	645 180	1 026 069	520 847	500 008
385 289	**670 866**	**1 181 638**	**559 693**	**600 344**

15－4 历年

年 份	全 市	市 区	京口区	润州区
1952	428	174		
1957	1 478	689		
1962	1 849	1000		
1965	2 567	1 335		
1970	3 653	2 131		
1975	4 658	2 423		
1978	9 045	4 861		
1979	8 547	4 061		
1980	8 486	4 663		
1981	8 091	4 311		
1982	9 611	5 246		
1983	12 357	6 767		
1984	15 573	8 957		
1985	16 810	9 380	475	513
1986	23 395	13 152	563	742
1987	22 049	12 443	625	663
1988	26 739	15 120	717	923
1989	33 078	18 353	916	1 041
1990	36 913	20 130	1 217	1 179
1991	41 798	23 401	1 399	1 474
1992	42 269	22 481	1 622	1 510
1993	68 224	37 479	2 314	2 335
1994	79 099	40 320	2 623	2 986
1995	90 258	45 688	3 561	3 143
1996	107 296	55 573	4 150	3 764
1997	125 740	67 389	4 303	4 206
1998	144 645	78 963	5 598	4 985
1999	167 649	91 989	6 094	6 253
2000	208 125	113 024	7 637	6 950
2001	247 721	136 979	9 165	8 133
2002	345 723	202 075	13 966	11 143
2003	495 072	294 068	20 089	14 940
2004	641 446	389 331	25 258	19 293
2005	800 583	487 391	28 769	22 322
2006	1 000 941	608 066	29 296	29 596
2007	1 506 652	957 681	45 444	37 284
2008	1 721 574	978 046	45 349	41 107
2009	2 342 069	1 358 500	55 533	55 420
2010	3 033 755	1 741 097	78 051	63 950
2011	4 269 571	2 660 550	100 224	97 695
2012	**5 031 357**	**2 845 144**	**100 712**	**147 030**

财政支出

单位：万元

丹徒区	新　区	丹阳市	扬中市	句容市
63		110	58	86
241		428	138	223
312		391	166	292
325		455	206	571
528		696	276	550
742		1 163	383	689
1 412		1 552	721	1 911
1 285		1 625	1 335	1 526
1 227		1 622	741	1 460
1 350		1 825	758	1 197
1 259		2 102	921	1 342
1 567		2 351	1 366	1 873
2 036		3 057	1 399	2 160
1 787		3 666	1 642	2 122
2 623		5 021	2 218	3 004
2 382		4 490	2 260	2 856
3 039		5 590	2 811	3 218
3 860		6 723	3 839	4 163
4 455		7 956	4 289	4 538
5 073		8 310	4 703	5 384
5 413		8 657	5 070	6 061
6 361	521	14 271	7 189	9 285
9 346	659	19 736	9 630	9 413
10 416	706	21 968	11 557	11 045
13 626	776	25 111	13 287	13 325
14 756	1 127	27 646	15 136	15 569
15 915	2 590	30 421	16 874	18 387
18 446	5 018	36 275	18 902	20 483
22 449	7 185	45 853	23 952	25 296
24 483	15 634	52 632	28 140	29 970
30 793	19 945	67 552	37 252	38 844
40 745	28 078	95 023	48 453	57 528
50 031	41 614	124 197	54 884	73 034
62 022	49 432	154 972	70 415	87 805
66 362	76 911	193 769	86 480	112 626
110 697	100 166	267 339	121 738	159 894
106 574	138 022	368 110	160 065	215 353
176 615	171 916	450 185	215 471	317 913
220 903	267 209	581 570	316 795	394 293
346 809	397 531	718 741	390 227	500 053
255 261	**410 597**	**1 038 209**	**480 560**	**667 444**

15－5 金融机构存贷款余额

单位：万元

项目	全市	市区	丹阳市	扬中市	句容市
金融机构各项存款余额	**28 505 138**	**14 553 816**	**7 255 009**	**3 508 555**	**3 187 757**
#企业存款	14 619 172	8 480 912	3 349 038	1 434 869	1 354 354
居民储蓄存款	13 013 598	5 542 457	3 723 500	1 985 973	1 761 669
#定期	3 796 143	2 363 798	746 610	352 498	333 237
金融机构各项贷款余额	**20 732 926**	**10 300 548**	**5 881 108**	**2 390 287**	**2 160 984**
#短期贷款	12 094 283	4 899 000	4 388 656	1 812 373	994 254
个人短期消费贷款	148 984	78 455	26 599	23 496	20 434
固定资产贷款	115 099.00	76 869	16 090	10 370	11 770
中长期贷款	8 185 489	5 108 094	1 384 322	555 610	1 137 462
个人消费贷款	2 660 135	1 405 438	596 774	158 483	499 441
固定资产贷款	3 684 952	2 352 437	623 920	287 383	421 213
票据融资	432 536	285 956	106 479	15 905	24 196

15－6 历年金融机构存款余额

单位：万元

年 份	全 市	市 区	丹阳市	扬中市	句容市
1952	972	692	166	32	82
1957	1 740	976	430	63	271
1962	3 774	2 421	789	134	430
1965	6 599	3 899	1 302	308	1 090
1970	10 856	6 894	1 916	657	1 389
1975	18 918	12 660	2 840	1 293	2 125
1976	19 935	13 636	3 010	1 203	2 086
1977	20 964	14 157	3 240	1 586	1 981
1978	25 191	17 111	4 059	1 459	2 562
1979	26 826	17 127	5 036	1 786	2 877
1980	42 188	36 043	3 557	1 074	1 514
1981	53 995	45 858	4 779	1 317	2 041
1982	67 457	57 588	6 041	1 577	2 251
1983	80 275	47 239	14 884	9 299	8 853
1984	109 449	66 102	19 146	12 477	11 724
1985	114 174	64 263	23 608	15 452	10 851
1986	163 631	95 832	36 392	16 575	14 832
1987	196 747	117 517	43 725	16 619	18 886
1988	259 080	165 566	47 688	23 398	22 428
1989	293 187	172 225	59 868	32 145	28 949
1990	391 290	226 061	82 034	47 125	36 070
1991	519 897	301 575	107 181	64 546	46 595
1992	656 929	372 557	142 650	80 664	61 058
1993	820 781	460 878	179 576	99 098	81 229
1994	1 062 564	557 583	253 664	142 154	109 163
1995	1 411 601	735 147	342 509	187 399	146 546
1996	1 834 727	924 251	463 659	260 067	186 750
1997	2 211 086	1 127 046	543 610	322 433	217 997
1998	2 608 337	1 336 213	643 370	380 516	248 238
1999	2 965 700	1 521 200	721 100	444 400	279 000
2000	3 372 219	1 741 971	822 926	497 240	310 082
2001	3 853 485	1 976 555	945 602	585 039	346 289
2002	4 575 205	2 372 534	1 132 936	659 808	409 927
2003	5 808 804	3 091 878	1 420 165	773 063	523 698
2004	6 765 071	3 582 390	1 652 034	886 878	643 769
2005	8 039 551	4 244 771	1 966 929	1 055 719	772 132
2006	9 282 026	4 833 722	2 341 821	1 213 751	892 732
2007	10 235 880	5 175 303	2 653 785	1 321 434	1 085 358
2008	12 627 123	6 382 299	3 323 762	1 625 447	1 295 615
2009	17 852 949	9 367 720	4 523 396	2 221 233	1 740 600
2010	22 032 168	11 705 579	5 440 461	2 672 769	2 213 359
2011	24 318 437	12 822 337	5 902 620	2 967 372	2 626 107
2012	**28 505 138**	**14 553 816**	**7 255 009**	**3 508 555**	**3 187 757**

15－7 历年金融机构贷款余额

单位：万元

年 份	全 市	市 区	丹阳市	扬中市	句容市
1952	722	501	147	38	36
1957	4 068	2 705	672	301	390
1962	14 346	9 836	2 169	706	1 635
1965	13 338	7 889	2 849	764	1 836
1970	25 017	16 107	4 827	934	3 149
1975	45 658	35 524	5 710	1 198	3 226
1976	52 057	39 937	6 648	1 359	4 113
1977	48 798	36 896	6 289	1 494	4 119
1978	56 003	41 455	8 002	1 844	4 702
1979	64 090	45 706	9 927	2 263	6 194
1980	88 861	75 714	6 927	1 781	4 439
1981	96 962	83 330	7 174	1 746	4 712
1982	109 732	94 475	7 694	2 084	5 479
1983	127 764	89 211	16 854	8 559	13 140
1984	182 821	122 654	27 331	19 270	13 566
1985	204 836	135 200	30 521	18 310	20 805
1986	264 704	169 025	47 303	20 564	27 812
1987	319 228	206 422	57 982	21 080	33 744
1988	376 016	249 542	61 127	28 555	36 792
1989	416 556	270 164	71 969	31 967	42 456
1990	501 138	324 350	87 810	38 839	50 139
1991	616 525	390 335	114 141	50 900	61 149
1992	739 097	460 145	140 439	66 983	71 530
1993	875 759	535 124	171 541	86 570	82 524
1994	1 065 348	645 777	207 046	112 573	99 952
1995	1 352 368	830 099	266 996	132 362	122 911
1996	1 552 813	895 474	349 267	158 659	149 413
1997	2 005 200	1 204 595	431 836	199 959	168 810
1998	2 201 036	1 260 034	476 687	281 402	182 913
1999	2 379 300	1 423 800	511 900	254 500	189 100
2000	2 521 283	1 509 511	541 441	286 446	183 885
2001	2 817 561	1 687 595	638 663	298 303	193 000
2002	3 280 336	1 927 133	788 605	346 410	218 188
2003	4 250 685	2 536 601	998 735	427 204	288 145
2004	4 892 570	3 983 743	114 219	479 193	315 415
2005	5 604 959	4 504 055	135 803	551 898	413 203
2006	6 680 287	3 780 694	1 682 079	709 938	507 576
2007	7 890 199	4 173 315	2 180 987	903 399	632 498
2008	9 209 795	4 814 758	2 628 463	1 059 858	706 716
2009	12 866 432	6 820 811	3 516 514	1 521 020	1 008 087
2010	15 633 402	8 453 959	4 137 955	1 690 412	1 351 077
2011	17 874 243	9 595 616	4 651 783	1 958 215	1 668 629
2012	**20 732 926**	**10 300 548**	**5 881 108**	**2 390 287**	**2 160 984**

15－8　历年居民储蓄存款余额

单位：万元

年　份	全　市	市　区	丹阳市	扬中市	句容市
1952	269	177	58	9	26
1957	857	465	196	33	163
1962	971	522	256	53	140
1965	2 595	1 077	739	168	612
1970	3 593	1 474	1 149	252	717
1975	6 173	2 958	1 689	636	890
1976	7 291	3 683	1 944	641	1 023
1977	7 418	3 955	1 744	838	881
1978	9 656	4 966	2 349	890	1 451
1979	8 166	2 512	3 063	1 014	1 576
1980	11 083	9 493	875	304	411
1981	13 645	11 716	1 052	377	500
1982	18 056	15 664	1 388	538	467
1983	24 986	12 693	6 266	2 914	3 113
1984	34 909	17 420	8 848	4 155	4 486
1985	48 145	23 504	12 688	6 275	5 678
1986	68 964	32 094	18 339	9 890	8 641
1987	97 488	46 141	25 517	13 619	12 211
1988	112 221	53 993	28 656	14 520	15 052
1989	151 598	70 567	38 270	23 323	19 438
1990	214 244	98 348	55 241	34 121	26 534
1991	281 635	125 992	73 964	47 944	33 735
1992	338 371	155 772	82 608	56 702	43 289
1993	440 176	185 207	124 443	70 744	59 782
1994	633 979	269 409	177 096	105 586	81 888
1995	874 280	375 601	246 617	140 925	111 137
1996	1 151 723	483 410	333 392	193 326	141 595
1997	1 365 831	565 461	397 617	240 405	162 348
1998	1 595 645	654 880	476 450	281 402	182 913
1999	1 800 300	739 800	541 200	314 300	205 000
2000	2 039 729	852 203	605 038	356 133	226 355
2001	2 367 546	1 028 829	697 968	385 746	255 003
2002	2 812 598	1 270 754	809 849	432 691	299 304
2003	3 382 088	1 551 701	958 073	512 250	360 064
2004	3 884 619	1 762 916	1 122 179	581 850	417 674
2005	4 584 477	2 095 693	1 309 546	674 119	505 119
2006	5 217 584	2 362 986	1 511 753	769 381	573 464
2007	5 290 822	2 317 994	1 552 244	793 304	627 280
2008	6 867 081	3 002 771	2 008 346	1 039 247	816 717
2009	8 476 398	3 738 276	2 456 564	1 286 533	995 025
2010	9 935 734	4 379 284	2 806 171	1 506 839	1 243 440
2011	11 088 260	4 838 912	3 139 591	1 645 534	1 464 224
2012	**13 013 598**	**5 542 457**	**3 723 500**	**1 985 973**	**1 761 669**

15－9　主要年份保险业务情况

单位：万元

年　份	保费收入	财产险	人身险	赔款金额
1980	214	214		28
1981	298	298		37
1982	332	332		81
1983	444	442	2	122
1984	576	567	9	191
1985	920	789	131	310
1986	2 129	1 256	873	530
1987	3 217	1 876	1 341	951
1988	4 100	2 507	1 593	1 114
1989	4 781	3 177	1 604	2 186
1990	5 231	3 592	1 639	1 822
1991	7 723	4 818	2 905	6 644
1992	21 046	7 367	13 679	5 219
1993	31 016	10 528	20 488	8 202
1994	21 304	11 833	9 471	13 342
1995	14 136	12 421	1 715	6965
1996	22 036	14 681	7 355	12616
1997	38 092	17 351	20 741	13 330
1998	46 063	16 590	29 473	16 892
1999	53 688	18 762	34 926	15 570
2000	58 127	19 834	38 293	14 452
2001	78 575	22 242	56 333	14 166
2002	120 459	27 267	93 192	22 029
2003	170 576	31 456	139 120	46 823
2004	181 246	38 678	142 568	46 218
2005	199 013	41 527	157 486	46 982
2006	216 534	48 404	168 130	69 909
2007	259 436	63 270	196 166	64 261
2008	328 460	70 397	258 063	92 460
2009	407 567	83 992	323 575	105 174
2010	540 381	113 801	426 580	96 190
2011	579 152	131 628	447 524	118 608
2012	**578 545**	**146 902**	**431 643**	**135 806**

16篇 科　技

CHAPTER 16

SCIENCE AND TECHNOLOGY

16－1　科技成果获奖数

单位：项

项　目	全　市	市　区	丹阳市	扬中市	句容市
总　计	**101**	**74**	**10**	**12**	**5**
国家科技进步奖	**2**	**2**			
省级科技进步奖	**20**	**17**	**2**	**1**	
一等奖	3	3			
二等奖	5	5			
三等奖	11	9	1	1	
省国际科技合作奖	1		1		
市自主创新奖	**4**	**3**	**1**		
重大成果奖	2	1	1		
杰出人才奖	2	2			
市级科技进步奖	**75**	**52**	**7**	**11**	**5**
一等奖	6	4			2
二等奖	15	13		1	1
三等奖	54	35	7	10	2

16－2　专利申请数与批准数

单位：件

项　目	全　市	市　区	丹阳市	扬中市	句容市
专利申请数总计	**19 235**	**9 377**	**4 377**	**1 894**	**3 587**
发明专利	5 509	3 088	1 186	513	722
实用新型专利	3 468	1 620	1 059	537	252
外观设计专利	10 258	4 669	2 132	844	2 613
专利批准数总计	**9 235**	**4 612**	**1 849**	**1 169**	**1 605**
发明专利	964	680	108	82	94
实用新型专利	2 338	1 176	524	469	169
外观设计专利	5 933	2 756	1 217	618	1 342

16－3 技术合同签订情况

单位：项、万元

项 目	2012年		2011年	
	合同数	合同金额	合同数	合同金额
总 计	**1 182**	**224 512**	**1 158**	**57 238**
按合同类别分：				
转让	82	3 266	25	827
开发	673	219 213	802	44 080
服务	244	1 681	201	11 808
咨询	183	352	130	523
按社会经济目标分：				
环境保护、生态建设及污染防治	36	5 273	105	411
能源生产、分配和合理利用	10	9 515	10	256
卫生事业发展	8	128	20	680
教育事业发展				
基础设施以及城市和农村规划	14	196	12	567
社会发展和社会服务	389	30 566	277	5 922
地球和大气层的探索与利用				
民用空间探测及开发	7	1 791	1	2
农林牧渔业的发展	37	9 863	50	6 538
工商业发展	672	166 532	664	42 236
非定向研究				
其他民用目标	3	56	17	593
国防	6	592	2	33

16－4 地方财政科技拨款情况

单位：万元

项 目	全 市	市 区	丹阳市	扬中市	句容市
总 计	**74 443**	**42 820**	**16 200**	**8 223**	**7 200**
科技技术管理事务	3 560	2 091	200	269	1 000
基础研究	1 707	1 304		33	370
应用研究	3 375	2 835	10		530
技术研究与开发	34 079	26 144	4 748	1 887	1 300
科技条件与服务	12 357	2 320	8 897	140	1 000
社会科学	676	330	6		340
科学技术普及	2 007	1 157	184	306	360
科技交流与合作	1 185	850	155		180
科技重大专项	2 536	536			2 000
其他科学技术支出	12 961	5 253	2 000	5 588	120

16－5　分地区工业企业科技基本情况

单位：万元

地　区	企业数（家）	#有研究开发活动	#有研究开发机构	主营业务收　入	R&D经费内部支出合计
全　市	**2 446**	**407**	**603**	**59 753 365**	**507 445**
京口区	55	20	24	3 159 869	47 455
润州区	83	30	38	1 783 117	32 657
丹徒区	302	49	72	7 025 166	39 831
新　区	349	70	121	11 399 263	79 592
丹阳市	807	114	149	18 992 699	176 043
扬中市	352	58	102	8 462 863	84 294
句容市	498	66	97	8 930 388	47 573

16－6　分地区工业企业 R&D 经费来源情况

单位：万元

地　区	R&D经费内部支出合计	政府资金	企业资金	国外资金	其他资金
全　市	**507 445**	**17 081**	**488 159**	**681**	**1 524**
京口区	47 456	2 222	44 867	181	186
润州区	32 657	892	31 515		250
丹徒区	39 831	646	39 185		
新　区	79 592	1 310	77 872		410
丹阳市	176 043	9 518	166 136		389
扬中市	84 294	1 533	81 998	500	263
句容市	47 572	960	46 586		26

16－7 规模以上工业

项　目	企业数（个）	有研究开发活动	有研究开发机构	主营业务收　入	R&D经费内部支出
总计	**2 446**	**407**	**603**	**59 753 365**	**507 445**
一、按企业规模分组					
大型	41	35	40	18 124 502	213 536
中型	301	188	249	19 346 805	207 318
小型	2 048	182	311	22 134 486	86 088
微型	56	2	3	147 572	503
二、按隶属关系分组					
中央	13	8	10	1 409 107	18 448
地方	2 433	399	593	58 344 258	488 997
三、按登记注册类型分组					
内资企业	1 852	261	395	39 668 245	345 458
国有企业	32	17	20	2 509 651	41 646
集体企业	53	3	5	671 186	805
股份合作企业	7		2	42 262	
联营企业	1		1	39 948	
有限责任公司	177	52	71	8 704 931	101 211
股份有限公司	57	21	31	3 163 806	52 691
私营企业	1 460	157	247	23 601 044	139 160
其他企业	65	11	18	935 417	9 945
港、澳、台商投资企业	275	61	91	9 060 333	55 844
外商投资企业	319	85	117	11 024 787	106 143
四、按国民经济行业大类分组					
采矿业	25	2	4	643 751	424
黑色金属矿采选业	6	1	1	369 532	393
有色金属矿采选业	2			5 601	
非金属矿采选业	17	1	3	268 618	31
制造业	2 399	400	592	57 744 042	504 481
农副食品加工业	32	1	6	1 465 194	81
食品制造业	12	3	4	205 375	5 034
酒、饮料和精制茶制造业	5	2	3	72 289	1 756
纺织业	91	9	13	942 940	6 744
纺织服装、服饰业	148	23	29	1 317 611	5 361
皮革、毛皮、羽毛及其制品和制鞋业	58	4	5	453 408	6 779
木材加工和木、竹、藤、棕、草制品业	10	3	3	1 364 278	21 428
家具制造业	6			61 328	
造纸和纸制品业	40	3	5	2 282 782	29 430
印刷和记录媒介复制业	28	1	1	204 023	1 011

企业科技基本情况

单位：万元

项　目	企业数（个）	有研究开发活动	有研究开发机构	主营业务收　入	R&D经费内部支出
文教、工美、体育和娱乐用品制造业	52	6	6	502 964	2 486
石油加工、炼焦和核燃料加工业	7	2	2	862 878	8 588
化学原料和化学制品制造业	215	49	69	10 781 696	77 322
医药制造业	28	12	14	226 491	6 064
化学纤维制造业	5	1	2	243 971	1 270
橡胶和塑料制品业	94	8	18	847 388	4 544
非金属矿物制品业	181	38	40	3 088 403	28 045
黑色金属冶炼和压延加工业	60	4	10	2 464 637	5 984
有色金属冶炼和压延加工业	62	9	15	1 382 039	19 665
金属制品业	249	19	40	2 861 698	8 214
通用设备制造业	171	29	45	3 057 709	22 335
专用设备制造业	88	21	31	1 647 324	19 224
汽车制造业	161	17	28	2 598 584	13 077
铁路、船舶、航空航天和其他运输设备制造业	66	15	26	2 812 808	26 517
电气机械和器材制造业	305	67	95	10 501 492	126 220
计算机、通信和其他电子设备制造业	122	31	48	2 525 234	29 133
仪器仪表制造业	67	21	31	2 567 018	27 646
其他制造业	29	1	1	249 696	218
废弃资源综合利用业	6		1	150 715	
金属制品、机械和设备修理业	1	1	1	2 069	305
电力、热力、燃气及水生产和供应业	22	5	7	1 365 572	2 540
电力、热力生产和供应业	9	2	4	1 148 471	1 964
燃气生产和供应业	6	1	1	171 420	308
水的生产和供应业	7	2	2	45 681	268
五、按企业控股情况分					
国有控股	68	30	35	4 240 572	58 323
集体控股	79	11	15	1 265 886	14 184
私人控股	1 784	247	384	36 902 426	311 799
港澳台商控股	213	46	69	6 687 767	31 255
外商控股	232	54	75	8 688 280	71 816
其他	70	19	25	1 968 434	20 068

16－8 规模以上工业企业

项 目	研究与试验发展（R&D）人员	参加项目人员	管理和服务人员	女性	研究人员
总 计	**25 091**	**23 379**	**1 712**	**5 019**	**6 759**
一、按企业规模分组					
大型	10 473	9 755	718	2 233	2 702
中型	9 927	9 247	680	1 969	2 651
小型	4 680	4 367	313	816	1 404
微型	11	10	1	1	2
二、按隶属关系分组					
中央	1 000	924	76	101	290
地方	24 091	22 455	1 636	4 918	6 469
三、按登记注册类型分组					
内资企业	16 798	15 632	1 166	3 563	5 053
国有企业	2 310	2 120	190	601	948
集体企业	60	52	8	22	25
股份合作企业					
联营企业					
有限责任公司	5 027	4 703	324	1 036	1 390
股份有限公司	2 201	2 043	158	458	542
私营企业	6 953	6 483	470	1 383	2 095
其他企业	247	231	16	63	53
港、澳、台商投资企业	2 645	2 411	234	501	572
外商投资企业	5 648	5 336	312	955	1 134
四、按国民经济行业大类分组					
采矿业	46	43	3	1	14
黑色金属矿采选业	43	41	2	1	11
有色金属矿采选业					
非金属矿采选业	3	2	1		3
制造业	24 834	23 161	1 673	4 996	6 607
农副食品加工业	19	17	2		2
食品制造业	225	202	23	69	190
酒、饮料和精制茶制造业	50	48	2	15	29
纺织业	417	387	30	151	121
纺织服装、服饰业	359	324	35	86	93
皮革、毛皮、羽毛及其制品和制鞋业	126	122	4	26	20
木材加工和木、竹、藤、棕、草制品业	1 072	1 001	71	37	170
家具制造业					
造纸和纸制品业	1 391	1 343	48	150	123
印刷和记录媒介复制业	75	72	3	3	21

R&D 人员

单位：人、人/年

全时人员	非全时人员	R&D人员折合全时当量	研究人员	试验发展人员
15 986	**9 105**	**17 379.5**	**4 687.9**	**17 379.5**
7 198	3 275	6 980.9	1 759.7	6 980.9
5 784	4 143	6 824.3	1 878.1	6 824.3
2 995	1 685	3 566.2	1 048.3	3 566.2
9	2	8.1	1.8	8.1
828	172	950.6	276.7	950.6
15 158	8 933	16 428.9	4 411.2	16 428.9
10 288	6 510	11 492.3	3 460.4	11 492.3
1 212	1 098	1 767.7	699.6	1 767.7
41	19	18.4	7.0	18.4
3 452	1 575	3 356.7	912.0	3 356.7
1 537	664	1 179.4	330.3	1 179.4
3 851	3 102	4 961.2	1 470.3	4 961.2
195	52	208.9	41.2	208.9
1 620	1 025	1 972.5	428.9	1 972.5
4 078	1 570	3 914.7	798.6	3 914.7
40	6	18.9	7.0	18.9
38	5	15.9	4.0	15.9
2	1	3.0	3.0	3.0
15 843	8 991	17 201.3	4 573.9	17 201.3
9	10	12.5	1.4	12.5
161	64	107.8	78.6	107.8
23	27	35.3	20.1	35.3
227	190	297.2	85.8	297.2
114	245	236.9	71.3	236.9
31	95	73.6	11.3	73.6
513	559	661.8	106.3	661.8
1 370	21	1 075.1	104.7	1 075.1
29	46	37.7	10.5	37.7

16-8（续）

项　目	研究与试验发展（R&D）人员	参　加项目人员	管　理和服务人员	女　性	研究人员
文教、工美、体育和娱乐用品制造业	127	117	10	31	25
石油加工、炼焦和核燃料加工业	223	211	12	40	158
化学原料和化学制品制造业	3 650	3 426	224	839	990
医药制造业	350	331	19	92	129
化学纤维制造业	251	245	6	77	41
橡胶和塑料制品业	222	209	13	68	44
非金属矿物制品业	1 411	1 303	108	300	340
黑色金属冶炼和压延加工业	261	248	13	49	64
有色金属冶炼和压延加工业	473	420	53	75	121
金属制品业	456	424	32	85	119
通用设备制造业	1 417	1 309	108	196	327
专用设备制造业	1 247	1 150	97	282	317
汽车制造业	619	572	47	101	148
铁路、船舶、航空航天和其他运输设备制造业	1 053	1 000	53	358	325
电气机械和器材制造业	6 161	5 814	347	1 154	1 804
计算机、通信和其他电子设备制造业	1 466	1 300	166	345	424
仪器仪表制造业	1 690	1 544	146	361	452
其他制造业	12	12		3	3
废弃资源综合利用业					
金属制品、机械和设备修理业	11	10	1	3	7
电力、热力、燃气及水生产和供应业	211	175	36	22	138
电力、热力生产和供应业	185	152	33	15	133
燃气生产和供应业	7	6	1	2	2
水的生产和供应业	19	17	2	5	3
五、按企业控股情况分					
国有控股	3 491	3 199	292	757	1 179
集体控股	524	486	38	127	144
私人控股	14 376	13 425	951	3 012	4 035
港澳台商控股	1 545	1 413	132	291	388
外商控股	4 385	4 140	245	698	777
其他	770	716	54	134	236

单位：人、人/年

全时人员	非全时人员	R&D人员折合全时当量	研究人员	试验发展人员
49	78	85.1	21.2	85.1
140	83	203.9	144.7	203.9
2 083	1 567	2 749.2	753.9	2 749.2
225	125	307.5	117.3	307.5
108	143	170.5	27.5	170.5
142	80	132.9	26.5	132.9
689	722	923.7	203.9	923.7
116	145	197.3	47.5	197.3
346	127	280.1	89.7	280.1
227	229	325.6	87.0	325.6
1 083	334	977.3	222.5	977.3
735	512	774.4	160.1	774.4
302	317	496.9	107.0	496.9
626	427	833.3	257.9	833.3
4 228	1 933	3 778.5	1 125.7	3 778.5
1 213	253	1 182.9	343.4	1 182.9
1 033	657	1 223.4	340.3	1 223.4
12		12.4	2.7	12.4
9	2	8.5	5.1	8.5
103	108	159.3	107.0	159.3
87	98	142.2	102.7	142.2
7		6.4	2.2	6.4
9	10	10.7	2.1	10.7
2 208	1 283	2 815.6	905.2	2 815.6
332	192	338.0	95.4	338.0
8 459	5 917	9 381.3	2 697.8	9 381.3
928	617	1 100.8	282.5	1 100.8
3 532	853	3 179.5	532.4	3 179.5
527	243	564.3	174.6	564.3

16－9 规模以上工业企业

项目	R&D经费内部支出合计	试验发展支出	经常费支出
总计	**507 445**	**507 445**	**445 239**
一、按企业规模分组			
大型	213 536	213 536	190 967
中型	207 318	207 318	179 664
小型	86 088	86 088	74 331
微型	503	503	277
二、按隶属关系分组			
中央	18 448	18 448	16 230
地方	488 997	488 997	429 009
三、按登记注册类型分组			
内资企业	345 458	345 458	302 006
国有企业	41 646	41 646	37 964
集体企业	805	805	733
股份合作企业			
联营企业			
有限责任公司	101 211	101 211	88 440
股份有限公司	52 691	52 691	44 078
私营企业	139 160	139 160	122 105
其他企业	9 945	9 945	8 686
港、澳、台商投资企业	55 844	55 844	47 298
外商投资企业	106 143	106 143	95 936
四、按国民经济行业大类分组			
采矿业	424	424	306
黑色金属矿采选业	393	393	275
有色金属矿采选业			
非金属矿采选业	31	31	31
制造业	504 481	504 481	443 304
农副食品加工业	82	82	50
食品制造业	5 034	5 034	4 379
酒、饮料和精制茶制造业	1 756	1 756	1 461
纺织业	6 744	6 744	5 828
纺织服装、服饰业	5 361	5 361	4 786
皮革、毛皮、羽毛及其制品和制鞋业	6 779	6 779	5 762
木材加工和木、竹、藤、棕、草制品业	21 428	21 428	19 219
家具制造业			
造纸和纸制品业	29 430	29 430	28 901
印刷和记录媒介复制业	1 011	1 011	901

R&D 经费内部支出

单位：万元

劳务费	资产性支出			R&D经费外部支出
		土建工程支出	仪器设备	
129 825	**62 206**	**1 842**	**60 364**	**28 048**
52 080	22 569	191	22 378	21 462
54 167	27 654	935	26 719	3 939
23 518	11 757	635	11 122	2 647
60	226	81	145	
5 351	2 218	136	2 082	13
124 474	59 988	1 706	58 282	28 035
81 847	43 452	1 109	42 343	24 815
13 659	3 682	4	3 678	15 387
378	72	1	71	1
21 682	12 771	302	12 469	3 621
10 382	8 613	52	8 561	2 199
34 443	17 055	725	16 330	3 576
1 303	1 259	25	1 234	31
13 003	8 546	286	8 260	1 670
34 976	10 207	447	9 760	1 563
124	118	2	116	603
116	118	2	116	603
8				
128 798	61 177	1 822	59 355	12 483
29	32		32	12
1 956	655	2	653	310
491	295	8	287	
1 811	916	75	841	435
1 759	575	5	570	7
2 114	1 017	3	1 014	
4 330	2 209	29	2 180	227
10 448	529	17	512	
385	110	10	100	

16–9（续）

项　目	R&D经费内部支出合计	试验发展支出	经常费支出
文教、工美、体育和娱乐用品制造业	2 486	2 486	2 130
石油加工、炼焦和核燃料加工业	8 588	8 588	7 995
化学原料和化学制品制造业	77 322	77 322	68 437
医药制造业	6 064	6 064	5 085
化学纤维制造业	1 270	1 270	1 018
橡胶和塑料制品业	4 544	4 544	4 490
非金属矿物制品业	28 045	28 045	24 327
黑色金属冶炼和压延加工业	5 984	5 984	4 744
有色金属冶炼和压延加工业	19 665	19 665	14 993
金属制品业	8 214	8 214	6 349
通用设备制造业	22 335	22 335	17 972
专用设备制造业	19 224	19 224	17 325
汽车制造业	13 077	13 077	11 659
铁路、船舶、航空航天和其他运输设备制造业	26 517	26 517	24 613
电气机械和器材制造业	126 220	126 220	109 522
计算机、通信和其他电子设备制造业	29 133	29 133	26 566
仪器仪表制造业	27 646	27 646	24 327
其他制造业	217	217	202
废弃资源综合利用业			
金属制品、机械和设备修理业	305	305	263
电力、热力、燃气及水生产和供应业	2 540	2 540	1 629
电力、热力生产和供应业	1 964	1 964	1 264
燃气生产和供应业	308	308	170
水的生产和供应业	268	268	195
五、按企业控股情况分			
国有控股	58 323	58 323	52 001
集体控股	14 184	14 184	12 605
私人控股	311 799	311 799	268 737
港澳台商控股	31 255	31 255	27 165
外商控股	71 816	71 816	67 016
其他	20 068	20 068	17 715

单位：万元

劳务费	资产性支出			R&D经费外部支出
		土建工程支出	仪器设备	
495	356	23	333	
1 312	593	14	579	
19 462	8 885	365	8 520	1 752
1 875	979	47	932	69
589	252		252	
1 300	54		54	36
8 082	3 718	39	3 679	90
1 201	1 240	35	1 205	
3 114	4 672	38	4 634	110
2 517	1 865	24	1 841	72
6 624	4 363	214	4 149	122
6 414	1 899	23	1 876	944
3 409	1 418	32	1 386	387
5 545	1 904	64	1 840	1 234
27 624	16 698	562	16 136	3 356
8 588	2 567	114	2 453	903
7 186	3 319	78	3 241	2 412
77	15		15	
61	42	1	41	5
903	911	18	893	14 962
743	700		700	14 952
49	138	18	120	
111	73		73	10
19 121	6 322	160	6 162	16 465
4 030	1 579	28	1 551	367
69 718	43 062	1 203	41 859	8 281
7 458	4 090	186	3 904	732
25 700	4 800	192	4 608	1 552
3 798	2 353	73	2 280	651

16－10 规模以上工业企业

项 目	R&D经费内部支出合计	政府资金	企业资金	国外资金	其它资金
总 计	**507 445**	**17 081**	**488 159**	**681**	**1 524**
一、按企业规模分组					
大型	213 537	7 836	205 377	23	301
中型	207 318	6 195	199 624	658	841
小型	86 088	3 041	82 665		382
微型	502	9	493		
二、按隶属关系分组					
中央	18 448	658	17 790		
地方	488 997	16 423	470 369	681	1 524
三、按登记注册类型分组					
内资企业	345 458	13 419	330 397	681	961
国有企业	41 646	1 993	39 603	23	27
集体企业	805	3	802		
股份合作企业					
联营企业					
有限责任公司	101 211	2 729	98 163		319
股份有限公司	52 691	2 621	49 834		236
私营企业	139 160	6 005	132 118	658	379
其他企业	9 945	68	9 877		
港、澳、台商投资企业	55 844	1 712	54 120		12
外商投资企业	106 143	1 951	103 641		551
四、按国民经济行业大类分组					
采矿业	424	15	409		
黑色金属矿采选业	393		393		
有色金属矿采选业					
非金属矿采选业	31	15	16		
制造业	504 481	17 065	485 261	658	1497
农副食品加工业	82	2	80		
食品制造业	5 033	155	4 878		
酒、饮料和精制茶制造业	1 756	370	1 386		
纺织业	6 744	536	6 093		115
纺织服装、服饰业	5 362	133	5 229		
皮革、毛皮、羽毛及其制品和制鞋业	6 779	301	6 478		
木材加工和木、竹、藤、棕、草制品业	21 427	498	20 929		
家具制造业					
造纸和纸制品业	29 430	5	29 425		
印刷和记录媒介复制业	1 011	100	911		

R&D经费来源

单位：万元

项　目	R&D经费内部支出合计	政府资金	企业资金	国外资金	其它资金
文教、工美、体育和娱乐用品制造业	2 486	66	2 420		
石油加工、炼焦和核燃料加工业	8 588		8 588		
化学原料和化学制品制造业	77 323	2 541	74 782		
医药制造业	6 064	216	5 848		
化学纤维制造业	1 270		1 270		
橡胶和塑料制品业	4 543	356	4 028		159
非金属矿物制品业	28 046	508	27 511		27
黑色金属冶炼和压延加工业	5 984	473	5 511		
有色金属冶炼和压延加工业	19 665	427	19 238		
金属制品业	8 214	235	7 979		
通用设备制造业	22 335	435	21 900		
专用设备制造业	19 224	1 112	18 074		38
汽车制造业	13 077	700	11 612	158	607
铁路、船舶、航空航天和其他运输设备制造业	26 516	1 522	24 994		
电气机械和器材制造业	126 220	3 708	121 613	500	399
计算机、通信和其他电子设备制造业	29 133	1 440	27 693		
仪器仪表制造业	27 646	1 226	26 268		152
其他制造业	218		218		
废弃资源综合利用业					
金属制品、机械和设备修理业	305		305		
电力、热力、燃气及水生产和供应业	2 540	1	2 489	23	27
电力、热力生产和供应业	1 965		1 915	23	27
燃气生产和供应业	308		308		
水的生产和供应业	267	1	266		
五、按企业控股情况分					
国有控股	58 323	2 706	55 567	23	27
集体控股	14 184	600	13 192		392
私人控股	311 798	11 705	298 501	658	934
港澳台商控股	31 256	932	30 312		12
外商控股	71 815	940	70 716		159
其他	20 069	198	19 871		

16－11 规模以上工业企业

项　目	新产品开发项目数	新产品开发经费支出	新产品产值	新产品销售收入	出口
总　计	**5 012**	**727 141**	**8 026 113**	**7 972 654**	**769 957**
一、按企业规模分组					
大型	1 046	264 439	5 335 505	5 356 617	543 777
中型	2 118	280 296	1 875 653	1 772 343	172 546
小型	1 841	180 873	807 402	836 603	50 686
微型	7	1 533	7 553	7 091	2 948
二、按隶属关系分组					
中央	77	20 532	185 803	244 706	334
地方	4 935	706 609	7 840 310	7 727 948	769 623
三、按登记注册类型分组					
内资企业	3 502	533 626	6 353 302	6 375 561	626 434
国有企业	138	25 384	319 108	593 387	15 215
集体企业	23	2 273	1 394	1 374	10
股份合作企业	1	1 344	5 600	6 832	
联营企业	13	748	1 536	1 215	
有限责任公司	933	195 184	1 933 175	1 970 739	101 647
股份有限公司	324	63 563	1 188 863	1 163 245	155 789
私营企业	2 030	232 178	2 738 987	2 479 198	341 773
其他企业	40	12 952	164 639	159 571	12 000
港、澳、台商投资企业	946	80 345	315 111	281 998	39 676
外商投资企业	564	113 170	1 357 700	1 315 095	103 847
四、按国民经济行业大类分组					
采矿业	2	511			
黑色金属矿采选业					
有色金属矿采选业					
非金属矿采选业	2	511			
制造业	4 993	724 033	8 026 113	7 972 654	769 957
农副食品加工业	27	5 862	31 595	29 718	
食品制造业	43	4 759	76 990	76 576	12 570
酒、饮料和精制茶制造业	4	2 544	3 661	3 651	
纺织业	108	12 013	75 741	72 251	8 894
纺织服装、服饰业	89	9 235	27 642	25 777	14 153
皮革、毛皮、羽毛及其制品和制鞋业	29	9 120	4 103	3 681	
木材加工和木、竹、藤、棕、草制品业	88	56 178	578 786	664 539	63 111
家具制造业					
造纸和纸制品业	55	22 089	697 095	564 203	25 579
印刷和记录媒介复制业	10	1 011	2 865	1 720	

新产品、生产及销售

单位：个、万元

项目	新产品开发项目数	新产品开发经费支出	新产品产值	新产品销售收入	出口
文教、工美、体育和娱乐用品制造业	46	4 928	22 872	17 999	
石油加工、炼焦和核燃料加工业	7	7 616			
化学原料和化学制品制造业	421	84 335	671 514	961 445	36 744
医药制造业	90	6 439	55 796	44 566	84
化学纤维制造业	4	1 070	2 000	1 800	
橡胶和塑料制品业	76	9 523	52 887	44 886	6 831
非金属矿物制品业	573	40 053	99 649	97 557	7 627
黑色金属冶炼和压延加工业	65	4 843	12 455	11 663	
有色金属冶炼和压延加工业	156	23 065	438 631	436 779	26 221
金属制品业	382	22 231	241 395	223 109	4 771
通用设备制造业	316	35 015	80 540	78 701	20 613
专用设备制造业	211	25 115	248 341	249 940	33 734
汽车制造业	169	22 859	121 243	117 812	6 605
铁路、船舶、航空航天和其他运输设备制造业	176	29 921	1 022 106	982 926	216 404
电气机械和器材制造业	1 185	196 783	2 358 576	2 191 971	194 823
计算机、通信和其他电子设备制造业	318	43 531	341 305	376 392	5 508
仪器仪表制造业	335	43 174	757 065	691 732	85 685
其他制造业	6	101	200	200	
废弃资源综合利用业	2	505	1 060	1 060	
金属制品、机械和设备修理业	2	115			
电力、热力、燃气及水生产和供应业	17	2 597			
电力、热力生产和供应业	12	1 804			
燃气生产和供应业	1	307			
水的生产和供应业	4	486			
五、按企业控股情况分					
国有控股	240	4 3124	460 777	729 447	28 146
集体控股	68	1 9118	71 307	66 830	9 364
私人控股	3 322	507 335	6 181 029	5 912 058	623 082
港澳台商控股	780	52 422	164 523	151 710	9 880
外商控股	404	74 798	908 899	919 564	92 782
其他	198	30 344	239 578	193 045	6 703

16－12 规模以上工业企业

项　目	引进国外技术经费支出	引进技术的消化吸收经费支出	购买国内技术经费支出	技术改造经费支出
总　计	**40 377**	**13 578**	**5 749**	**392 337**
一、按企业规模分组				
大型	28 692	10 867	1 133	304 978
中型	11 456	2 583	2 483	68 705
小型	104	128	2 133	16 394
微型	125			2 260
二、按隶属关系分组				
中央	5 100			840
地方	35 277	13 578	5 749	391 497
三、按登记注册类型分组				
内资企业	33 313	12 241	4 795	344 931
国有企业	4 033	147	153	37 093
集体企业			1	41
股份合作企业				
联营企业				566
有限责任公司	13 103	2 003	2 307	24 824
股份有限公司	4 147	5 314	942	86 955
私营企业	12 030	4 777	1 382	193 009
其他企业			10	2 443
港、澳、台商投资企业	2 900	1 032	223	26 647
外商投资企业	4 164	305	732	20 759
四、按国民经济行业大类分组				
采矿业				3 349
黑色金属矿采选业				3 200
有色金属矿采选业				
非金属矿采选业				149
制造业	40 377	13 578	5 749	374 036
农副食品加工业				3 600
食品制造业		147	103	525
酒、饮料和精制茶制造业			40	1 278
纺织业	600	400	28	8 641
纺织服装、服饰业				82
皮革、毛皮、羽毛及其制品和制鞋业				800
木材加工和木、竹、藤、棕、草制品业	5 883			4 887
家具制造业				
造纸和纸制品业	150			1 000
印刷和记录媒介复制业				2 200

技术获取和技术改造

单位：万元

项目	引进国外技术经费支出	引进技术的消化吸收经费支出	购买国内技术经费支出	技术改造经费支出
文教、工美、体育和娱乐用品制造业				
石油加工、炼焦和核燃料加工业				
化学原料和化学制品制造业	6 209	1 587	1 093	28 487
医药制造业		82	2 579	195
化学纤维制造业				850
橡胶和塑料制品业			10	4 445
非金属矿物制品业	1 050	400	97	2 894
黑色金属冶炼和压延加工业				8 850
有色金属冶炼和压延加工业				1 042
金属制品业	775	20	534	8 961
通用设备制造业	621	300		10 079
专用设备制造业	1 100	328		29 574
汽车制造业	125			6 681
铁路、船舶、航空航天和其他运输设备制造业	1 500	1 200		45 517
电气机械和器材制造业	15 512	6 613	1 166	76 164
计算机、通信和其他电子设备制造业	1 935	314	75	23 158
仪器仪表制造业	4 917	2 187	24	104 107
其他制造业				19
废弃资源综合利用业				
金属制品、机械和设备修理业				
电力、热力、燃气及水生产和供应业				14 952
电力、热力生产和供应业				14 952
燃气生产和供应业				
水的生产和供应业				
五、按企业控股情况分				
国有控股	9 133	147	163	42 271
集体控股		18	36	1 440
私人控股	24 225	12 199	4 755	327 912
港澳台商控股	2 100	714	19	11 667
外商控股	4 039		27	7 607
其他	880	500	749	1 440

16－13 分地区工业企业

地 区	研究与试验发展(R&D)人员	参加项目人员	管理和服务人员	女 性
全 市	**25 091**	**23 379**	**1 712**	**5 019**
京口区	2 046	1 864	182	541
润州区	1 920	1 787	133	206
丹徒区	1 927	1 772	155	423
新 区	4 385	4 142	243	761
丹阳市	8 472	7 911	561	1 847
扬中市	4 523	4 264	259	1 124
句容市	1 818	1 639	179	117

16－14 分地区工业企业

地 区	R&D经费内部支出合计	试验发展支出	经常费支出
全 市	**507 445**	**507 445**	**445 239**
京口区	47 455	47 455	40 293
润州区	32 657	32 657	29 032
丹徒区	39 831	39 831	36 060
新 区	79 592	79 592	72 797
丹阳市	176 043	176 043	153 412
扬中市	84 294	84 294	71 655
句容市	47 573	47 573	41 990

R&D 人员情况

单位：人、人／年

			R&D人员折合全时当量		
研究人员	全时人员	非全时人员		研究人员	试验发展人员
6 759	**15 986**	**9 105**	**17 379.5**	**4 687.9**	**17 379.5**
650	978	1 068	1 455.6	489.8	1 455.6
559	1 270	650	1 513.2	425.8	1 513.2
1 084	1 255	672	1 429.9	785.9	1 429.9
863	4 260	125	3 413.8	682.5	3 413.8
1 889	4 022	4 450	5 545.7	1 246.4	5 545.7
1 431	3 510	1 013	2 483.8	820.4	2 483.8
283	691	1 127	1 537.5	237.1	1 537.5

R&D 经费内部支出情况

单位：万元

				R&D经费外部支出
劳务费	资产性支出	土建工程支出	仪器设备	
129 825	**62 206**	**1 842**	**60 364**	**28 048**
12 436	7 162	91	7 071	15 166
10 439	3 625	195	3 430	876
10 754	3 771	70	3 701	843
25 177	6 795	358	6 437	724
44 236	22 631	405	22 226	6 623
17 798	12 639	241	12 398	3 811
8 985	5 583	482	5 101	5

16－15 分地区工业企业新产品、生产及销售

单位：万元

地区	新产品开发项目数（个）	新产品开发经费支出	新产品产值	新产品销售收入	出口
全市	**5 012**	**727 141**	**8 026 113**	**7 972 654**	**769 957**
京口区	65	30 291	462 153	663 463	31 719
润州区	329	36 538	413 766	392 446	37 516
丹徒区	248	52 398	362 636	330 445	27 232
新区	473	98 732	1 361 923	1 411 373	105 796
丹阳市	1 297	255 550	3 454 352	3 363 378	506 372
扬中市	1 226	156 460	1 561 475	1 547 770	61 322
句容市	1 374	97 172	409 808	263 779	

16－16 分地区工业企业技术获取和技术改造

单位：万元

地区	引进国外技术经费支出	引进技术的消化吸收经费支出	购买国内技术经费支出	技术改造经费支出
全市	**40 377**	**13 578**	**5 749**	**392 337**
京口区	3 883		1	33 438
润州区	5 353	32	51	5 846
丹徒区	104	447	188	8 124
新区	5 830	627	1 613	7 999
丹阳市	22 995	6 937	2 941	318 176
扬中市	2 212	5 535	955	18 754
句容市				

17篇 教 育

CHAPTER 17

EDUC ATION

17－1　中学、小学专任教师学历和职称情况

单位：人

项　目	全　市	市　区	丹阳市	扬中市	句容市
合　计	**18 814**	**6 939**	**6 478**	**2 212**	**3 185**
一、高中	**3 575**	**1 134**	**1 210**	**494**	**737**
按学历分	3 575	1 134	1 210	494	737
研究生毕业	399	149	124	43	83
本科毕业	3 168	982	1 085	448	653
专科毕业	7	2	1	3	1
高中阶段毕业	1	1			
按职称分	3 575	1 134	1 210	494	737
中学高级	1 321	456	468	166	231
中学一级	1 581	488	463	237	393
中学二级	613	179	261	87	86
中学三级					
未评级	60	11	18	4	27
二、初中	**6 461**	**2 487**	**2 168**	**724**	**1 082**
按学历分	6 461	2 487	2 168	724	1 082
研究生毕业	129	81	32	6	10
本科毕业	5 669	2 155	2 001	559	954
专科毕业	638	230	135	155	118
高中阶段毕业	23	20		3	
高中阶段毕业以下	2	1		1	
按职称分	6 461	2 487	2 168	724	1 082
中学高级	2 285	813	833	262	377
中学一级	2 843	1 104	830	343	566
中学二级	1 188	501	445	107	135
中学三级					
未评级	145	69	60	12	4
三、小学	**8 778**	**3 318**	**3 100**	**994**	**1 366**
按学历分	8 778	3 318	3 100	994	1 366
研究生毕业	29	23	4	1	1
本科毕业	5 089	1 999	1 641	557	892
专科毕业	3 221	1 095	1 324	352	450
高中阶段毕业	439	201	131	84	23
高中阶段毕业以下					
按职称分	8 778	3 318	3 100	994	1 366
中学高级	395	128	195	32	40
小学高级	6 427	2 535	2 067	776	1 049
小学一级	1 546	523	655	165	203
小学二级	77	5	65	4	3
小学三级					
未评级	333	127	118	17	71

17－2 各类学校

项　目	全　市	市　区	丹阳市	扬中市	句容市
学校总数（所）	**261**	**112**	**74**	**24**	**51**
普通高等学校	5	5			
普通中等专业学校	12	9	1	1	1
普通中学	111	44	40	10	17
高中	22	8	7	3	4
初中	89	36	33	7	13
职业高中	1	1			
技工学校	5	4	1		
小学	122	47	31	12	32
特殊教育学校	5	2	1	1	1
毕业生总数（人）	**94 330**	**51 479**	**22 302**	**7 366**	**13 183**
普通高等学校	22 952	22 952			
普通中等专业学校	4 955	2 521	1 245	1 189	
普通中学	40 399	14 771	13 556	4 043	8 029
高中	16 462	5 546	5 787	1 749	3 380
初中	23 937	9 225	7 769	2 294	4 649
职业高中	1 454	13			1 441
技工学校	3 272	3 071	201		
小学	21 176	8 093	7 266	2 127	3 690
特殊教育学校	122	58	34	7	23
招生总数（人）	**93 244**	**54 544**	**20 873**	**6 108**	**11 719**
普通高等学校	24 572	24 572			
普通中等专业学校	6 694	3 988	1 468	527	711
普通中学	33 112	12 492	11 207	3 295	6 118
高中	12 453	4 538	4 183	1 252	2 480
初中	20 659	7 954	7 024	2 043	3 638

基本情况

项　目	全 市	市　区	丹阳市	扬中市	句容市
职业高中	864	20			844
技工学校	5 074	4 762	312		
小学	22 807	8 647	7 861	2 273	4 026
特殊教育学校	121	63	25	13	20
在校学生总数（人）	**363 759**	**201 219**	**88 569**	**26 592**	**47 379**
普通高等学校	88 479	88 479			
普通中等专业学校	23 744	13 251	5 896	2 384	2 213
普通中学	104 569	38 585	35 894	10 375	19 715
高中	41 668	14 280	14 729	4 205	8 454
初中	62 901	24 305	21 165	6 170	11 261
# 女生	51 174	19 142	17 061	5 062	9 909
职业高中	2 518	55			2 463
技工学校	11 629	10 921	708		
小学	131 926	49 624	45 756	13 745	22 801
# 女生	62 098	23 429	21 180	6 531	10 958
特殊教育学校	894	304	315	88	187
专任教师总数（人）	**26 548**	**13 797**	**6 922**	**2 409**	**3 420**
普通高等学校	5 338	5 338			
普通中等专业学校	1 631	863	365	181	222
普通中学	10 036	3 621	3 378	1 218	1 819
高中	3 575	1 134	1 210	494	737
初中	6 461	2 487	2 168	724	1 082
职业高中	22	22			
技工学校	622	566	56		
小学	8 778	3 318	3 100	994	1 366
特殊教育学校	121	69	23	16	13

17－3 高等教育基本情况

单位：人

项目	在校学生数	招生数	毕业生数	教职员工数	专任教师
普通高等学校	**88 479**	**21 883**	**20 781**	**9 760**	**5 338**
江苏大学	28 123	5 397	4 837	5 102	2 197
江苏科技大学	17 749	4 071	3 972	2 030	1 152
镇江市高等专科学校	6 267	2 266	2 255	603	427
江苏农林职业技术学院	11 028	3 936	3 540	726	519
金山职业技术学院	1 692	503	853	125	77
江苏大学京江学院	9 693	2 399	1 836	352	288
南京财经大学红山学院	7 793	1 857	2 075	477	421
江苏科技大学南徐学院	6 134	1 454	1 413	345	257
成人高等学校	**24 863**	**10 974**	**15 671**		
江苏大学	15 905	7 060	10 924		
江苏科技大学	8 958	3 914	4 747		

17－4 中等教育基本情况

单位：人

项目	在校学生数	招生数	毕业生数	教职员工数	专任教师
普通中专	**23 744**	**6 694**	**4 955**	**2 022**	**1 631**
镇江机电高等职业技术学校	4 274	1 486	520	352	310
江苏省司法警官高等职业学校	1 325	344			
镇江市旅游学校	656		382	118	105
镇江市卫生学校	1 283	326	341	65	40
镇江市东方职业技术学校	134	33	91	58	34
镇江市体育运动学校	171	99	41	39	26
镇江市中等专业学校	110	56	94		
镇江市高等专科学校	729	218			
润州中等专业学校	2 064	610	302	328	185
丹徒中等专业学校	2 505	816	750	194	163
丹阳中等专业学校	5 896	1 468	1 245	404	365
扬中中等专业学校	2 384	527	1 189	199	181
句容中等专业学校				265	222
江苏农林职业技术学院	1 897	610			
句容市教师进修学校	316	101			

17－5 职业学校基本情况

单位：人

项　目	在校学生数	招生数	毕业生数	教职员工数	专任教师
合　计	**2 518**	**864**	**1 454**	**36**	**22**
镇江市建设学校				36	22
镇江市特教中心	55	20	13		
句容中等专业学校	2 463	844	1 441		

17－6 技工学校基本情况

单位：人

项　目	在校学生数	招生数	毕业生数	教职员工数	专任教师
合　计	**11 629**	**5 074**	**3 272**	**1 072**	**622**
江苏交通高级技工学校	5 546	2 592	1 403	605	233
镇江技师学院	4 050	1 585	999	271	207
镇江市东方技工学校	1 210	523	579	107	96
镇江市江天汽车技工学校	115	62	87	33	30
丹阳市技工学校	708	312	204	56	56

17－7 幼儿教育基本情况

单位：所、人

项 目	全 市	市 区	丹阳市	扬中市	句容市
园 数	190	90	46	21	33
离园人数	21 007	8 030	7 033	2 242	3 702
入园人数	27 052	9 465	8 642	2 775	6 170
在园人数	67 020	26 275	22 928	6 693	11 124
教职工数	5 136	2 316	1 536	460	824
# 专任教师	3 388	1 450	1 025	308	605

17－8 小学、初中入学率、升学率

单位：%

项 目	小 学			初 中		
	入学率	升学率	毕业率	入学率	升学率	毕业率
合 计	**100.0**	**100.0**	**100.0**	**100.0**	**99.9**	**100.0**
市 区	100.0	100.0	100.0	100.0	104.0	100.0
丹阳市	100.0	100.0	100.0	100.0	98.4	100.0
扬中市	100.0	100.0	100.0	100.0	98.8	100.0
句容市	100.0	100.0	100.0	100.0	98.2	100.0

17－9　普通中小学师资配备情况

地　区	班级数（个）	学生数（人）	教师数（人）	每班教师数（人 / 班）	每一班教师负担学生数（人）
合　计	**5 616**	**236 495**	**18 814**	**3.4**	**42.1**
市　区	2 196	88 209	6 939	3.2	40.2
市直属	460	19 587	1 640	3.6	42.6
京口区	477	19 761	1 401	2.9	41.4
润州区	412	14 729	1 189	2.9	35.8
丹徒区	276	11 545	854	3.1	41.8
新　区	571	22 587	1 855	3.2	39.6
丹阳市	1 823	81 650	6 478	3.6	44.8
扬中市	614	24 120	2 212	3.6	39.3
句容市	983	42 516	3 185	3.2	43.3

17－10　市区普通高中教育基本情况

单位：人

项　目	在校学生				毕业生数	专任教师
		高一年级	高二年级	高三年级		
镇江中学	2 710	900	886	924	1 029	208
镇江市第一中学	2 732	902	900	930	936	210
镇江市第二中学	1 137	348	374	415	385	86
镇江市实验高级中学	2 741	889	939	913	929	177
镇江市国际学校	286	75	96	115	84	33
镇江市第九中学	128	83	45	0	0	15
江苏省大港中学	2 127	600	688	839	869	193
镇江市丹徒区高级中学	2 419	741	799	879	1 008	212

17－11 主要年份学校数

单位：所

年份	总计	高等院校	中专学校	普通中学	职业中学	小学	特殊教育
1990	1 982	6	11	261	40	1 659	5
1991	1 898	6	11	248	40	1 585	8
1992	1 824	6	11	229	33	1 573	8
1993	1 762	6	13	213	36	1 484	10
1994	1 689	6	13	203	39	1 420	8
1995	1 637	6	13	190	33	1 387	8
1996	1 468	6	13	175	32	1 235	7
1997	1 367	6	13	168	44	1 130	6
1998	1 173	6	13	153	40	955	6
1999	1 033	6	13	146	40	822	6
2000	968	5	13	141	32	770	7
2001	629	3	9	134	24	453	6
2002	560	4	7	130	22	392	5
2003	473	4	6	128	19	311	5
2004	402	5	5	126	19	242	5
2005	388	5	7	126	18	219	5
2006	350	5	7	123	16	194	5
2007	346	5	7	127	12	190	5
2008	288	5	7	116	10	145	5
2009	278	5	7	114	9	138	5
2010	265	5	7	109	9	130	5
2011	262	5	12	108	3	129	5
2012	**261**	**5**	**12**	**111**	**1**	**122**	**5**

17－12　主要年份在校学生数

单位：人

年　份	总　计	高等院校	中专学校	普通中学	职业中学	小　学	特殊教育
1991	362 359	9 214	5 927	124 297	9 810	212 675	436
1992	357 490	10 056	6 566	123 778	10 739	205 652	699
1993	362 565	11 926	8 965	119 861	12 226	208 937	650
1994	375 070	14 703	12 228	123 693	13 048	210 392	1 006
1995	387 109	15 829	16 718	126 274	11 746	215 298	1 244
1996	400 402	16 433	22 412	122 855	10 532	227 289	881
1997	407 336	17 678	26 294	114 620	9 611	238 563	570
1998	410 133	19 111	27 593	113 348	7 602	241 754	725
1999	416 524	22 407	26 049	125 109	7 257	235 006	696
2000	420 406	25 554	21 823	141 183	6 605	224 644	597
2001	435 267	37 000	18 637	155 259	9 902	213 540	929
2002	434 594	37 751	18 370	165 947	14 257	197 521	748
2003	429 487	43 720	16 651	170 001	15 262	182 984	869
2004	423 549	50 878	17 333	168 307	15 337	171 061	633
2005	433 749	60 196	23 657	161 367	15 566	158 763	696
2006	425 062	67 869	31 564	155 553	19 427	149 920	729
2007	416 605	79 252	31 274	150 065	13 518	141 607	889
2008	398 815	83 473	28 213	142 290	9 305	134 609	925
2009	382 368	86 637	23 197	134 364	8 096	128 982	1 092
2010	371 252	86 513	24 305	123 423	6 935	129 312	964
2011	371 264	88 013	25 367	112 834	3 214	130 872	964
2012	**363 759**	**88 479**	**23 744**	**104 569**	**2 518**	**131 926**	**894**

注：教育历史数据不含技工学校，2007 年后高等学校在校生数含研究生。

17－13 主要年份专任教师数

单位：人

年份	总计	高等院校	中专学校	普通中学	职业中学	小学	特殊教育
1991	22 227	1 797	659	7 918	663	11 116	74
1992	22 295	1 872	653	7 877	692	11 121	80
1993	22 110	1 830	622	7 714	755	11 105	84
1994	22 247	1 823	680	7 782	869	10 999	94
1995	23 019	1 824	709	8 095	1 004	11 283	104
1996	23 322	1 789	779	8 309	1 091	11 259	95
1997	23 352	1 824	797	8 033	1 297	11 294	107
1998	23 333	1 855	836	7 907	1 354	11 269	112
1999	23 607	1 977	840	8 068	1 379	11 237	106
2000	23 582	2 062	679	8 461	1 274	10 984	122
2001	23 692	2 542	610	8 758	1 221	10 459	102
2002	23 623	2 642	418	9 224	1 187	10 046	106
2003	23 677	3 034	296	9 579	1 185	9 470	113
2004	23 464	3 183	287	9 701	1 237	8 945	111
2005	24 147	3 762	283	9 829	1 066	8 689	111
2006	24 297	4 067	604	9 909	1 121	8 489	107
2007	24 651	4 383	731	10 075	987	8 366	109
2008	25 389	4 757	691	10 199	913	8 279	110
2009	25 295	5 040	717	10 219	906	8 300	113
2010	25 131	5 125	801	10 124	784	8 179	118
2011	25 573	5 281	1 622	10 210	35	8 297	128
2012	**26 548**	**5 338**	**1 631**	**10 036**	**22**	**8 778**	**121**

17－14 主要年份毕业生数

单位：人

年份	总计	高等院校	中专学校	普通中学	职业中学	小学	特殊教育
1991	80 507	2 694	1 776	34 367	2 687	38 961	22
1992	80 264	2 722	1 788	35 314	2 639	37 787	14
1993	79 725	2 562	1 939	36 244	3 301	35 653	26
1994	86 513	2 738	1 894	37 737	4 096	40 012	36
1995	83 335	3 935	2 400	36 518	4 543	35 831	108
1996	80 804	4 775	4 876	37 274	4 483	29 346	50
1997	81 656	4 123	5 577	41 807	3 149	26 972	28
1998	85 803	4 869	6 593	40 033	2 996	31 246	66
1999	88 965	4 806	7 652	34 796	2 405	39 200	106
2000	92 097	3 968	8 934	34 234	2 726	42 145	90
2001	96 793	4 320	7 426	39 818	2 023	43 094	112
2002	103 587	5 590	5 633	46 902	2 247	43 101	114
2003	104 658	7 702	4 938	50 110	2 715	39 101	92
2004	105 249	8 273	3 564	54 137	3 088	36 098	89
2005	113 522	9 765	4 988	58 072	3 846	34 104	
2006	110 091	12 784	6 239	54 863	4 121	31 984	100
2007	111 669	16 144	7 128	52 406	4 358	31 504	129
2008	110 788	18 677	7 804	51 658	4 489	28 008	152
2009	105 747	20 393	7 192	48 738	3 960	25 302	162
2010	101 827	23 977	5 077	47 539	2 597	22 525	112
2011	94 777	23 042	5 390	43 867	1 241	21 166	71
2012	**94 330**	**22 952**	**4 955**	**40 399**	**1 454**	**21 176**	**122**

18篇 文化、卫生、体育

CHAPTER 18

CULTURE
PUBLIC HEALTH, SPORTS

18－1　分地区文化事业机构数

单位：个

项　目	全　市	市　区	丹阳市	扬中市	句容市
艺术事业					
艺术表演团体	4	2	1	1	
艺术表演场馆	4	2		1	1
图书馆	8	4	2	1	1
博物馆	10	4	2	1	3
群众文化服务	64	33	14	7	10
文化馆	8	5	1	1	1
文化站	56	28	13	6	9
其他文化事业	8	6	2		

18－2　分地区文化事业人员数

单位：人

项　目	全　市	市　区	丹阳市	扬中市	句容市
艺术事业					
艺术表演团体	176	133	38	5	
艺术表演场馆	60	16		9	35
图书馆	112	62	20	16	14
博物馆	445	268	85	36	56
群众文化服务	267	128	57	39	43
文化馆	119	59	20	14	26
文化站	148	69	37	25	17
其他文化事业	66	61	5		

18－3 文化馆、文化站及文物保护基本情况

指　标	单 位	全 市	市 区	丹阳市	扬中市	句容市
文化馆						
举办展览个数	个	39	15	12	2	10
组织文艺活动次数	次	407	140	135	70	62
公用房屋建筑面积	千平方米	35	16	5	5	9
# 业务用房		23	10	3	3	7
馆办文艺团体演出场次	场次	311	56	175	60	20
文化站						
组织文艺活动次数	次	1 112	641	204	183	84
公用房屋建筑面积	千平方米	140	62	45	20	13
# 文化活动用房		100	51	30	10	9
村（社区）文化室个数	个	790	298	212	81	199
文物保护						
机构数	个	4	1	1	1	1
从业人员	人	5	2	2	1	
文物藏品	个	816	456	1	359	

18－4 图书馆、博物馆基本情况

指　标	单 位	全 市	市 区	丹阳市	扬中市	句容市
博物馆						
文物藏品	件	39 110	26 679	1 518	400	10 513
# 一级品	件	115	104	5		6
二级品	件	380	346	17		17
参观人次	千人次	3 399	1 758	92		1 549
公用房屋建筑面积	千平方米	77	22	4	1	50
# 展览用房		27	11	3	1	12
图书馆						
总藏量	千册、千件	2 769	1 975	356	276	162
# 图书		1 899	1 260	232	246	161
# 古籍		183	181	2		
报刊		141	67	45	29	
图书流通人次	千人次	1 547	1 239	146	76	86
阅览室座席数	(个)	1 915	1 595	80	160	80
# 少儿阅览室座席数		640	500	30	60	50

18－5　分地区艺术事业基本情况

项　目	单　位	全　市	市　区	丹阳市	扬中市	句容市
艺术表演场馆	个	**4**	**2**		**1**	**1**
坐席数	张	3 723	1 209		1 136	1 378
演（映）出场次	场	2 628	110		1 588	930
# 电影放映		2 564	70		1 569	925
观众人次	千人次	119	51		38	30
# 电影放映		84	26		33	25
艺术表演团体	个	**4**	**2**	**1**	**1**	
新排上演节目	个					
# 本团创作剧目	场					
演出场次	场	412	292	120		
观众人次	千人次	311	231	80		

18－6　娱乐场所情况

项　目	单　位	全　市	市　区	丹阳市	扬中市	句容市
娱乐场所数	个	**710**	**298**	**249**	**78**	**85**
歌舞娱乐场所	个	**183**	**85**	**65**	**17**	**16**
经营面积	千平方米	125.9	60.9	40.3	10.5	14.2
包房（间）数	个	3 296	1 934	755	275	332
电子游艺厅	个	**169**	**60**	**68**	**22**	**19**
经营面积	千平方米	31.9	15.1	6.4	6.3	4.2
游戏（艺）机台数	台	8 245	4 474	1 664	1 114	993
网吧	个	**358**	**153**	**116**	**39**	**50**
经营面积	千平方米	73.0	40.0	16.9	5.1	11.0
计算机终端数	台	29 241	15 195	6 720	2 771	4 555

18－7 广播电台、电视台基本情况

项 目	单 位	全 市	市 区	项 目	单 位	全 市	市 区
广播				电视综合覆盖率	%	100	100
广播电台数	座	7	4	**有线广播电视**			
广播全年自办播出时间	小时	57 920	41 329	模拟有线广播电视传输节目	套	8	8
广播全年自制节目时间	小时	40 000	34 015	数字有线广播电视传输节目	套	164	164
广播人口综合覆盖率	%	100	100	# 标清广播电视传输节目	套	153	153
电视				高清广播电视传输节目	套	11	11
电视台数	座	5	2	**有线电视用户数**	**万户**	**93.8**	**37.0**
电视节目全年自办播出时间	小时	37 482	21 121	# 数字电视用户	万户	81.9	28.0
电视全年自制节目时间	小时	6 156	4 206	有线电视入户率	%	91.7	92.0
电视发射台数	座	5	2	数字电视入户率	%	80.1	69.7

18－8 分地区广播电视从业人员数

单位：人

项 目	全 市	市 区	丹阳市	扬中市	句容市
总 计	**2 339**	**1 147**	**681**	**133**	**378**
行政管理人员	246	108	85	28	25
专业人员	1 305	843	252	90	120
# 高级职称	50	37	8	3	2
中级职称	341	177	85	56	23
初级及以下	914	629	159	31	95
其他人员	788	196	344	15	233

18－9　卫生机构、床位、人员数

项　目	机构数（个）	床位数（张）	卫生工作人员数（人）	卫生技术人员数（人）	
					执业（助理）
合　计	**906**	**12 574**	**20 459**	**16 402**	**6 881**
市　区	400	7 328	11 217	9 096	3 636
丹阳市	242	2 876	4 600	3 701	1 661
扬中市	77	845	1 955	1 502	687
句容市	187	1 525	2 687	2 103	897
一、医院合计	**39**	**9 526**	**11 890**	**9 786**	**3 575**
综合医院	27	6 848	8 398	7 014	2 500
中医医院	5	1 043	1 598	1 305	533
专科医院	6	1 962	1 836	1 430	528
二、疗养院	**1**		**17**	**13**	**8**
三、卫生院	**55**	**1 962**	**3 262**	**2 711**	**1 297**
四、急救中心（站）	**1**		**34**	**20**	**15**
五、采供血机构	**2**		**154**	**97**	**9**
六、妇幼保健院（所、站）	**6**	**222**	**581**	**496**	**228**
七、疾病预防控制中心（防疫站）	**7**		**400**	**303**	**202**
八、卫生监督所	**7**		**212**	**212**	
九、医学在职培训机构	**3**		**88**	**13**	**3**
十、其他卫生机构	**4**		**44**	**36**	**23**
十一、诊所、卫生所、医务室、卫生服务站	**781**	**864**	**3 777**	**2 715**	**1 521**

18－10 各类卫生机构人员数

单位：人

项　目	全　市	市　区	丹阳市	扬中市	句容市
合　计	**20 459**	**11 217**	**4 600**	**1 955**	**2 687**
一、卫生技术人员总计	**16 402**	**9 096**	**3 701**	**1 502**	**2 103**
执业医师	6 167	3 378	1 466	578	745
执业助理医师	714	258	195	109	152
注册护士	6 609	3 927	1 403	506	773
药剂人员	988	504	220	138	126
检验人员	819	473	168	75	103
其他	1 105	556	249	96	204
二、其他技术人员	**1 130**	**701**	**199**	**108**	**122**
三、管理人员	**607**	**397**	**135**	**37**	**38**
四、工勤人员	**1 600**	**857**	**290**	**251**	**202**

18－11 医疗卫生水平及保障

单位：张、人、%

项　目	全　市	市　区	丹阳市	扬中市	句容市
每千人拥有卫生机构床位数	3.99	6.01	2.95	2.48	2.45
每千人拥有医院（卫生院）床位数	3.64	5.49	2.58	2.41	2.35
每千人拥有卫生技术人员数	5.20	7.46	3.80	4.42	3.38
每千人拥有执业（助理）医师数	2.18	2.98	1.71	2.02	1.44
每千人拥有注册护士数	2.09	3.22	1.44	1.49	1.24
城镇企业职工基本医疗保险覆盖面	98.62	98.79	98.21	98.80	98.34
新型农村合作医疗覆盖面	100.0	100.0	100.0	100.0	100.0

18－12　县以上医院工作情况

项　目	单　位	全　市	市　区	丹阳市	扬中市	句容市
医院数	个	39	24	6	2	7
诊疗人次	万人次	927.7	543.2	168.8	98.0	117.7
#门诊人次	万人次	825.8	484.1	150.5	93.7	97.6
急诊人次	万人次	89.8	58.3	13.7	4.4	13.4
健康检查	人	357 966	189 457	88 272	28 138	52 099
入院人数	人	247 457	146 620	54 411	23 142	23 284
出院人数	人	246 531	146 601	54 220	22 460	23 250
年底实有医院床位数	张	9 890	6 528	1 660	680	1 022
平均开放病床数	张	8 -642	5 473	1 742	636	791
病床周转次数	次/年	28.5	26.8	31.1	35.3	29.4
病床使用率	%	84.3	85.6	80.1	95.6	74.5
出院者平均住院日	日	10.2	10.9	8.9	9.7	9.2

18－13 镇以上卫生院工作情况

项目	单位	全市	市区	丹阳市	扬中市	句容市
医院数	个	55	14	23	5	13
诊疗人次	万人次	400.2	111.0	146.2	47.9	95.1
#门诊人次	万人次	365.0	106.3	133.3	45.2	80.2
急诊人次	万人次	30.0	3.6	12.7	1.7	11.9
健康检查	人	255 685	24 928	76 937	32 181	121 639
入院人数	人	35 432	5 051	18 147	1 459	10 775
出院人数	人	35 283	5 021	18 142	1 441	10 679
年底实有医院床位数	张	1 962	472	730	140	620
平均开放病床数	张	1 882	437	724	140	583
病床周转次数	次/年	18.7	11.5	25.1	10.3	18.3
病床使用率	%	41.1	26.3	44.3	29.0	51.2
出院者平均住院日	日	7.8	8.1	6.2	9.8	9.9

18－14　妇幼保健发展情况

项　目	单 位	全 市	市　区	丹阳市	扬中市	句容市
婴儿死亡率	‰	1.84	1.45	2.57	1.79	1.80
5 岁以下儿童死亡率	‰	2.62	2.23	3.26	2.24	2.93
新生儿疾病筛查率	%	99.00	98.51	100.00	99.22	98.27
新生儿出生缺陷发生率	‰	2.97	3.15	3.42	1.13	2.74
7 岁以下儿童保健管理率	%	99.18	98.81	100.00	100.00	98.31
5 岁以下儿童中重度营养不良患病率	%	0.34	0.41	0.51	0.18	0.07
4-6 个月龄母乳喂养率	%	95.66	93.86	98.97	93.98	95.57
幼儿园儿童龋齿发生率	%	40.61	39.21	40.96	44.64	41.00
孕产妇死亡率	1/10万	0.00	0.00	0.00	0.00	0.00
妇女病普查率	%	93.65	92.40	96.57	92.68	94.80
孕妇产前医学检查率	%	99.02	98.48	99.40	99.26	99.40
孕产妇系统管理率	%	97.22	96.13	98.13	96.38	98.44

18－15　前十位疾病死亡构成

全　市		市　区	
死亡原因	构成（%）	死亡原因	构成（%）
循环系统疾病	38.37	循环系统疾病	36.61
肿瘤	35.11	肿瘤	33.24
呼吸系统疾病	10.10	呼吸系统疾病	13.06
损伤和中毒	5.66	损伤和中毒	4.63
消化系统疾病	2.69	消化系统疾病	3.23
内分泌疾病	2.14	内分泌疾病	2.40
神经系统疾病	1.69	神经系统疾病	1.65
传染病与寄生虫病	1.03	传染病与寄生虫病	1.25
泌尿生殖系统疾病	1.02	泌尿系统疾病	0.98
精神障碍	0.38	肌肉骨骼结缔组织疾病	0.47

18－16 主要年份卫生机构数

单位：个

年 份	全 市	市 区	丹阳市	扬中市	句容市
1990	722	471	129	52	70
1991	717	462	131	52	72
1992	723	469	131	52	71
1993	731	480	128	53	70
1994	731	480	128	53	70
1995	731	477	129	53	72
1996	731	477	129	53	72
1997	851	534	157	70	90
1998	850	533	157	70	90
1999	851	533	157	71	90
2000	723	456	110	52	105
2001	720	413	151	52	104
2002	797	377	300	29	91
2003	879	382	276	29	192
2004	940	440	258	47	195
2005	920	440	246	47	187
2006	968	437	237	104	190
2007	910	401	223	101	185
2008	911	397	228	102	184
2009	874	359	228	103	184
2010	877	370	236	88	183
2011	868	372	236	84	176
2012	**906**	**400**	**242**	**77**	**187**

18－17　主要年份卫生技术人员

单位：人

年 份	全 市	市 区	丹阳市	扬中市	句容市
1990	9 744	5 824	1 951	755	1 214
1991	9 958	5 972	1 944	797	1 245
1992	10 328	6 170	1 998	867	1 293
1993	10 569	6 202	2 067	925	1 375
1994	10 954	6 380	2 144	970	1 460
1995	11 286	6 407	2 322	1 032	1 525
1996	11 367	6 301	2 424	1 090	1 552
1997	11 941	6 561	2 577	1 169	1 634
1998	12 235	6 646	2 664	1 221	1 704
1999	10 460	5 201	2 424	1 593	1 242
2000	10 773	5 307	2 542	1 271	1 653
2001	11 928	6 118	2 729	1 326	1 755
2002	11 878	6 472	2 421	1 309	1 676
2003	10 504	5 110	2 499	1 266	1 629
2004	13 203	6 406	3 377	1 337	2 083
2005	13 485	6 555	3 395	1 429	2 106
2006	13 892	6 636	3 491	1 665	2 100
2007	13 738	6 656	3 420	1 555	2 107
2008	14 253	6 809	3 570	1 483	2 391
2009	13 449	6 734	3 158	1 445	2 112
2010	13 204	7 189	2 917	1 326	1 772
2011	14 225	7 965	3 197	1 250	1 813
2012	**16 402**	**9 096**	**3 701**	**1 502**	**2 103**

18－18 主要年份医院床位数

单位：张

年 份	全 市	市 区	丹阳市	扬中市	句容市
1990	7 580	4 286	1 555	617	1 122
1991	7 706	4 295	1 671	621	1 119
1992	7 830	4 351	1 716	639	1 124
1993	7 929	4 480	1 776	625	1 048
1994	7 549	4 165	1 718	571	1 095
1995	7 368	4 161	1 561	567	1 079
1996	7 520	4 291	1 576	623	1 030
1997	7 464	4 253	1 545	629	1 037
1998	7 668	4 352	1 569	700	1 047
1999	7 596	4 266	1 619	689	1 022
2000	7 693	4 293	1 647	671	1 082
2001	7 732	4 272	1 700	671	1 089
2002	7 869	4 357	1 696	694	1 122
2003	8 088	4 604	1 733	623	1 128
2004	8 176	4 662	1 815	637	1 062
2005	8 320	4 769	1 816	613	1 122
2006	8 486	4 882	1 898	595	1 111
2007	8 566	4 905	1 928	579	1 154
2008	8 644	4 892	2 033	600	1 119
2009	8 726	4 865	2 092	600	1 169
2010	9 204	5 224	2 180	608	1 192
2011	10 940	6 255	2 618	700	1 367
2012	**12 574**	**7 328**	**2 876**	**845**	**1 525**

18－19　主要年份医生数

单位：人

年　份	全　市	市　区	丹阳市	扬中市	句容市
1990	4 551	2 820	827	564	340
1991	4 688	2 923	827	584	354
1992	4 926	2 976	947	615	388
1993	5 014	2 995	960	643	416
1994	5 109	3 072	943	663	431
1995	5 341	3077	1 071	728	465
1996	5 318	2 898	1 183	717	520
1997	5 548	3 050	1 205	745	548
1998	5 638	3 075	1 250	735	578
1999	5 692	3 121	1 249	713	609
2000	3 860	1 996	898	443	523
2001	4 389	2 438	996	423	532
2002	4 794	2 421	1 149	543	681
2003	4 421	2 039	1 103	533	746
2004	5 163	2 532	1 293	584	754
2005	5 437	2 664	1 379	648	746
2006	5 506	2 706	1 430	644	726
2007	5 617	2 763	1 375	703	776
2008	5 121	2 710	1 097	606	708
2009	5 137	2 706	1 131	601	699
2010	5 476	2 934	1 215	585	742
2011	5 684	3 088	1 313	541	742
2012	**6 881**	**3 636**	**1 661**	**687**	**897**

18－20 体育事业情况

项 目	单 位	全 市	市 区	丹阳市	扬中市	句容市
一、运动会						
举办县级及以上运动会次数	次	1		1		
参加县级及以上运动会人数	人	12 000		12 000		
二、等级运动员发展人数	人	**117**	**94**	**16**	**7**	
# 女性	人	34	23	6	5	
三、等级裁判员发展人数	人	**191**	**95**	**76**	**10**	**10**
# 女性	人	44	28	11	3	2
四、公共体育运动场地						
体育场地个数	个	204	86	38	37	47
体育场	个	121	38	17	26	40
体育馆	个	36	16	11	5	4
室外游泳池	个	30	20	4	4	2
室内游泳池	个	17	8	6	2	1
使用场次	次	72 687	28 410	18 710	10 969	14 599
体育场	次	45 617	16 320	7 100	8 399	13 798
体育馆	次	12 487	7 100	2 860	1 367	1 160
室外游泳池	次	1 956	1 360	240	236	120
室内游泳池	次	6 190	2 880	2 200	750	360
五、体育学校						
少年儿童业余体校	所	7	4	1	1	1
在校学生	人	865	520	180	105	60
专职教练员	人	89	56	15	8	10

18－21 体育竞赛获奖数

单位：个

项 目	总 计	金 牌	银 牌	铜 牌
参加全国比赛获奖数	12	6	4	2
参加全省比赛获奖数	156	26	58	72

19篇 民政及其他

CHAPTER 19

CIVIL ADMINISTRATION, JUDCIARY, OTHER LTEMS

19－1 社会福利院基本情况

项目	单位	全市	市区	丹阳市	扬中市	句容市
各类福利院						
院数	个	178	81	43	36	18
职工人数	人	979	583	222	90	84
# 医护人员	人	109	89	7	7	6
年末床位数	张	15 849	6 251	4 422	1 665	3 511
年末在院人员	人	6 940	2 304	2 218	812	1 606
# 老人	人	6 699	2 108	2 206	780	1 605
老年福利院						
院数	个	174	79	42	35	18
职工人数	人	905	523	212	86	84
年末床位数	张	15 499	5 951	4 392	1 645	3 511
收养人数	人	6 709	2 102	2 204	797	1 606
# 老人	人	6 625	2 034	2 206	780	1 605
儿童福利院						
院数	个	3	1	1	1	
职工人数	人	29	15	10	4	
年末床位数	张	140	90	30	20	
收养人数	人	101	72	14	15	
# 儿童	人	101	72	14	15	
精神病福利院						
院数	个	1	1			
职工人数	人	45	45			
年末床位数	张	210	210			
收养人数	人	130	130			
# 老人	人	74	74			

19－2 社会福利企业情况

项 目	单 位	全 市	市 区	丹阳市	扬中市	句容市
单位数	个	278	57	114	77	30
职工人数	人	26 780	3 007	12 847	7 800	3 126
#残疾人员	人	9 206	1 104	4 149	2 967	986
#女性	人	3 653	373	1 887	931	462
残疾职工工资总额	万元	12 122	1 738	3 383	3 802	3 199
残疾职工养老保险总额	万元	2 540	432	972	406	729
残疾职工补贴	万元	88	10		78	
纳税总额	万元	38 023	2 717	16 008	13 867	5 430
#增值税总额	万元	28 232	2 263	8 626	12 485	4 859
所得税总额	万元	9 302	5	7 264	1 692	341
盈利总额	万元	30 279	665	20 845	5 964	2 806
固定资产原价	万元	206 768	22 220	103 836	43 486	37 226
营业收入	万元	936 905	96 914	331 080	346 015	162 896
费用合计	万元	107 465	9 914		84 316	13 236
营业利润	万元	29 034	3 231	18 718	6 846	239

19－3 城乡居民最低生活保障情况

项 目	单 位	全 市	市 区	丹阳市	扬中市	句容市
城乡居民最低生活保障人数	人	**41 720**	**18 830**	**9 790**	**3 640**	**9 460**
# 城镇居民最低生活保障人数	人	14 478	11 725	1 519	601	633
在职人员	人	384	298	18	7	61
下岗人员	人					
失业人员	人	6 928	5 717	668	266	277
“三无”人员	人	142	73	15	6	48
其他人员	人	7 024	5 637	818	322	247
# 农村居民最低生活保障人数	人	27 242	7 105	8 271	3 039	8 827
城乡居民最低生活保障资金	**万元**	**10 029**	**5 255**	**2 424**	**717**	**1 633**
城镇保障资金	万元	4 296	3 555	422	131	187
农村保障资金	万元	5 733	1 700	2 002	585	1 446

19－4 城镇社区服务基本情况

项 目	单 位	全 市	市 区	丹阳市	扬中市	句容市
城镇社区服务设施数	个	931	367	214	89	261
从业人员数	人	5 033	2 141	1 511	312	1 069
便民利民服务网点	个	8 326	4 497	2 535	498	796
社区服务志愿者组织	个	73	13	28	32	

19－5　调解民事纠纷分类

项　目	单　位	全　市	市　区	丹阳市	扬中市	句容市
合　计	**件**	**10 031**	**937**	**3 985**	**1 448**	**1 121**
婚姻	件	1 822	209	581	420	155
房屋、宅基地	件	760	27	117	113	108
债务	件	533	14	298	95	78
生产经营	件	160	9	81	7	14
邻里	件	2 340	474	791	268	253
损害赔偿	件	2 670	49	1 362	219	251
其他	件	1 746	155	755	326	262

19－6　婚姻登记情况

项　目	单　位	全　市	市　区	丹阳市	扬中市	句容市
结婚登记数	对	27 569	10 247	8 008	3 118	6 196
初婚	人	46 948	17 374	13 673	5 362	10 539
再婚	人	8 190	3 120	2 343	874	1 853
离婚登记数	对	5 729	2 599	1 355	518	1 257

19－7　国内外公证文书分类

项　目	单位	国内	国外	涉港、澳、台	项　目	单位	国内	国外	涉港、澳、台
合 计	件	**10 932**	**1 067**	**59**					
经济公证	件				**民事公证**	件	**8 930**	**4 320**	**274**
# 购 销	件	60			# 继承权	件			
拍 卖	件	244			遗 嘱	件	1 535		
贷 款	件	7 084			产 权	件	652	1	
招标、投标	件	788			亲属关系	件	8		
劳务合同	件	69			房屋买卖	件	63	705	55
工商服务业承包	件				房屋租赁	件	2		
农林牧副渔业承包	件				遗赠抚养协议	件			
财产租赁	件				委托书	件	7		
企业租赁	件				赠与书	件	1 601	64	
其他经济合同	件	2 124		59	声明书	件	91		
法人（代表人）资格	件	17			现场监督	件	1 620	150	
法人委托书	件	546			计划生育协议	件	105		

19－8　交通事故及火灾情况

项　目	单　位	全　市	市　区	丹阳市	扬中市	句容市
道路交通事故						
发生起数	起	460	225	134	31	70
死亡人数	人	275	98	89	15	73
受伤人数	人	325	192	79	25	29
损失折款	万元	195.1	87.8	79.5	4.7	23.1
船舶交通事故						
发生起数	起	5				
损失折款	万元	4 655				
火灾事故						
发生起数	起	462	232	148	42	40
死亡人数	人	3	2	1		
受伤人数	人	5	5			
损失折款	万元	462.79	162.23	198.56	68.76	33.24

19－9　主要年份社会福利院基本情况

项　目	单位	2007年	2008年	2009年	2010年	2011年	2012年
各类福利院							
院数	个	63	68	66	81	86	178
职工人数	人	370	573	581	689	757	979
#医护人员	人	92	102	98	113	116	109
年末床位数	张	4 125	7 569	7 619	9 194	10 992	15 849
年末在院人员	人	3 551	4 658	4 921	5 650	5 919	6 940
#老人	人	3 329	4 475	4 720	5 429	5 697	6 699
老年福利院							
院数	个	61	66	64	79	84	174
职工人数	人	307	509	517	626	694	905
年末床位数	张	3 650	7 440	7 402	8 967	10 765	15 499
收养人数	人	3 345	4 459	4 716	5 446	5 711	6 709
#老人	人	3 329	4 381	4 649	5 352	5 623	6 625
儿童福利院							
院数	个	1	1	1	1	1	3
职工人数	人	15	15	15	15	15	29
年末床位数	张	85	80	80	90	90	140
收养人数	人	81	73	80	84	84	101
#儿童	人	81	73	80	84	84	101
精神病福利院							
院数	个	1	1	1	1	1	1
职工人数	人	48	49	49	48	48	45
年末床位数	张	128	130	137	137	137	210
收养人数	人	128	126	125	120	124	130
#老人	人	74	94	71	77	74	74

19－10 主要年份律师、公证、调解工作情况

项 目	单 位	2007 年	2008 年	2009 年	2010 年	2011 年	2012 年
律师							
律师事务所	所	37	38	39	41	41	42
专职工作人员	人	334	345	539	597	644	674
# 专职律师	人	324	335	367	416	445	476
兼职律师	人	10	10	12	14	13	13
聘请常年法律顾问单位	个	2 650	2 730	3 220	4 190	4 622	5 952
民事代理	件	5 320	5 601	6 055	3 084	3 292	4 796
经济诉讼代理	件	—	—	—	4 296	4 076	3 164
刑事辩护	件	1 020	1 102	1 265	1 455	1 296	1 391
非诉讼法律事务	件	2 800	2 882	3050	3 380	3 027	3 058
法律咨询	件	8 717	8 876	10 280	10 345	10 348	10 609
代写法律事务文书	件	2 283	2 084	2 570	2 735	2 428	2 556
公证							
公证处	个	7	7	7	7	7	7
公证人员	人	58	63	63	69	69	65
公证员	人	40	40	39	40	36	38
公证员助理	人	7	7	7	15	19	17
办理公证件数	件	36 295	36 815	35 921	27 552	25 296	25 582
# 国内民事	件	10 384	13 885	13 618	10 641	9 398	8 930
国内经济	件	20 397	17 628	16 682	11 443	10 782	10 932
涉外	件	5 353	5 302	5 360	5 468	4 863	5 387
人民调解							
专职司法助理员	人	183	171	198	173	239	199
人民调解委员会	个	3 034	3 028	3 029	1 321	1 217	910
调解人员	人	12 610	9 893	10 825	8 942	9 746	5 561
调解民间纠纷	件	9 797	10 835	11 450	15 029	17 209	22 914

20篇

省内资料

CHAPTER 20

CITIES COMPARE

20－1　江苏省主要指标

项　目	单　位	2012 年	2011 年
土地面积	万平方公里	10.26	10.26
年末人口	万人	7 919.98	7 898.80
从业人员	万人	4 759.53	4 758.23
地区生产总值	亿元	54 058.22	49 110.27
农林牧渔业总产值	亿元	5 808.81	5 237.45
规模以上工业总产值	亿元	120 124.91	107 680.68
规模以上工业主营业务收入	亿元	119 286.78	107 030.09
规模以上工业利税总额	亿元	11 934.34	11 038.45
规模以上工业利润总额	亿元	7 250.20	7 074.44
固定资产投资	亿元	31 706.58	26 693.82
社会消费品零售总额	亿元	18 331.33	15 988.38
进出口总额	亿美元	5 480.93	5 397.59
# 出口	亿美元	3 285.38	3 126.23
协议利用外资金额	亿美元	571.41	595.54
实际利用外资金额	亿美元	357.60	321.32
公共财政预算收入	亿元	5 860.69	5 148.92
公共财政预算支出	亿元	7 027.67	6 221.72
金融机构各项存款余额	亿元	75 481.51	65 723.56
金融机构各项贷款余额	亿元	54 412.30	47 868.30
城镇居民人均可支配收入	元	29 677	26 341
城镇居民人均生活消费支出	元	18 825	16 782
农民人均纯收入	元	12 202	10 805
农民人均生活消费支出	元	8 655	7 693
居民消费价格指数	%	102.6	105.3

20－2 江苏省各市、县

市（县）名称	土地面积（平方公里）	年末总人口（万人）	从业人员（万人）
南京市	**6 587**	**816.10**	**451.8**
溧水县	1 064	41.86	29.06
高淳县	790	41.91	30.44
无锡市	**4 627**	**646.55**	**389.1**
江阴市	987	162.43	99.48
宜兴市	1 997	124.80	74.42
徐州市	**11 259**	**856.41**	**478.7**
丰　县	1 446	94.93	56.68
沛　县	1 349	111.31	66.39
睢宁县	1 767	102.49	59.44
新沂市	1 571	90.83	54.59
邳州市	2 088	143.36	77.70
常州市	**4 372**	**468.68**	**280.9**
溧阳市	1 535	76.03	50.96
金坛市	976	55.84	36.17
苏州市	**8 488**	**1 054.91**	**694.3**
常熟市	1 276	150.71	100.71
张家港市	990	124.18	86.09
昆山市	932	163.89	96.34
太仓市	823	70.68	45.35
南通市	**8 001**	**729.73**	**468.9**
海安县	1 108	86.60	55.36
如东县	1 733	98.60	63.33
启东市	1 208	96.00	69.17
如皋市	1 492	126.00	75.68
海门市	939	90.23	67.29
连云港市	**7 615**	**440.69**	**249.2**
赣榆县	1 514	94.81	57.16
东海县	2 037	94.96	56.28
灌云县	1 840	78.99	47.63
灌南县	1 025	62.19	36.25

主要经济指标

地区生产总值（亿元）	第一产业增加值	第二产业增加值	工 业	第三产业增加值
7 201.57	**185.06**	**3 170.78**	**2 748.46**	**3 845.73**
369.38	29.33	222.11	188.41	117.94
365.27	30.29	193.31	154.37	141.67
7 568.15	**137.22**	**4 012.03**	**3 717.88**	**3 418.90**
2 535.38	47.69	1 443.91	1 393.27	1 043.78
1 085.98	47.68	581.22	497.48	457.08
4 016.58	**382.46**	**1 968.52**	**1 666.62**	**1 665.60**
228.73	46.39	103.82	73.42	78.52
431.30	67.91	203.81	165.73	159.58
302.45	57.18	132.34	105.68	112.93
350.16	47.91	149.44	127.13	152.81
513.49	79.32	223.64	183.79	210.53
3 969.87	**126.37**	**2 100.76**	**1 900.55**	**1 742.74**
559.20	39.02	306.58	278.79	213.60
373.81	27.64	197.80	169.83	148.37
12 011.65	**195.08**	**6 502.25**	**6 055.10**	**5 314.32**
1 870.19	37.02	996.95	952.62	836.22
2 050.58	27.53	1 175.51	1 129.98	847.54
2 725.32	24.46	1 631.25	1 551.28	1 069.61
955.12	33.61	520.36	491.50	401.15
4 558.67	**319.09**	**2 414.11**	**1 992.11**	**1 825.47**
480.14	47.69	246.30	204.33	186.15
478.00	56.56	243.03	197.87	178.41
589.14	61.48	306.09	240.62	221.57
590.17	52.77	318.49	269.01	218.90
663.10	46.50	377.60	315.74	239.00
1 603.42	**232.40**	**736.14**	**583.31**	**634.88**
331.36	50.46	166.07	129.54	114.83
277.30	51.02	127.37	109.04	98.91
220.29	50.34	102.23	77.90	67.72
210.47	39.39	105.28	89.46	65.80

20-2（续1）

市（县）名称	土地面积（平方公里）	年末总人口（万人）	从业人员（万人）
淮安市	**10 072**	**480.30**	**280.4**
涟水县	1 676	83.78	66.62
洪泽县	1 394	33.27	32.01
盱眙县	2 497	64.30	44.25
金湖县	1 394	33.13	25.11
盐城市	**16 972**	**721.63**	**447.7**
响水县	1 461	50.33	28.92
滨海县	1 915	94.48	56.40
阜宁县	1 439	83.96	51.66
射阳县	2 855	89.22	56.29
建湖县	1 160	73.77	44.45
东台市	3 221	98.59	66.08
大丰市	3 059	70.12	46.26
扬州市	**6 591**	**446.72**	**265.8**
宝应县	1 462	75.11	41.91
仪征市	857	56.27	39.55
高邮市	1 922	73.90	45.40
镇江市	**3 847**	**315.48**	**191.55**
丹阳市	1 047	97.40	62.63
扬中市	331	34.01	21.43
句容市	1 387	62.22	38.78
泰州市	**5 787**	**462.98**	**284.4**
兴化市	2 395	125.40	77.07
靖江市	656	68.58	42.18
泰兴市	1 170	107.60	66.15
姜堰市	928	72.92	44.76
宿迁市	**8 555**	**479.80**	**276.4**
沭阳县	2 298	155.30	101.76
泗阳县	1 418	84.90	47.74
泗洪县	2 731	92.30	48.13

地区生产总值（亿元）	第一产业增加值	第二产业增加值	工　业	第三产业增加值
1 920.91	**247.98**	**889.20**	**737.20**	**783.73**
228.64	45.01	93.66	73.68	89.97
155.09	25.17	66.89	55.55	63.03
221.88	40.49	96.50	75.39	84.89
142.39	22.94	58.42	50.43	61.03
3 120.00	**456.13**	**1 472.87**	**1 258.22**	**1 191.00**
181.35	35.58	89.85	80.33	55.92
267.69	49.70	117.89	99.78	100.10
274.99	46.34	131.61	98.40	97.04
320.31	69.59	129.38	117.54	121.34
324.47	42.13	154.35	133.83	127.99
506.69	78.33	231.89	204.71	196.47
393.36	63.34	173.82	151.25	156.20
2 933.20	**205.19**	**1 554.46**	**1 344.66**	**1 173.55**
323.03	55.43	151.85	121.50	115.75
370.27	19.30	212.86	187.73	138.11
336.00	55.96	156.05	126.29	123.99
2 630.42	**115.77**	**1 419.54**	**1 309.54**	**1 095.11**
830.51	44.79	447.76	428.85	337.96
360.20	11.50	202.69	195.20	146.01
336.86	31.71	177.89	164.64	127.26
2 701.67	**191.75**	**1 434.53**	**1 237.05**	**1 075.39**
512.36	81.54	222.50	190.40	208.32
600.85	18.88	335.88	310.80	246.09
543.55	42.80	291.15	253.82	209.60
405.86	31.68	210.80	172.44	163.38
1 522.03	**226.80**	**716.85**	**589.82**	**578.38**
480.50	71.76	220.49	194.31	188.25
273.74	46.21	137.97	113.88	89.56
264.63	49.17	111.14	89.17	104.32

20–2（续2）

市（县）名称	工业总产值（当年价格）（亿元）	主营业务收入（亿元）	利税总额（亿元）
南京市	**11 437.80**	**11 283.26**	**1 372.78**
溧水县	621.67	620.81	97.45
高淳县	611.48	636.15	79.50
无锡市	**14 446.85**	**14 191.69**	**1 261.48**
江阴市	5 915.23	5 786.94	565.88
宜兴市	2 694.80	2 665.89	195.24
徐州市	**8 882.29**	**8 837.26**	**1 319.96**
丰　县	328.83	319.38	48.11
沛　县	1 001.24	996.88	138.07
睢宁县	559.86	543.52	85.26
新沂市	878.41	907.75	112.41
邳州市	1 502.86	1 485.78	251.71
常州市	**8 970.30**	**9 097.95**	**730.30**
溧阳市	1 355.68	1 364.32	109.85
金坛市	571.37	576.77	58.21
苏州市	**28 745.54**	**28 998.80**	**1 817.39**
常熟市	3 369.21	3 356.42	238.60
张家港市	4 700.56	4 874.35	186.35
昆山市	7 686.82	7 703.16	522.86
太仓市	1 831.88	1 777.51	133.35
南通市	**9 890.12**	**9 690.95**	**1 160.15**
海安县	1 257.50	1 206.92	147.71
如东县	1 243.68	1 231.69	148.32
启东市	1 156.90	1 127.38	142.32
如皋市	1 360.88	1 280.49	108.78
海门市	1 425.03	1 424.61	233.81
连云港市	**3 413.38**	**3 346.45**	**423.96**
赣榆县	816.05	810.10	71.63
东海县	481.20	476.05	58.19
灌云县	392.11	386.36	41.93
灌南县	410.99	406.49	51.80

利润总额（亿元）	社会消费品零售总额（亿元）	进出口总额（亿美元）	进口	出口
604.44	**3 103.82**	**552.35**	**233.34**	**319.01**
66.27	103.18	3.37	0.20	3.17
49.93	120.07	3.38	0.26	3.12
878.69	**2 443.24**	**707.72**	**294.60**	**413.13**
385.29	515.48	192.65	87.50	105.15
135.97	371.28	49.59	17.70	31.89
743.38	**1 312.50**	**83.27**	**20.39**	**62.88**
27.25	68.58	1.71	0.00	1.71
75.27	124.42	3.76	0.07	3.69
60.00	85.22	7.22	2.33	4.89
67.64	83.06	4.30	1.79	2.51
163.27	114.06	14.43	0.41	14.02
443.77	**1 413.33**	**290.28**	**90.68**	**199.60**
67.39	198.26	11.29	2.74	8.55
34.59	156.73	16.03	2.39	13.65
1 252.70	**3 240.97**	**3 056.92**	**1 310.03**	**1 746.89**
172.30	499.54	197.49	68.28	129.21
84.48	370.73	319.62	191.50	128.11
401.64	493.62	865.68	310.51	555.17
85.40	195.07	126.21	69.61	56.60
786.59	**1 719.27**	**263.01**	**75.15**	**187.86**
113.09	181.98	14.99	2.21	12.79
102.55	202.18	12.81	2.83	9.99
93.59	228.73	20.28	5.85	14.43
65.91	229.85	35.88	12.16	23.72
153.80	237.12	16.92	4.54	12.38
273.20	**575.49**	**80.02**	**44.01**	**36.01**
43.63	108.28	3.91	1.12	2.79
38.26	107.89	2.76	0.64	2.12
30.42	78.69	2.35	0.19	2.15
31.06	54.01	1.62	0.27	1.34

20–2（续3）

市（县）名称	工业总产值（当年价格）（亿元）	主营业务收入（亿元）	利税总额（亿元）
淮安市	**3 952.61**	**3 953.91**	**378.48**
涟水县	433.06	421.52	30.49
洪泽县	367.28	359.86	34.21
盱眙县	485.65	498.82	25.95
金湖县	303.60	300.13	18.47
盐城市	**5 554.35**	**5 561.88**	**690.89**
响水县	438.23	435.04	55.67
滨海县	426.55	430.25	52.68
阜宁县	436.90	443.67	39.48
射阳县	465.14	461.13	38.03
建湖县	529.69	525.10	59.62
东台市	748.45	746.19	76.01
大丰市	564.17	557.02	52.46
扬州市	**7 198.48**	**7 037.79**	**865.25**
宝应县	607.60	588.65	51.81
仪征市	1 049.86	1 012.94	133.39
高邮市	726.84	717.50	80.51
镇江市	**6 105.69**	**5 975.34**	**567.37**
丹阳市	1 931.79	1 899.27	141.19
扬中市	877.53	846.29	95.99
句容市	896.48	893.04	85.11
泰州市	**7 127.29**	**6 918.60**	**900.98**
兴化市	957.08	950.94	93.38
靖江市	1 726.63	1 626.93	214.64
泰兴市	1 429.71	1 414.05	225.32
姜堰市	800.41	757.96	83.94
宿迁市	**2 248.28**	**2 213.14**	**346.38**
沭阳县	683.82	676.76	100.35
泗阳县	377.88	379.42	45.42
泗洪县	345.68	322.47	53.54

利　润 总　额 （亿元）	社会消费品 零售总额 （亿元）	进 出 口 总　　额 （亿美元）		
			进　口	出　口
209.13	**633.24**	**42.38**	**8.73**	**33.64**
19.01	64.48	3.31	0.27	3.04
22.51	58.88	1.93	0.56	1.36
17.44	62.52	4.21	0.24	3.97
12.40	55.75	3.09	0.05	3.04
396.91	**1 023.20**	**57.54**	**22.89**	**34.65**
41.50	42.18	4.56	1.03	3.53
31.63	69.98	2.14	0.19	1.95
19.70	82.09	1.69	0.24	1.45
18.35	110.00	2.45	0.63	1.82
32.10	108.32	3.22	0.41	2.81
40.85	158.09	4.53	0.43	4.10
28.41	108.80	8.46	3.78	4.68
498.81	**973.97**	**101.73**	**20.01**	**81.72**
28.96	105.35	6.20	1.48	4.72
92.59	114.75	9.32	4.79	4.53
46.81	110.57	3.27	0.26	3.01
363.11	**766.46**	**114.13**	**36.76**	**77.37**
92.91	202.38	26.51	4.67	21.84
60.09	90.32	4.81	1.19	3.63
40.73	93.31	6.11	1.66	4.45
538.06	**737.57**	**103.67**	**34.22**	**69.45**
53.59	112.69	5.82	1.17	4.65
148.20	123.25	35.10	11.66	23.44
139.49	142.95	20.36	9.59	10.77
53.11	122.15	7.71	1.39	6.32
250.83	**388.23**	**27.93**	**4.75**	**23.18**
67.10	108.34	5.29	0.54	4.76
33.12	63.58	5.93	0.15	5.78
36.30	65.24	3.58	0.16	3.42

20–2（续4）

市（县）名称	固　定 资产投资 （亿元）	房地产 开发投资 （亿元）	实际利用 外资金额 （亿美元）
南京市	**4 558.49**	**971.96**	**41.30**
溧水县	350.11	22.88	1.51
高淳县	302.01	23.95	0.81
无锡市	3 581.12	974.37	40.10
江阴市	834.28	181.39	7.98
宜兴市	480.56	107.51	4.70
徐州市	**2 685.89**	**310.07**	**17.00**
丰　县	127.33	15.97	0.69
沛　县	292.32	20.03	1.70
睢宁县	153.22	13.85	1.29
新沂市	270.64	32.38	1.85
邳州市	393.88	28.26	1.80
常州市	**2 621.56**	**597.01**	**33.61**
溧阳市	373.24	37.62	4.05
金坛市	219.93	27.64	2.51
苏州市	**5 142.51**	**1 263.36**	**91.65**
常熟市	602.12	86.41	9.56
张家港市	691.07	83.76	9.52
昆山市	767.62	245.02	17.54
太仓市	459.93	69.47	8.11
南通市	**2 886.47**	**481.74**	**22.05**
海安县	322.66	34.18	2.52
如东县	310.79	21.19	3.20
启东市	359.53	32.20	2.39
如皋市	329.86	27.42	2.14
海门市	370.86	36.43	1.22
连云港市	**1 280.88**	**162.23**	**7.34**
赣榆县	202.31	15.79	1.30
东海县	189.35	18.09	1.39
灌云县	164.46	11.92	0.55
灌南县	163.04	14.01	0.23

公共财政预算收入（亿元）	公共财政预算支出（亿元）	金融机构存款余额（亿元）		金融机构贷款余额（亿元）
			城乡居民储蓄余额	
733.02	**769.66**	**16 131.41**	**4 465.37**	**12 314.41**
29.20	34.97	210.12	111.20	160.84
22.00	31.73	176.88	100.58	156.79
658.03	648.61	10 293.40	3 731.83	7 467.03
167.19	154.00	2 347.59	792.49	1 811.65
78.38	82.52	1 490.35	648.64	1 115.57
366.76	**530.05**	**3 364.47**	**1 794.72**	**2 047.23**
24.92	47.26	174.42	129.26	96.64
38.96	61.81	292.91	191.81	108.77
25.56	48.62	215.60	152.56	117.23
32.85	52.83	180.01	124.10	157.13
42.12	68.22	251.48	167.76	188.92
378.99	**391.22**	**5 604.90**	**2 473.27**	**3 832.80**
40.50	45.84	645.20	332.54	436.64
23.11	31.72	400.96	229.59	286.90
1 204.33	**1 113.47**	**17 663.50**	**5 787.75**	**13 626.86**
128.15	128.27	2 031.19	907.18	1 509.74
149.61	142.92	2 064.68	746.76	1 490.75
220.28	195.15	2 364.12	787.13	1 601.39
90.15	86.16	1 018.88	377.17	863.41
419.72	**513.01**	**6 297.19**	**3 588.06**	**3 832.14**
37.53	55.30	681.06	426.65	454.33
32.17	54.44	504.06	348.72	247.82
52.21	59.59	691.33	481.71	402.73
53.60	71.08	670.20	436.10	354.53
51.61	55.96	719.57	481.84	421.40
208.94	**312.55**	**1 503.66**	**723.59**	**1 196.58**
29.21	53.69	188.93	121.39	140.69
27.46	48.00	186.71	121.83	133.41
25.86	41.02	143.28	87.16	97.79
25.59	41.88	88.23	62.06	69.26

20–2（续 5）

市（县）名称	固　定资产投资（亿元）	房地产开发投资（亿元）	实际利用外资金额（亿美元）
淮安市	**1 247.99**	**280.55**	**21.21**
涟水县	139.31	36.35	2.10
洪泽县	92.34	17.64	2.25
盱眙县	173.33	44.63	2.80
金湖县	85.37	19.22	2.00
盐城市	**1 940.89**	**273.41**	**21.11**
响水县	141.99	10.06	1.32
滨海县	187.32	19.82	1.50
阜宁县	163.00	19.74	1.68
射阳县	168.31	15.16	1.60
建湖县	177.75	19.71	1.60
东台市	278.41	30.26	3.10
大丰市	216.56	19.50	3.10
扬州市	**1 783.65**	**235.84**	**21.38**
宝应县	197.69	16.44	1.00
仪征市	247.45	14.61	3.52
高邮市	234.29	20.25	0.98
镇江市	**1 500.67**	**205.48**	**22.14**
丹阳市	280.53	33.61	4.76
扬中市	147.03	14.06	1.67
句容市	174.39	43.32	4.26
泰州市	**1 454.59**	**234.48**	**14.50**
兴化市	189.30	16.10	1.35
靖江市	283.38	43.43	2.61
泰兴市	261.10	33.20	2.52
姜堰市	215.62	32.82	1.12
宿迁市	**1 025.56**	**218.64**	**4.52**
沭阳县	258.16	51.51	1.01
泗阳县	184.46	39.31	0.64
泗洪县	160.65	35.01	0.64

公共财政预算收入（亿元）	公共财政预算支出（亿元）	金融机构存款余额（亿元）	城乡居民储蓄余额	金融机构贷款余额（亿元）
233.61	**339.86**	**1 502.79**	**806.86**	**1 173.18**
21.62	43.66	176.46	104.47	107.17
17.10	28.43	97.25	48.70	78.65
23.15	40.26	171.07	89.96	134.80
15.35	25.33	128.70	76.69	103.64
312.78	**473.48**	**2 699.33**	**1 519.33**	**1 831.44**
19.73	35.86	99.66	57.76	81.40
24.94	48.09	158.33	97.14	109.94
25.48	46.55	202.08	135.70	138.82
20.80	43.83	204.49	132.17	153.51
32.94	53.29	231.59	161.89	171.83
43.67	62.75	442.73	324.20	231.17
40.01	55.42	321.76	198.10	203.48
225.00	**284.80**	**3 310.84**	**1 697.51**	**2 006.50**
20.71	37.04	262.79	171.88	163.41
24.66	26.44	333.11	194.23	183.58
21.72	36.98	296.25	203.41	167.79
215.48	**235.25**	**2 850.51**	**1 301.36**	**2 073.29**
50.09	54.31	725.50	372.35	588.11
22.57	25.36	350.86	198.60	239.03
25.02	35.86	318.78	176.17	216.10
223.62	**300.90**	**3 032.63**	**1 546.53**	**2 007.97**
29.46	58.68	412.47	275.48	264.26
44.01	47.77	654.18	314.65	408.86
32.61	50.58	466.13	294.54	272.19
23.54	34.95	424.96	254.23	305.79
158.13	**272.40**	**1 226.87**	**621.02**	**1 002.86**
48.79	78.20	280.00	183.96	223.84
21.76	42.00	206.18	111.75	157.32
19.76	44.42	181.74	109.26	159.41

20-2（续6）

市（县）名称	在岗职工平均工资（元）	城镇居民人均可支配收入（元）	农民人均纯收入（元）
南京市	**60 404**	**35 092**	**14 786**
溧水县	45 820	31 602	14 356
高淳县	45 332	33 032	14 816
无锡市	**56 883**	**35 663**	**18 509**
江阴市	58 903	39 437	19 660
宜兴市	51 361	33 210	16 862
徐州市	**44 070**	**21 716**	**10 762**
丰　县	34 189	16 186	9 783
沛　县	35 433	19 227	11 351
睢宁县	31 094	16 447	9 541
新沂市	35 337	17 617	9 808
邳州市	35 535	20 542	11 282
常州市	**55 764**	**33 326**	**16 737**
溧阳市	47 577	29 852	15 261
金坛市	43 249	31 738	15 608
苏州市	**57 622**	**39 079**	**19 396**
常熟市	53 982	39 561	19 467
张家港市	56 591	39 695	19 460
昆山市	53 461	39 740	19 563
太仓市	57 037	39 422	19 411
南通市	**49 399**	**28 292**	**13 231**
海安县	46 226	26 771	12 663
如东县	46 063	26 768	12 156
启东市	45 604	26 875	14 127
如皋市	46 686	26 010	11 663
海门市	48 578	29 631	15 162
连云港市	**44 124**	**20 816**	**9 589**
赣榆县	41 450	19 533	10 310
东海县	37 839	19 726	9 910
灌云县	38 117	15 943	8 929
灌南县	38 020	18 535	8 472

农、林、牧、渔总产值（亿元）	粮食总产量（万吨）	油料总产量（万吨）	肉类总产量（万吨）	水产品总产量（万吨）
318.54	**117.50**	**10.63**	**12.42**	**20.75**
50.03	24.46	2.11	1.92	2.80
52.53	18.70	1.97	1.67	4.18
224.15	**81.65**	**0.87**	**10.95**	**12.61**
78.67	20.35	0.20	4.93	2.68
77.38	48.72	0.63	3.98	7.91
712.55	**471.73**	**10.63**	**97.14**	**18.14**
88.69	52.89	0.47	15.14	0.46
120.72	61.17	0.20	19.49	1.40
104.69	91.62	1.66	13.20	2.24
91.62	65.69	5.83	13.18	5.00
149.44	82.77	1.63	20.45	2.82
219.58	**114.80**	**3.77**	**14.32**	**18.12**
69.75	54.52	2.58	2.45	6.74
51.84	28.26	0.86	4.57	4.47
337.72	**116.46**	**2.59**	**14.21**	**28.89**
62.68	32.22	0.80	2.14	3.80
48.73	28.05	0.40	1.30	1.78
41.65	12.42	0.18	0.63	5.32
57.52	21.48	0.55	5.93	3.91
548.86	**332.97**	**39.20**	**48.11**	**84.81**
87.57	63.29	1.48	9.26	3.20
109.79	91.89	4.69	10.00	28.34
108.91	26.39	9.50	5.88	35.62
85.02	74.02	3.68	10.87	2.42
73.70	18.43	9.28	4.24	8.39
426.24	**361.35**	**11.78**	**29.55**	**70.13**
116.73	56.47	6.87	7.26	43.01
95.34	114.33	4.59	7.52	5.45
90.85	80.49	0.09	5.36	4.83
69.91	62.90	0.22	4.99	3.22

20-2（续7）

市（县）名称	在岗职工平均工资（元）	城镇居民人均可支配收入（元）	农民人均纯收入（元）
淮安市	**41 966**	**20 950**	**9 838**
涟水县	33 535	18 116	9 185
洪泽县	39 144	21 717	10 838
盱眙县	38 259	22 230	10 031
金湖县	38 715	22 075	10 624
盐城市	**40 357**	**21 941**	**11 898**
响水县	34 503	18 208	9 861
滨海县	37 387	19 090	10 429
阜宁县	34 097	18 253	10 545
射阳县	36 325	19 373	11 726
建湖县	38 191	21 215	11 705
东台市	40 450	23 868	13 647
大丰市	40 055	22 471	13 517
扬州市	**47 799**	**25 712**	**12 686**
宝应县	41 074	18 988	11 670
仪征市	48 286	26 658	12 244
高邮市	43 479	22 588	11 828
镇江市	**47 626**	**30 045**	**14 518**
丹阳市	45 844	30 120	15 171
扬中市	48 569	33 442	16 631
句容市	42 863	29 625	13 235
泰州市	**42 985**	**26 574**	**12 493**
兴化市	36 266	24 165	11 827
靖江市	43 073	28 803	13 715
泰兴市	40 703	26 338	12 505
姜堰市	37 187	26 714	12 228
宿迁市	**39 569**	**16 991**	**9 495**
沭阳县	33 960	17 215	9 557
泗阳县	32 205	16 474	9 541
泗洪县	38 508	15 935	9 327

农、林、牧、渔总产值（亿元）	粮食总产量（万吨）	油料总产量（万吨）	肉类总产量（万吨）	水产品总产量（万吨）
456.18	**456.11**	**9.95**	**32.03**	**25.17**
85.81	90.84	3.51	7.44	1.77
50.49	42.06	0.27	2.27	5.42
75.26	97.20	2.67	7.29	5.11
41.54	50.67	0.83	1.42	4.81
925.20	**672.71**	**30.94**	**88.94**	**106.11**
63.50	53.17	2.53	4.73	6.26
88.58	91.16	4.21	10.76	9.41
91.46	92.25	1.97	19.04	6.87
154.26	107.93	3.53	8.36	19.46
77.25	69.19	1.61	6.08	9.59
169.14	91.13	7.18	14.24	17.10
145.54	77.64	7.11	12.24	16.52
369.08	**308.35**	**7.41**	**19.11**	**39.20**
99.33	91.13	1.45	4.87	14.82
35.00	33.71	0.98	2.41	0.61
102.96	86.04	2.28	4.83	16.03
176.49	**129.26**	**5.67**	**8.49**	**8.90**
63.89	50.48	1.11	2.45	3.76
18.32	10.78	0.15	0.96	0.68
48.83	34.77	3.30	1.50	2.49
322.11	**323.77**	**11.63**	**25.63**	**35.91**
138.06	139.31	3.46	5.72	27.25
31.66	33.53	0.40	3.00	0.99
71.26	69.43	3.92	8.28	2.33
52.97	54.78	2.74	5.63	3.75
415.98	**388.75**	**4.75**	**36.65**	**24.97**
136.74	131.84	1.41	10.14	1.82
82.40	60.59	1.18	5.32	7.53
98.24	102.79	1.65	7.56	9.55

20－3 江苏省各城市

项 目	单 位	南京市区	无锡市区	徐州市区	常州市区	苏州市区
土地面积	平方公里	4 733	1 643	3 038	1 862	4 467
年末总人口	万人	732.33	359.32	313.49	336.81	545.45
从业人员	万人	418.50	215.20	163.90	193.88	318.64
地区生产总值	亿元	6 466.92	3 946.79	2 402.93	3 021.64	6 047.99
第一产业	亿元	125.44	41.85	67.79	59.70	72.47
第二产业	亿元	2 755.36	1 986.90	1 307.01	1 633.15	3 221.30
第三产业	亿元	3 586.12	1 918.04	1 028.13	1 328.79	2 754.22
人均地区生产总值	元	88 626	110 164	76 923	90 108	111 628
固定资产投资	亿元	3 906.36	2 303.23	1 448.50	2 028.39	2 621.76
规模工业总产值	亿元	10 171.97	5 836.82	4 611.08	7 043.25	11 157.07
规模工业主营业务收入	亿元	10 026.30	5 738.86	4 583.95	7 156.86	11 287.35
规模工业利税总额	亿元	1 195.83	500.36	684.41	562.24	735.19
公共财政预算收入	亿元	681.82	412.46	202.34	315.38	616.14
公共财政预算支出	亿元	702.95	412.09	251.32	313.66	560.98
年末金融机构各项存款余额	亿元	15 744.41	6 455.46	2 250.06	4 558.74	10 184.63
#居民储蓄存款	亿元	4 253.59	2 290.70	1 029.23	1 911.14	2 969.51
年末金融机构各项贷款余额	亿元	11 996.78	4 539.81	1 378.53	3 109.26	8 161.57
社会消费品零售总额	亿元	2 880.57	1 556.48	837.16	1 058.35	1 682.02
进出口总额	亿美元	546.09	465.48	51.85	262.95	1 547.91
#出口总额	亿美元	312.87	276.09	36.06	177.39	877.79
实际利用外资	亿美元	38.99	27.42	9.67	27.05	46.93
星级饭店数	个	107	33	49	38	76
邮电业务收入	亿元	109.82	64.84	30.33	52.24	136.47
本地电话用户	万户	268.43	122.34	107.61	118.05	177.52
移动电话年末用户	万户	1 137.00	548.20	391.60	395.03	840.82
国际互联网用户	万户	756.41	119.84	93.18	102.64	164.30

主要统计指标

南通市区	连云港市区	淮安市区	盐城市区	扬州市区	镇江市区	泰州市区	宿迁市区
1 521	12 00	3 110	1 862	2 351	1 082	640	2 108
232.30	109.74	265.82	161.16	241.43	121.85	88.48	147.30
138.07	51.88	188.34	97.60	138.94	68.71	54.24	78.77
1 758.13	564.00	1 172.91	855.01	1 949.19	1 151.97	742.63	549.88
54.08	31.69	114.37	71.12	73.16	27.77	16.85	55.99
922.61	286.41	573.73	517.18	1 069.01	601.83	444.22	287.22
781.44	245.90	484.81	266.80	806.93	522.37	281.56	206.67
76 058	52 392	44 251	53 039	80 824	94 880	84 093	37 491
1 192.76	561.71	757.65	607.54	1 104.21	898.73	505.20	422.29
3 446.13	1 312.88	2 363.01	1 945.22	4 814.17	2 399.90	2 213.47	840.89
3 419.86	1 270.03	2 369.79	1 963.48	4 718.70	2 336.74	2 168.73	834.48
379.22	200.62	236.92	316.94	599.54	245.07	283.70	147.08
192.60	100.81	156.39	105.21	157.90	117.80	94.00	67.81
216.64	127.96	202.18	127.68	184.34	119.72	108.91	107.78
3 030.97	896.52	929.32	1 038.68	2 418.69	1 455.38	1 074.90	558.95
1 413.05	331.15	487.05	412.37	1 127.99	554.25	407.64	216.06
1 956.33	755.44	748.93	741.29	1 491.71	1 030.05	756.87	462.29
639.41	226.62	391.62	343.74	637.20	380.45	236.53	151.08
162.12	69.41	29.87	30.48	83.23	76.69	34.69	13.13
114.56	27.62	22.25	14.31	69.46	47.45	24.27	9.22
10.59	3.87	12.05	7.20	15.88	11.45	6.89	2.24
53	42	19	17	43	21	12	12
29.59	13.77	16.48	19.98	29.28	13.37	10.91	8.83
87.96	39.58	56.86	34.15	84.02	47.05	25.78	28.74
317.39	136.01	172.90	179.05	300.90	155.16	105.42	135.54
68.92	29.92	28.91	23.64	57.57	34.70	14.15	66.69

20-3（续）

项　目	单　位	南京市区	无锡市区	徐州市区	常州市区	苏州市区
全年用电量	亿千瓦时	403.93	260.46	195.16	254.14	514.08
#城乡居民生活用电	亿千瓦时	56.01	27.36	17.94	24.36	45.62
在岗职工平均工资	元	64 937	57 417	50 715	59 441	59 692
城市居民人均可支配收入	元	36 322	34 741	26 818	33 588	37 531
城市居民人均消费性支出	元	23 493	22 682	15 705	20 519	23 092
#食品	元	8 157	7 827	5 724	7 406	8 503
人均住房建筑面积	平方米	29.7	33.2	27.8	35.3	31.3
居民消费价格指数	—	101.5	102.3	103.2	102.2	102.6
普通高等学校在校学生数	万人	65.19	9.45	11.58	8.82	14.22
公共图书馆图书总藏量	万册、件	1 518	386	128	317	1 099
卫生机构数	个	2 021	1 072	1 454	731	1 471
卫生机构床位数	万张	3.49	1.96	2.19	1.59	2.54
执业（助理）医师	万人	1.79	0.82	0.72	0.74	1.16
供水总量	万吨	121 401	45 257	22 029	27 416	79 575
用水人口	万人	567.27	243.26	148.10	140.87	278.46
道路面积	万平方米	11 424	5 936	3 239	3 451	7 698
生活污水处理率	%	94.6	95.5	87.0	93.8	91.8
建成区绿化覆盖面积	公顷	28 756	13 483	10 679	7 735	18 286
园林绿地面积	公顷	82 597	17 958	14 436	7 914	20 904
公园绿地面积	公顷	7 908	3 554	2 430	1 759	4 271
人均公园绿地面积	平方米	13.9	14.6	16.1	12.5	15.3
公共汽（电）车运营车辆数	辆	6 396	4 520	2 598	2 821	6 306
公共汽（电）车客运总量	万人次	107 118	59 823	35 135	44 339	91 246
出租汽车数	辆	10 643	4 961	6 150	3 180	8 132

南通市区	连云港市区	淮安市区	盐城市区	扬州市区	镇江市区	泰州市区	宿迁市区
85.83	43.12	82.91	42.07	98.98	101.47	45.80	56.00
9.20	7.49	12.56	8.56	15.88	8.47	5.70	5.88
52 572	48 007	44 707	46 720	50 657	49 884	48 832	48 861
30 206	24 342	22 995	25 867	28 001	29 454	27 460	18 311
18 981	15 615	14 863	17 107	17 550	18 519	17 071	12 348
7 000	5 787	5 598	5 543	6 733	7 278	6 153	4 586
36.0	32.6	35.6	36.2	38.0	34.7	41.8	39.5
101.7	101.1	103.2	102.3	102.6	102.4	104.0	102.4
7.54	3.38	6.71	5.46	7.18	8.23	4.85	1.71
198	133	242	110	220	198	78	44
1 072	608	1 122	656	1 084	400	358	787
1.35	0.66	1.24	0.84	1.18	0.73	0.50	0.52
0.62	0.32	0.57	0.37	0.55	0.36	0.24	0.23
20 803	10 099	19 257	7 328	16 819	16 096	7 038	6 108
148.62	82.28	136.00	76.85	106.21	87.61	66.54	56.06
3 364	1 711	2 632	1 641	2 217	1 971	1 733	1 535
90.0	83.2	78.6	85.4	93.0	90.0	85.2	85.0
6 449	5 588	5 446	3 802	5 508	5 075	2 874	2 893
6 405	19 464	5 916	3 963	6 540	7 059	2 578	7 933
1 905	1 129	1 650	921	1 858	1 483	634	703
12.8	13.7	12.0	12.0	17.3	16.9	9.5	12.5
1 600	953	1 146	930	1 526	1 289	1 043	977
14 507	13 487	17 188	9 904	19 395	13 525	10 076	8 406
3 052	2 276	2 171	2 846	3 620	2 342	2 902	2 189

21篇
统计公报
CHAPTER 21
STATISTICAL
BULLETIN

2012 年镇江市国民经济和社会发展统计公报

2012 年，在市委、市政府的正确领导下，全市上下牢牢把握“稳中求进”的总基调，深入开展“创先争优、对标找差”活动，积极应对严峻复杂的宏观经济形势，大力实施项目化发展战略，着力提升科技创新能力，努力破解各种要素制约，狠抓各项扶企惠民措施落实，经济社会发展实现了“稳增长、调结构、惠民生”各项预期目标任务。

■ 综合

初步核算，全年实现地区生产总值 2630.1 亿元，按可比价计算比上年增长 12.8%。其中，第一产业增加值 116.7 亿元，增长 5.4%；第二产业增加值 1419.5 亿元，增长 13.1%；第三产业增加值 1093.8 亿元，增长 13.0%。三次产业结构由上年的 4.4:55.0:40.6 调整为 4.4：54.0：41.6，服务业增加值占地区生产总值比重 42.2%。人均地区生产总值（按常住人口计算）83636 元，增长 12.0%，按现行汇率计算折合 13250 美元。

全年实现公共财政预算收入 215.5 亿元，增长 18.5%，其中：税收收入 174.1 亿元，增长 19.4%。按税种分，营业税 67.0 亿元，增长 50.9%；增值税 23.3 亿元，下降 1.4%；企业所得税 20 亿元，下降 2.1%；个人所得税 7 亿元，下降 7.6%。全年完成公共财政预算支出 233.6 亿元，增长 15.4%，其中教育、科学技术、社会保障和就业、医疗卫生分别增长 43.9%、22.3%、13.1%、20.5%。

被国务院授予全国首批创业先进城市。年末从业人员 191.6 万人，其中：第一产业 24.7 万人、第二产业 92.0 万人、第三产业 74.9 万人。全年新增城镇就业岗位 10.1 万个，比上年增加 0.3 万人；转移农村劳动力 3.3 万人。年末城镇登记失业率 2.32%。

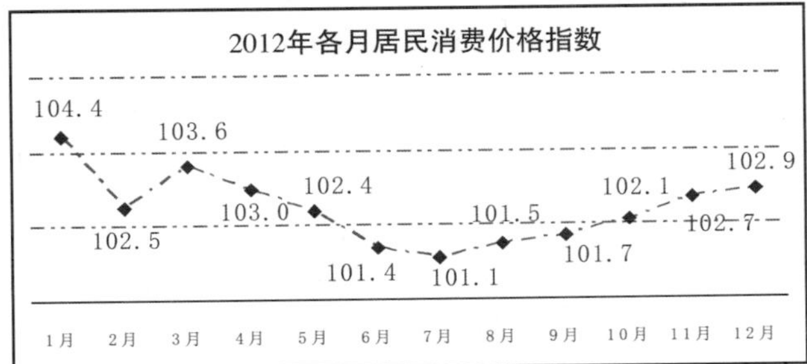

全年居民消费价格总体呈现回落趋稳走势，总指数为 102.4%，比上年增长 2.4%。八大类消费品价格“七升一降”，其中食品类上涨 4.9%，烟酒类上涨 4%，衣着类上涨 5.1%，家庭设备用品及维修服务类上涨 2%，医疗保健和个人用品类上涨 0.9%，交通和通信类上涨 0.3%，居住类上涨 0.9%；娱乐教育文化用品及服务类下降 0.1%。

■ 农业、农村

全年实现农林牧渔业总产值 177.8 亿元，按可比价格计算，比上年增长 5.3%。其中：农业 95.3 亿元，增长 5.3%；林业 6.9 亿元，增长 3.4%；畜牧业 25.8 亿元，增长 4.6%；渔业 24.9 亿元，增长 5.6%；农林牧渔服务业 24.9 亿元，增长 6.3%。

全年粮食总产量 129.3 万吨，比上年增长 6%；油料总产量 5.7 万吨，比上年增长 29.6%。全年粮食种植面积为 359.8 万亩，比上年增加 1.7 万亩；油料种植面积为 39.3 万亩，比上年减少 1.2 万亩。主要畜牧产品中，肉类总产量 8.5 万吨，比上年增长 3.0%。生猪出栏 58.8 万头，比上年增长 5.3%；家禽出栏量 1939.8 万只，比上年增长 6.4%。全年水产品产量 8.9 万吨，比上年增长 1.2%。

截止 12 月末，全市高效设施农业面积 54.34 万亩，高效设施渔业面积 4.8 万亩，比上年分别新增 22.2、1.5 万亩。全年完成疏浚县乡河道 48 条，疏浚土方 293 万立方米；完成防渗渠道建设 235 公里。年末拥有省级现代农业园区 6 家，比上年增加 1 家。

2012 年主要农产品产量

指　标	单　位	实　绩	±%
粮食	万吨	129.3	6.0
谷物	万吨	126.2	6.1
豆类	万吨	1.7	13.3
油料	万吨	5.7	30.4
棉花	万吨	0.2	24.5
肉猪出栏数	万头	58.8	5.3
家禽出栏数	万只	1 939.8	6.4

■ 工业、建筑业

截止 12 月末，全市规模以上工业企业 2155 家，其中：大型企业 41 家，中型企业 247 家，小微企业 1867 家。全年规模以上工业实现总产值 6157.8 亿元，比上年增长 17.3%；实现规模工业增加值增长 14.8%。按轻重工业分：轻工业实现总产值 1118 亿元，比上年增长 13.1%；重工业实现总产值 5039.8 亿元，比上年增长 18.3%。按规模分：大中型企业实现工业总产值 3499.1 亿元，增长 14.8%；小微企业实现工业总产值 2658.7 亿元，增长 20.9%。按注册类型分：国有经济实现工业总产值 278.1 亿元，增长 36.5%；三资经济实现工业总产值 2114 亿元，增长 14.4%；民营经济实现工业总产值 3623.8 亿元，增长 18.4%。重点行业较快稳定增长，电气机械和器材制造业、化学原料和化学制品制造业、金属制品业产值分别增长 24.6%、20.7% 和 22.2%。在列统的 48 个主要工业产品中，有 28 个产品产量比上年增长。

全年规模以上工业实现销售收入 5950.8 亿元，比上年增长 16.9%；工业产品销售率 98.1%，比上年下降 0.2 个百分点；实现利税总额 558.9 亿元，比上年增长 15.9%；利润总额 358.1 亿元，比上年增长 15.9%。企业亏损面 10.6%，比上年扩大 3.2 个百分点，亏损企业亏损额 8.19 亿元，比上年增长 100.3%。

“五大”主导产业实现销售收入、利税总额和利润总额 5073.8 亿元、468.9 亿元和 302.1 亿元，比上年分别增长 16.9%、17.3% 和 16.3%。“五大”新兴产业实现销售收入 2208.6 亿元，比上年增长 35.1%。全市规模工业综合能源消费量 1182.9 万吨标准煤，比上年增长 6.2%；规模以上工业单位产值能耗 0.19 吨标准煤 / 万元，比上年下降 9.5%。

年末全市拥有资质以上建筑业企业 402 家，比上年增加 9 家。全年完成建筑业产值 385 亿元，比上年增长 13.7%。全年房屋建筑施工面积 2200 万平米，比上年增加 310 万平方米；房屋建筑竣工面积 1100 万平米，比上年增加 252 万平方米。年末建筑业从业人员数 15 万人，比上年增加 1.2 万人。

■ 固定资产投资

全年固定资产投资完成 1500.7 亿元，比上年增长 22%，其中工业投资完成 883.7 亿元，比上年增长 22.5%，服务业投资完成 612.5 亿元，比上年增长 22.7%。按注册类型分：国有经济投资 270 亿元，比上年下降 5%，三资经济投资 222 亿元，比上年增长 6.7%，民营经济投资 987.2 亿元，比上年增长 37.7%。新兴产业投资完成 612.8 亿元，比上年增长 60.7%。全年在建亿元以上项目 509 个，比上年增加 53 个，完成投资 960.9 亿元，比上年增长 33.1%，其中：新开工亿元以上项目 306 个，完成投资 537.4 亿元，比上年分别增长 79%、38.5%。

全年完成房地产开发投资 205.5 亿元，比上年增长 45.2%，商品房施工面积 1696.6 万平方米，比上年增长 4.7%，竣工面积 403.7 万平方米，比上年增长 4.5%。全年商品房销售面积 420.2 万平方米，比上年增长 26.8%；商品房销售额 233.8 亿元，比上年增长 13.9%。

■ 国内贸易

限额以上批零业主要商品销售额

单位：亿元、%

指　标	销售总额	
	绝对值	增速
食品、饮料、烟酒类	116.90	12.3
化妆品类	3.44	14.5
金银珠宝类	8.45	7.1
日用品类	16.45	10.6
书报杂志类	2.66	8.0
家用电器和音像器材类	30.99	21.4
中西药品类	24.46	20.0
文化办公用品类	8.15	18.2
通讯器材类	6.20	9.6
石油及制品类	121.38	12.3
建筑及装潢材料类	23.28	16.1
汽车类	85.89	13.2

全年实现社会消费品零售总额 761.7 亿元，比上年增长 15.7%，按行业分：批发业零售额 112.5 亿元，增长 26.6%；零售业零售额 559.8 亿元，增长 12.7%；住宿业零售额 6.9 亿元，增长 11.0%；餐饮业零售额 82.5 亿元，增长 24.7%。按城乡分：城镇实现零售额 722.2 亿元，增长 15.9%；乡村实现零售额 39.5 亿元，增长 13.7%。按规模分：限额以上单位零售额 395.0 亿元，增长 20.1%；限额以下单位零售额 366.7 亿元，增长 11.4%。

年末，拥有年成交额亿元以上的商品交易市场 18 个，完成成交额 425.8 亿元，比上年增长 14.4%，其中 10 亿元以上市场5个、100亿元以上市场1个。

■ 开放型经济

全年完成进出口总额114.1亿美元，比上年增长13.3%，其中：进口总额36.8亿美元，比上年下降17.4%；出口总额77.4亿美元，比上年增长37.7%。出口按贸易方式分：一般贸易完成60亿美元，比上年增长59.2%；加工贸易完成17.2亿美元，比上年下降7.1%。出口按企业类型分：外商投资企业完成31.4亿美元，比上年增长2.4%；内资企业完成45.9亿美元，比上年增长93.4%。出口按国别地区分，对亚洲出口36.4亿美元，增长36.3%，其中对东盟组织出口10.1亿美元，增长23.3%；对欧洲出口14.5亿美元，增长32.6%。其中对欧盟组织出口11.6亿美元，增长39.4%；对美国出口13.1亿美元，增长49%。

全年新批外商投资企业142家，比上年增加18个，其中3000万美元以上36家。完成协议利用外资25.6亿美元，比上年增长16.1%；实际利用外资22.1亿美元，比上年增长22.5%。

年末全市拥有境外投资企业121家，中方实际投资3.6亿美元，其中当年新批23家，中方实际投资5300万美元。服务外包执行额5.9亿美元，比上年增长76.1%。

■ 交通、邮电

全年完成交通基础设施建设投入90亿元。泰州大桥建成通车，宁杭高铁镇江段全线贯通，官塘桥路快速化改造项目基本完工；苏南运河“四改三”、扬中三桥、镇荣公路、镇江西（南）高速公路出入口整治工程进展顺利。全年交通客运量2.2亿人次，比上年增长18.9%（不含铁路，下同），客运周转量142.2亿人公里，比上年增长19.5%；交通货运量1.3亿吨，比上年增长18.7%，货物周转量73.1亿吨公里，比上年增长19.3%。全年实现港口货物吞吐量1.5亿吨，比上年增长13.5%，其中长江港口吞吐量1.4亿吨，增长14.0%；港口集装箱运量37.6万标箱，比上年增长3.6%。

年末民用汽车保有量28.8万辆，比上年增长19.2%，其中本年新注册4.8万辆；年末私人汽车保有量24.0万辆，比上年增长21.0%，其中本年新注册4.2万辆。

全年新增出租车70辆（市区，下同），出租车总数1323辆。实施公交惠民工程，公交分段票价全省最低。年末公共交通车辆运营数1218标台，比上年增加133标台。年末公交营运线路100条，当年新辟优化公交线路50条。城市居民公交出行分担率达20.3%；开通镇村公交线路123条，通达率达100%。

全年完成邮电业务总量30.3亿元，比上年增长6.2%，其中电信业务总量27.3亿元，比上年增长4.7%；邮政业务总量3.0亿元，比上年增长22.2%。年末拥有电话用户451.5万户，比上年增长3.1%，其中：固定电话用户113.5万户，比上年增长4.9%；移动电话用户338万户，比上年增长2.4%。国际互联网宽带接入用户数61万户，比上年下降1.2%。

■ 金融、保险

截止12月末，全市金融机构各项人民币存款余额为2850.5亿元，比年初增加418.7亿元，比上年增长17.2%。其中：居民储蓄存款余额1301.4亿元，比年初增加192.5亿元；单位存款余额1461.9亿元，比年初增加189.44亿元。全市金融机构人民币贷款余额2073.3亿元，比年初增加285.9亿元，比上年增长16.0%。其中：短期贷款余额1209.4亿元，比年初增加254.6亿元；中长期贷款余额818.6亿元，比年初增加19.4亿元。年末全市拥有小额贷款公司35家，比上年增加5家，其中：农村小贷公司33家，科技小贷公司2家。

年末拥有保险公司49家，比上年增加2家，其中：财产险公司24家、人寿险公司25家。全年实现保费收入57.9亿元，比上年下降0.1%，其中：财产险14.7亿元，增长11.6%；人身险43.2亿元，下降3.5%。全年保险赔偿与给付支出13.6亿元，比上年增长14.5%，其中：财产险7.3亿元，增长19.7%；人身险6.3亿元，增长8.9%。

■ 科技、教育

润州工业园区成功升格为省级高新区，获首批“国家知识产权示范城市”、“国家知识产权投融资服务试点城市”。引进和建设“镇江船舶动力研究院”等11家重点研发和检测机构，成立江苏省航空材料和部件产业技术创新战略联盟。年末全市共有省级及以上工程技术研究中心等企业研发机构212家，其中国家级5家、省级207家；拥有省级科技公共服务平台11家，建成国家、省级孵化器21个，孵化面积超240万平方米，在孵企业914家。新培育引进国家“千人计划”18人，总数达30人。

大中型工业企业和高新技术企业实现研发机构“全覆盖”。年末拥有省级以上高新技术企业300家，比上年增加70家。全年实现高新技术产业产值占规模以上工业总产值比重45.3%，比上年提高2个百分点。全年专利申请量19235件，比上年增加3919件，其中：发明专利申请量5509件，增加2392件；全年专利授权量9248件，比上年增加1844件，其中：发明专利授权量983件，比上年增加386件。

年末拥有普通高等院校5所，在校学生8.9万人（含研究生），比上年增加0.1万人；中等（职业）学校12所，在校学生2.76万人，比上年减少0.27万人；普通中学111所，在校学生10.46万人，比上年减少0.83万人；小学122所，在校学生13.19万人，比上年增加0.11万人。年末拥有幼儿园190所，在园儿童6.7万人。创建省市优质园40所，省级优质园比重64%。学前教育体制改革试点取得重要进展，学前教育经费公共财政预算支出比重5%以上。全年“校安工程”累计开工面积94万平方米，累计竣工面积66.8万平方米。基本实现在镇外来务工人员子女九年义务教育“全接纳”，人数达4.5万人。

文化、旅游

全年开展“文化嘉年华”、“走基层，送文化”、“梦想成真我能行”、“文心在行动”、“我们的节日”等五大文化惠民主题活动，举办各类“文心系列公益活动”66场次，送戏下乡320场，送电影下乡6933场次，送书下乡1.2万余册，农家书屋更新出版物2.46万册。正式开通镇江电视图书馆，全市互动电视用户可免费享用市图书馆提供的文献信息服务。

完成“第三次全国文物普查”，举办“中国瘞鹤铭奖”全国书法作品展获奖作品首展，民间文化艺术馆被授予“江苏省非物质文化遗产优秀传承单位”荣誉称号。策划、开展大型系列新闻行动，推出《风展红旗如画》、《走向幸福》等系列报道。52集动画片《水漫金山》获全国金鹰奖和江苏省首届原创动漫艺术大赛最佳动画奖（中篇）、最佳导演奖。纪录片《北固山》在央视播出。成功举办“2012长江音乐节”、“2012长江草莓音乐节”、“‘一起长江’中韩青草地滨江音乐派对”等各类商业演出110场。

成功召开“2012年镇江市文化产业招商信息发布暨集中签约仪式”，魅力澳门街、扬中国际影视城、浪尖小镇工业产业设计园等23个项目正式签约，引入社会各类资本169.5亿元。成立江苏国家数字出版基地镇江园区，总投资4.7亿元的江苏恒华传媒有限公司的“新型绿色环保书刊商业印刷基地”项目建成投产。

成为首批“国家智慧旅游试点城市”。年末全市拥有A级景区33家（5A级1家），比上年增加3家；星级饭店55家（五星级1家）、旅行社93家、导游3417人。“三山”景区成功创成国家5A级旅游景区。成立“三山”旅游产业（集团）有限公司暨旅游发展股份有限公司，整合金山、焦山、北固山以及金山湖等旅游资源。全年实现旅游总收入452.9亿元，比上年增长17.4%。接待国内外旅游者3569.2万人次，比上年增长12.7%，其中接待入境旅游者66.3万人次，增长2.0%。

卫生、体育

蝉联国家卫生城市称号。年末全市拥有医疗卫生机构906个，其中：医院、卫生院及社区卫生服务中心120个，疾病预防控制中心7个，妇幼卫生保健机构6个。各类卫生机构拥有床位12574张，其中：医院9526张。年末共有卫生技术人员16406人，其中：执业医师（含助理医师）6883人，注册护士6609人。社区卫生服务城市人口覆盖率达100%。

全年基层门诊人均费用82.5元，比上年下降0.8%，基本药物销售金额3.75亿元，下降42.6%，减轻群众医药费用负担2.57亿元。全市共划分医疗卫生服务网格671个，网格内“3+X”家庭责任医生团队与245万居民签订健康服务协议。全年新型农村合作医疗参保人数为159.28万人，保险覆盖率达100%

广泛开展“十分钟体育健身圈”工程，加快推进全民健身点、特色健身点场地建设以及其他比赛（运动）场馆维修改造工作，进一步完善市、区（县）、镇（街）、村（居）社区“四级”体育惠民服务体系。全年建成体育公园5个，新增全民健身点40个，打造特色健身点10个，年末人均拥有公共体育设施面积达2.5平方米，比上年增加0.3平方米。

成功承办中国国际男子排球精英赛、全国武术（套路）王中王争霸赛、全国铁人精英赛、海峡两岸象棋友谊赛、全国“肯德基”三人篮球、省青少年跆拳道锦标赛、省青少年曲棍球锦标赛等19项省级以上体育竞赛，其中全国以上体育竞赛11项。参加省级以上体育竞赛共获金牌37枚，银牌24枚，铜牌32枚。积极打造“红红火火过大年”、

“全民健身日”、“健身大家学”、“阳光体育”、“千台万人”等系列品牌活动，全年组织各类全民健身活动220余项。全年体育彩票销售额6.51亿元，比上年增长15.2%。

■ 城市建设、环境保护

全年市区城建项目开工177项，完成投资524亿元，比上年增长20.8%。完成金融集聚区、国际会议中心、花鸟公园（市场）、南门夜市搬迁等市重大规划项目的前期规划。岗子下路、百花路、象山路等8条道路建成通车；南徐新城核心区路网基本建成；润江路、天桥路、中山西路改造等道路工程竣工交付。体育会展中心综合馆、会展馆，商务办公A区建设年内完工；商务B区江苏银行大楼主体封顶。加快打造西津渡文化旅游和古渡文化旅游项目，完成云台阁主体建设，北固山复建北固楼、移建多景楼，修缮古甘露寺建筑群。金山水厂深度处理工程正式供水，完成区域供水管网改造100公里，区域供水覆盖率100%。建设、改造和拓展燃气主管网83公里，新老小区燃气配套发展民用客户2.1万户。全市新建保障性安居工程17979套、拆迁安置房219万平方米。

通过省城市管理优秀城市创建考核验收。城东垃圾填埋场完成氧化塘覆膜工程和整场雨污分流工程，全年新、改建城市垃圾转运站6座、公厕6座，新建农村公厕264座。推进大港核心区瑞湖、新区南湖、润江路绿化、古运河中段景观、学府路绿化提升和长江路、中山北路绿化改造等项目，年末建成区绿化覆盖率42.3%，人均公共绿地16.6平方米。

通过国家生态市考核验收，丹阳市、句容市、扬中市、丹徒区全部通过生态县（市、区）国家考核。全市36个镇（街道）通过国家生态镇省级考核，占比达87.7%，其中18个获得环保部命名。年末全市拥有各级环境监测站5个。空气质量优良天数达到342天，优良天数比例达94%。全年单位GDP化学需氧量、二氧化硫、氨氮化物、氮氧化物排放量分别为1.69千克/万元、2.35千克/万元、0.21千克/万元、2.74千克/万元。

■ 人口、民生保障、社会管理

年末全市户籍总人口271.4万人，比上年减少0.5万人，其中：男性134.9万人，减少0.5万人；女性136.5万人，与上年持平。年末全市常住人口315.5万人，比上年增加2.1万人，常住人口自然增长率为1.1‰。

全年城镇居民人均可支配收入为30045元，增长12.8%，其中：工资性收入20522元，增长12.6%；经营性收入3657元，增长13.9%；财产性收入468元，增长12.1%；转移性收入7810元，增长13.4%。城市居民人均消费支出为17897元，比上年增长15.3%。农民人均纯收入为14518元，比上年增长13.2%，其中：工资性收入8776元，增长15.2%；家庭经营性收入4247元，增长10.0%；财产性收入412元，增长16.4%；转移性收入1083元，增长9.4%。农民人均生活消费支出10530元，增长15.3%。年末城乡百户家庭拥有汽车23辆和13辆、电脑98台和49台，比上年分别增加2辆和3辆、3台和4台；年末城乡居民住房面积分别达39.1和53平方米。

年末城镇职工基本养老保险参保人数为78.2万人，比上年增加3.5万人；基本医疗保险参保人数为84.3万人，比上年增加3.74万人；失业保险参保人数为46.5万人，比上年增加2.4万人。全年全市新型农村社会养老保险参保人数为159.3万人，保险覆盖率达100%。全市企业退休人员人均养老金增至1617元/月，市区企业职工最低工资标准调增到1320元/月。城乡最低生活保障标准统一调增至480元，全年发放低保补贴（含物价补贴）1.09亿元。

建立健全社区服务体系，年末全市建成各类社区服务机构912处，其中：社区服务中心26个；建成城乡社区服务网格9258个，全面实现了街道（镇）、社区（村）、网格、居（村）民之间5分钟信息互通。全市城乡和谐社区达标率73%，比上年分别提高15.5和25.2个百分点。年末每千名老人拥有机构养老床位数30.7张，比上年增加6.9张。全市福利彩票实现销售收入3.82亿元，比上年增长5.5%。

注：1. 本公报所列各项数据为初步统计数据。

2. 地区生产总值、各行业总产值、增加值的绝对数按当年价格计算，增长速度按可比价格计算。

主要统计指标解释

CHAPTER 22

EXPLANATORY NOTES TO MAJOR STATISTICAL INDICATORS

主要统计指标解释

国内生产总值 指一个国家所有常住单位在一定时期内生产活动的最终成果。国内生产总值有三种表现形态，即价值形态、收入形态和产品形态。从价值形态看，它是所有常住单位在一定时期内生产的全部货物和服务价值超过同期中间投入的全部非固定资产货物和服务价值的差额，即所有常住单位的增加值之和；从收入形态看，它是所有常住单位在一定时期内创造并分配给常住单位和非常住单位的初次收入分配之和；从产品形态看，它是所有常住单位在一定时期内最终使用的货物和服务价值与货物和服务净出口价值之和。在实际核算中，国内生产总值有三种计算方法，即生产法、收入法和支出法。三种方法分别从不同的方面反映国内生产总值及其构成。

劳动者报酬 指劳动者因从事生产活动所获得的全部报酬。包括劳动者获得的各种形式的工资、奖金和津贴，既包括货币形式的，也包括实物形式的；还包括劳动者所享受的公费医疗和医药卫生费、上下班交通补贴和单位支付的社会保险费等。对于个体经济来说，其所有者所获得的劳动报酬和经营利润不易区分，这两部分统一作为劳动者报酬处理。

可比价格 指在不同时期的价值指标对比时，扣除了价格变动的因素，以确切反映物量的变化。按可比价格计算有两种方法：一种是直接用产品产量乘某一年的不变价格计算；另一种是用价格指数换算。

不变价格 指用同类产品的年平均价格作为固定价格，来计算各年产品价值。按不变价格计算的产品价值消除了价格变动因素，不同时期对比可以反映生产的发展速度。新中国成立后，随着工农业产品价格水平的变化，国家统计局先后五次制定了全国统一的工业产品不变价格和农业产品不变价格。

三次产业 根据社会生产活动历史发展的顺序对产业结构的划分，产品直接取自自然界的部门称为第一产业，对初级产品进行再加工的部门称为第二产业，为生产和消费提供各种服务的部门称为第三产业。它是世界上通用的产业结构分类，但各国的划分不尽一致。我国的三次产业划分是：

第一产业：农、林、牧、渔业（包括农业、林业、牧业和渔业）

第二产业：工业（包括采掘工业、制造业、自来水、电力、蒸气、热水、煤气）和建筑业。

第三产业：除第一、第二产业以外的其他各业。由于第三产业包括的行业多、范围广，根据我国的实际情况，第三产业可分为两大部分：一是流通部门，二是服务部门。具体又可分为四个层次：

第一层次：流通部门，包括交通运输业、邮电通讯业、商业、饮食业、物资供销和仓储业。

第二层次：为生产和生活服务的部门，包括金融、保险业，地质普查业，房地产、公用事业，居民服务业，咨询服务业和综合技术服务业，农、林、牧、渔、水利服务业和水利业，公路、内河（湖）航道养护业等。

第三层次：为提高科学文化水平和居民素质服务的部门，包括教育、文化、广播电视、科学研究、卫生、体育和社会福利事业等。

第四层次：为社会公共需要服务的部门，包括国家机关、政党机关、社会团体，以及军队和警察等。

企业登记注册类型的划分 是以在工商行政管理机关登记注册的各类企业为划分对象，以工商行政管理部门对企业登记注册的类型为依据，将企业登记注册类型分为内资企业、港澳台商投资企业和外商投资企业三大类。内资企业包括国有企业、集体企业、股份合作企业、联营企业、有限责任公司、股份有限公司、私营公司和其他企业；港澳台商投资企业和外商投资企业分别包括合资经营企业、合作经营企业、独资经营企业和股份有限公司。对不在工商行政管理部门进行登记注册的行政机关、事业单位和社会团体，主要按其经费来源和管理方式进行划分。

按经济成份分：

1. 国有企业：是指企业全部资产归国家所有，并按《中华人民共和国企业法人登记管理条例》规定登记注册的非公司制的经济组织。不包括有限责任公司中的国有独资公司。

2. 集体企业：是指企业资产归集体所有，并按《中华人民共和国企业法人登记管理条例》规定登记注册的经济组织。

3. 股份合作企业：是指以合作制为基础，由企业职工共同出资入股，吸收一定比例的社会资产投资组建，实行自主经营，自负盈亏，共同劳动，民主管理，按劳分配与按股分红相结合的一种集体经济组织。

4. 联营企业：是指两个及两个以上相同或不同所有制性质的企业法人或事业单位法人，按自愿、平等、互利的原则，共同投资组成的经济组织。

5. 有限责任公司：是指根据《中华人民共和国公司登记管理条例》规定登记注册，由两个以上，五十个以下的股东共同出资，每个股东以其所认缴的出资额对公司承担有限责任，公司以其全部资产对其债务承担责任的经济组织。

有限责任公司包括国有独资公司以及其他有限责任公司。

国有独资公司：是指国家授权的投资机构或者国家授权的部门单独投资设立的有限责任公司。

其他有限责任公司：是指国有独资公司以外的其他有限责任公司。

6. 股份有限公司：是指根据《中华人民共和国公司登记管理条例》规定登记注册，其全部注册资本由等额股份构成并通过发行股票筹集资本，股东以其认购的股份对公司承担有限责任，公司以其全部资产对其债务承担责任的经济组织。

7. 私营企业：是指由自然人投资设立或由自然人控股，以雇佣劳动为基础的营利性经济组织。包括按照《公司法》、《合伙企业法》、《私营企业暂行条例》规定登记注册的私营有限责任公司、私营股份有限公司、私营合伙企业和私营独资企业。

私营独资企业：是指按《私营企业暂行条例》的规定，由一名自然人投资经营，以雇佣劳动为基础，投资者对企业债务承担无限责任的企业。

私营合伙企业：是指按《合伙企业法》或《私营企业暂行条例》的规定，由两个以上自然人按照协议共同投资、共同经营、共负盈亏，以雇佣劳动为基础，对债务承担无限责任的企业。

私营有限责任公司：是指按《公司法》、《私营企业暂行条例》的规定，由两个以上自然人投资或由单个自然人控股的有限责任公司。

私营股份有限公司：是指按《公司法》的规定，由五个以上自然人投资，或由单个自然人控股的股份有限公司。

8. 其他企业：是指上述第三至第九之外的其他内资经济组织。

9. 合资经营企业（港、澳、台资）：是指港澳台地区投资者与内地的企业依照《中华人民共和国中外合资经营企业法》及有关法律的规定，按合同规定的比例投资设立、分享利润和分担风险的企业。

10. 合作经营企业（港、澳、台资）：是指港澳台地区投资者与内地企业依照《中华人民共和国合作经营企业法》及有关法律的规定，依照合作合同的约定进行投资或提供条件设立、分配利润和分担风险的企业。

11. 港、澳、台商独资经营企业：是指依照《中华人民共和国外资企业法》及有关法律的规定，在内地由港澳台地区投资者全额投资设立的企业。

12. 港、澳、台商投资股份有限公司：是指根据国家有关规定，经外经贸部依法批准设立，其中港、澳、台商的股本占公司注册资本的比例达25%以上的股份有限公司。凡其中港、澳、台商的股本占公司注册资本的比例小于25%的，属于内资企业中的股份有限公司。

13. 中外合资经营企业：是指外国企业或外国人与中国内地企业依照《中华人民共和国中外合资经营企业法》及有关法律的规定，按合同规定的比例投资设立、分享利润和分担风险的企业。

14. 中外合作经营企业：是指外国企业或外国人与中国内地企业依照《中华人民共和国中外合作经营企业法》及有关法律的规定，依照合作合同的约定进行投资或提供条件设立、分配利润和分担风险的企业。

15. 外资企业：是指依照《中华人民共和国外资企业法》及有关法律的规定，在中国内地由外国投资者全额投资设立的企业。

16. 外商投资股份有限公司：是指根据国家有关规定，经外经贸部依法批准设立，其中外资的股本占公司注册资本的比例达25%以上的股份有限公司。凡其中外资股本占公司注册资本的比例小于25%的，属于内资企业中的股份有限公司。

气温 指空气的温度，我国一般以摄氏度（℃）为单位表示。气象观测的温度表是放在离地面约1.5米处通风良好的百叶箱里测量的，因此，通常说的气温指的是离地面1.5米处百叶箱中的温度。其统计计算方法为：

月平均气温是将全月各日的平均气温相加，除以该月的天数而得。

年平均气温是将12个月的月平均气温累加后除以12而得。

降水量 指从天空降落到地面的液态或固态（经融化后）水，未经蒸发、渗透、流失而在地面上积聚的深度。其统计计算方法为：

月降水量是将全月各日的降水量累加而得。

年降水量是将12个月的月降水量累加而得。

人口 指一定时点、一定地区范围内的有生命的个人的总和。年度统计的年末人口数指每年12月31日24时的人口数。

出生率（又称粗出生率） 指在一定时期内（通常为一年）一定地区的出生人数与同期内平均人数（或期中人数）之比。一般用千分率表示。本资料中的出生率指年出生率，其计算公式为：

出生率 = 年出生人数 / 年平均人数 ×1000‰

公式中：出生人数指活产婴儿，即胎儿脱离母体时（不管怀孕月数），有过呼吸或其他生命现象。年平均人数指年初、年底人口数的平均数，也可用年中人口数代替。

死亡率（又称粗死亡率） 指在一定时期内（通常为一年）一定地区的死亡人数与同期内平均人数（或期中人数）之比，一般用千分率表示。本资料中的死亡率指年死亡率，其计算公式为：

死亡率 = 年死亡人数 / 年平均人数 ×1000‰

人口自然增长率 指在一定时期内（通常为一年）人口自然增加数（出生人数减死亡人数）与该时期内平均人数（或期中人数）之比，一般用千分率表示。计算公式为：

人口自然增长率 =(本年出生人数 – 本年死亡人数)/ 年平均人数 ×1000‰

就业人员 指从事一定社会劳动并取得劳动报酬或经营收入的人员，包括在岗职工、再就业的离退休人员、私营业主、个体户主、私营和个体就业人员、乡镇企业就业人员、农村就业人员、其他就业人员（包括民办教师、宗教职业者、现役军人等）。

单位就业人员 指在各级国家机关、政党机关、社会团体及企业、事业单位中工作，并取得劳动报酬的全部人员。包括在职职工、再就业的离退休人员、民办教师以及在各单位中工作的外方人员和港、澳、台方人员、兼职人员、借用的外单位人员和第二职业者，不包括离开本单位仍保留劳动关系的职工。

各单位的从业人员反映了各单位实际参加生产或工作的全部劳动力。

在岗职工 指在本单位工作并由本单位支付工资的人员，以及有工作岗位，但由于学习、病伤产假等原因暂未工作，仍由单位支付工资的人员。

城镇登记失业人员 指有非农业人口，在劳动年龄（16 周岁至退休年龄）内，有劳动能力无业而要求就业，并在当地就业服务机构进行求职登记的人员。但不包括：（1）正在就读的学生和等待就学的人员；（2）已经达到国家规定的退休年龄或虽未达到国家规定的退休年龄但已经办理了退休（含离休）、退职手续的人员；（3）其他不符合失业定义的人员。

在岗职工工资总额 指各单位在一定时期内直接支付给本单位在岗职工的劳动报酬总额。工资总额包括计时工资、计件工资、奖金、计件超额工资、各种津贴和补贴、加班加点工资、特殊情况下支付的工资（其他工资）等。

工资总额的计算原则应以直接支付给在岗职工的全部劳动报酬为依据。各单位支付给在岗职工的劳动报酬以及其他根据有关规定支付的工资，不论是计入成本的还是不计入成本的，不论是按国家规定列入计征奖金税项目的，还是未列入计征奖金税项目的，不论是以货币形式支付的还是以实物形式支付的，均包括在工资总额内。

在岗职工平均工资 指企业、事业、机关单位的在岗职工在一定时期内平均每人所得的货币工资额。它表明一定时期在岗职工工资收入的高低程度，是反映在岗职工工资水平的主要指标。计算公式为：

$$\text{在岗职工平均工资} = \frac{\text{在岗职工工资总额}}{\text{职工平均人数}}$$

城市居民家庭就业人口 指城市居民从事社会劳动并取得劳动报酬或经营收入的人口。就业人口包括通过国家统筹规划和指导由劳动部门介绍就业，自愿组织起来就业和自谋职业等方式，在国有制、集体所有制、中外合资、中外合作、外资在华独资的企事业单位和私营企业单位工作或从事个体劳动的有固定性职业或临时性职业的人口。被聘用和留用的离退休人员也计入就业人口。本指标可以反映城市居民的就业情况，是计算就业面、负担系数的重要资料。

家庭总收入 指生活在一起的所有家庭成员得到的工薪收入、经营净收入、财产性收入、转移性收入的总和，不包括出售财物和借贷收入。

可支配收入 指可用于最终消费支出和其他非义务性支出以及储蓄的总和，即居民家庭可以用来自由支配的收入。它是家庭总收入扣除交纳所得税、个人交纳的社会保障费以及调查户的的记帐补贴后的收入。公式为：

可支配收入 = 家庭总收入—交纳所得税—个人交纳的社会保障支出—记帐补贴

消费支出 指调查户购买商品和用于服务的全部支出，共分八大类：食品；衣着；家庭设备、用品及服务；医疗保健；交通和通讯；娱乐、教育、文化服务；居住；杂项商品和服务。购买商品支出是指从商店、集市、饮食业、工作单位以及直接从工厂和农村购买各种商品的支出，包括自用的和赠送亲友的在内；服务支出是指调查户用于社会提供的各种文化和生活服务方面的支出，包括各种修理费、加工费、洗理美容费、保姆费、劳务费等。

非消费支出 指除上述八类消费以外的各类消费。由购建房支出、各类转移性支出、财产性支出、社会保障支出四方面组成。

农民人均纯收入 是总收入扣除相应的各项费用性支出后，归农民所有的收入。它是用于生产、非生产投资，改善物质和文化生产，以及用于再分配的支出和结余的收入。这个指标用来观察农民实际收入水平，以及农民扩大再生产和改善生活的能力。

纯收入 = 总收入—家庭经营费用支出—生产用固定资产折旧—税收—上交集体承包任务—集体提留和摊派—调查补贴。

农村住户常住人口中整半劳动力 劳动力是农村住户生产的基本要素之一，劳动力的多少和劳动力负担人口的多少，直接影响农村住户收入和生产消费水平的增长变化。整劳动力是指男子 18 周岁至 50 周岁，女子 18 周岁到 45 周岁；半劳动力是指男子 16 周岁到 17 周岁，51 周岁到 60 周岁；女子 16 到 17 周岁，46 周岁到 55 周岁，同时具有劳动能力的人。虽然在劳动年龄之内，但已丧失劳动能力的人，不应算为劳动力；在劳动年龄以外，但能经常参加劳动，能顶上一个整劳动力或半劳动力的人，应计在劳动力数内。常住人口中的职工，若这些职工为劳动力，就包括在本户的整半劳动力中。

农民人均生活消费支出 是指农村住户年内用于物质生活和精神生活方面的实际支出，直接反映农民的生活水平、研究农民消费结构变化的基本指标。生活消费支出包括食品、衣着、居住、家庭设备、用品及服务、医疗保健、交通和通讯、文化教育娱乐用品及服务、其他商品和服务等消费支出。

居民消费价格指数 是一个反映居民家庭一般所购买的消费商品和服务价格水平变动情况的宏观经济指标。它是度量一组代表性消费商品及服务项目的价格水平随时间而变动的相对数，是用来反映居民家庭购买消费商品及服务的价格水平的变动情况。

居民消费价格统计调查的是社会产品和服务项目的最终价格，一方面同人民群众的生活密切相关，同时在整个国民经济价格体系中也具有重要的地位。它是进行经济分析和决策、价格总水平监测和调控及国民经济核算的重要指标，其变动率在一定程度上反映了通货膨胀或紧缩的程度。

商品零售价格指数 是反映城乡商品零售价格变动趋势的一种经济指数。零售物价的调整变动直接影响到城乡居民的生活支出和国家的财政收入，影响居民购买力和市场供需平衡，影响消费与积累的比例。因此，计算零售价格指数，可以从一个侧面对上述经济活动进行观察和分析。

固定资产投资 固定资产投资是指建造和购置固定资产的经济活动，它是社会增加固定资产，扩大生产规模，发展国民经济的重要手段，也是提高人民物质文化生活水平的条件。固定资产投资额是以货币表现的建造和购置固定资产活动的工作量，它是反映固定资产投资规模、速度、比例关系和使用方向的综合性指标。固定资产投资包括国有经济单位投资、城乡集体经济单位投资、各种经济类型的单位投资和城乡居民个人投资。按照我国现行计划管理体制划分，固定资产投资总额分为基本建设、更新改造、房地产开发投资、国有其他固定资产投资、城乡集体经济单位投资（包括城镇集体所有制单位投资和农村集体所有制单位投资）、其他各种经济类型的单位投资（包括联营经济、股份制经济、中外合资经营、中外合作经营、外资、与大陆合资经营、与大陆合作经营、港澳台独资及其他经济类型的单位投资）。

更新改造投资 更新改造是指企业、事业单位对原有设施进行固定资产更新和技术改造，以及相应配套的工程和有关工作（不包括大修理和维护工程）。包括：(1) 列入中央和各级地方本年更新改造计划的项目和虽未列入本年更新改造计划，但使用上年更新改造计划内结转的投资在本年继续施工的项目；(2) 本年更新改造计划内投资与基本建设计划内投资结合安排的对企、事业单位原有设施进行技术改造或更新的项目，或增建主要生产车间、分厂等新增生产能力（或工程效益）未达到大中型项目标准的项目；(3) 国有企、事业单位既未列入基建计划也未列入更新改造计划，总投资在 50 万元以上的属于改建或更新改造性质的项目，以及由于城市环境保护和安全生产的需要而进行的迁建工程。

房地产开发投资 包括各种经济类型的房地产开发公司、商品房建设公司及其他房地产开发单位统一开发的包括统代建、拆迁还建的住宅、厂房、仓库、饭店、宾馆、度假村、写字楼、办公楼等房屋建筑物和配套服务设施、土地开发工程、如道路、给水、排水、供电、供热、通讯、平整场地等基础设施工作的投资。还包括非房地产企业实际从事房地产开发或经营活动，不包括单纯的土地交易活动。

施工项目 指报告期内曾进行建筑或安装工程施工活动的建设项目。包括报告期内新开工项目、报告期以前开工跨入报告期继续施工的项目以及报告期施工过并在报告期内全部建成投产或停缓建的项目。

全部建成投产项目 工业项目是指设计文件规定形成生产能力的主体工程及其相应配套的辅助设施全部建成，经负荷试运转，证明具备生产设计规定合格产品的条件，并经过验收鉴定合格或达到竣工验收标准，与生产性工程配套的生产福利设施可以满足近期正常生产的需要，正式移交生产的建设项目。非工业项目是指设计文件规定的主体工程和相应的配套工程全部建成，能够发挥设计规定的全部效益，经验收鉴定合格或达到竣工验收标准，正式移交使用的建设项目。

新增生产能力 指通过固定资产投资活动而增加的设计能力或工程效益，它是用实物形态表示的固定资产投资的成果。新增生产能力的计算，是以能独立发挥生产能力或效益的单项工程（或项目）为对象。当单项工程（或项目）建成，经有关部门鉴定合格，正式移交投入生产，即可计算新增生产能力。

新增生产能力或工程效益有以下几种表现形式：

（1）以建设项目或单项工程建成后的年产能力表示。如煤炭开采，石油开采等。

（2）以建设项目或单项工程建成后处理原料的能力表示。如选矿工程的年处理矿石能力，洗煤厂年洗原煤能力等。

（3）以新增的主要设备数量或容量表示。如棉纺锭枚数，发电机组容量等。

（4）以建筑物容积、容量、面积或长度表示。如水库容量，铁路公路里程等。

新增生产能力的数量一般按设计能力计算。设计能力是指设计文件中规定的正常情况下能够达到的生产能力，而不论投产后的实际产量如何。以设备数量、建筑物容积、面积、长度等表示的新增生产能力（或效益）则按建成的实际数量计算。

房屋建筑施工面积 指在报告期内施工的全部房屋建筑面积。包括本期内新开工的、上期施工跨人本期继续施工、上期停建本期复工的房屋建筑面积；不包括上期开工后又停工，本期未施工的房屋建筑面积。

房屋建筑竣工面积 指在报告期内，按照设计所规定的工程内容全部完工，达到了设计规定的交工条件，经有关部门检查验收鉴定合格的房屋建筑面积。

新增固定资产 指通过投资活动所形成的新的固定资产价值。包括已经建成投入生产或交付使用的工程价值和达到固定资产标准的设备、工具、器具的价值及有关应摊人的费用。它是以价值形式表示的固定资产投资成果的综合性指标，可以综合反映不同时期、不同部门、不同地区的固定资产投资成果。

建筑业统计单位 指从事房屋、构筑物建造和设备安装活动的生产单位。根据不同的组织方式，建筑业统计的调查单位可分为法人建筑业企业和附营建筑施工单位。法人建筑业企业是指专门组织的独立核算的法人建筑业企业。它应同时具备的条件是：①依法成立，有自己的名称、组织机构和场所，能够承担民事责任；②独立拥有和使用资产，承担负债，有权与其他单位签订合同；③独立核算盈亏，能够编制资产负债表。附营建筑施工单位是指建筑业以外行业的企业、事业单位为完成本单位固定资产建造任务而自行组织的建筑施工单位。它应同时具备的条件是：①具有一个场所，从事或主要从事建筑安装活动；②单独组织生产经营活动；③在企业内部单独核算收支。

建筑业总产值 指建筑业企业或附营建筑施工单位自行完成的按工程进度计算的建筑安装生产总值

建筑业总产值包括：

①建筑工程产值：指列入建筑工程预算内的各种工程价值。

②设备安装工程产值：指设备安装工程价值。

③房屋、构筑物修理产值：指房屋、构筑物修理所完成的价值，但不包括被修理房屋、构筑物本身的价值和生产设备的修理价值。

④非标准设备制造产值：指加工制造没有定型的、非标准的生产设备的加工费和原材料价值，不论是现场还是附属加工厂为本单位承建工程制造的非标准设备的价值，都应计算产值。

工程结算收入 指企业（或单位）按工程的分部分项自行完成的建筑产品价值并已与甲方在报告期内办理结算手续的工程价款收入，以及向甲方收取的除工程价款以外的按规定列作营业收入的各种款项，如临时设施费、劳动保险费、施工机械调迁费等以及向甲方收取的各种索赔款。

工程结算利润 指已结算工程实现的利润。如为亏损以“—”号表示。其计算公式为：

工程结算利润 = 工程结算收入—工程结算成本—工程结算税金及附加

企业总收入

指与企业生产经营直接有关的各项收入，包括工程结算收入和其他业务收入，即：

企业总收入 = 工程结算收入 + 其他业务收入

供水综合生产能力 指按供水设施取水、净化、送水、出厂输水干管等环节实际测定计算的综合生产能力。

供水管道长度 指从送水泵至用户水表之间所有管道的长度。在同一条街道埋设两条或两条以上管道时，应按每条管道的长度计算。

供水总量 指报告期供水企业（单位）供出的全部水量。包括有效供水量和漏损水量。

生活用水量 指居民日常生活与公共福利设施的用水量，包括居民、饮食店、旅馆、医院、理发店、浴池、洗衣店、游泳池、商店、学校、机关、部队等单位的用水量。

城市人口用水普及率 指城市用水人口数与城市人口总数之比。计算公式为：

用水普及率 = 城市用水人口数 / 城市人口总数 *100%

燃气综合生产能力 指报告期末燃气生产厂制气、净化、输送等环节的综合生产能力，不包括备用设备能力。一般按设计能力计算，如果实际生产能力大于设计能力时，应按实际测定的生产能力计算。测定时应以制气、净化、输送三个环节中最薄弱的环节为主。

燃气供气管道长度 指报告期末从气源厂压缩机的出口或门站出口至各类用户引入管之间的全部已经通气投入使用的管道长度。不包括煤气生产厂、输配站、液化气储存站、灌瓶站、储配站、气化站、混气站、供应站等长（站）内的管道。按不同的材质、压力级别、管径分别统计。

燃气供应总量 指报告期燃气企业（单位）向用户供应的燃气数量。包括销售量和损失量。

燃气普及率 指报告期末使用燃气的城市人口数与城市人口总数的比率。计算公式：
燃气普及率 = 用气人口数 / 城市人口总数 *100%

道路长度 指道路长度和与道路相通的桥梁、隧道的长度，按车行道中心线计算。

排水管道长度 指所有排水总管、干管、支管、检查井及连接井进出口等长度之和。计算时应按单管计算，即在同一条街道上如有两条或两条以上并排的排水管道时，应按每条排水管道的长度相加计算。

城市污水处理能力 指污水处理厂（或处理装置）每昼夜处理污水量的设计能力。

运营车数 指报告期末公交企业（单位）用于运营业务的全部车辆数。以企业（单位）固定资产台帐中已投入运营的车辆数为准；新购、新制和调入 的运营车辆，自投入之日起开始计算；调出、报废和调作他用的运营车辆，自上级主管机关批准之日起不再计入。

园林绿地面积 指报告期末用作园林和绿化的各种绿地面积。包括公共绿地、居住区绿地、单位附属绿地、防护绿地、生产绿地、道路绿地和风景林地面积。不包括：

1、屋顶绿化、垂直绿化、阳台绿化和室内绿化。

2、以物质生产为主的林地、耕地、牧草地、果园和竹园等。

3、城市总体规划中不列入绿地的水域。

公园绿地 指向公众开放的市级、区级、居住区级各类公园、街旁游园，包括其范围内的水域。其中居住区级公园应不小于 1 万平方米，街旁游园的宽度不小于 8 米，面积不小于 400 平方米。

工业废水排放量 指经过企业厂区所有排放口排到企业外部的工业废水量。包括生产废水、外排的直接冷却水、超标排放的矿井地下水和与工业废水混排的厂区生活污水，不包括外排的间接冷却水（清污不分流的间接冷却水应计算在内）

工业废水排放达标量 指各项指标都达到国家或地方排放标准的外排工业废水量，包括未经处理外排达标的和经过处理后外排达标的两部分。

工业废水处理量 指报告期内各种水治理设施实际处理的工业废水量，包括处理后外排的和处理后回用的工业废水量。虽经处理但未达到国家或地方排放标准的废水量也应计算在内。计算时，如遇有车间和厂排放口均有治理设施，并对同一废水分级处理时，不应重复计算工业废水处理量。

工业废气排放量 指企业厂区内燃料燃烧和生产工艺过程中产生的各种排入空气的含有污染物的气体的总量，以标准状态 [273K,101325Pa] 计。

二氧化硫排放量 指企业在燃料燃烧和生产工艺过程中排入大气的二氧化硫量。

工业烟尘排放量 指企业厂区内的燃料燃烧产生的烟气中夹带的颗粒物的量。

工业粉尘排放量 指企业在生产工艺过程中排放的颗粒物重量，如钢铁企业的耐火材料粉尘、焦化企业的筛焦系统粉尘、烧结机的粉尘、石灰窑的粉尘、建材企业的水泥粉尘等。不包括电厂排入大气的烟尘。

工业固体废物产生量 指企业在生产过程中产生的固体状、半固体状和高浓度液体状废弃物的总量，包括危险废物、冶炼废渣、粉煤灰、炉渣、煤矸石、尾矿、放射性废物和其他废物等；不包括矿山开采的剥离废石和掘进废石（煤矸石和呈酸性或碱性的废石除外），酸性或碱性废石是指采掘的废石其流经水、雨淋水的 pH 值小于 4 或 pH 值大于 10.5 者。

工业固体废物处置量 指将固体废物焚烧或者最终置于符合环境保护规定要求的场所并不再回取的工业固体废物量（包括当年处置往年的工业固体废物累计贮存量）。处置方法如：填埋（其中危险废物应安全填埋）、焚烧、专业贮存场（库）封场处理、深层灌注、回填矿井等。

工业固体废物排放量 指将所产生的固体废物排到固体废物污染防治设施、场所以外的量。不包括矿山开采的剥离废石和掘进废石（煤矸石和呈酸性或碱性的废石除外）。

"三废"综合利用产品产值 指利用"三废"（废液、废气、废渣）作为主要原料生产的产品产值（现行价），已经销售或准备销售的，应计算产品产值；但留作生产上自用的，不应计算产品产值。

农林牧渔业总产值 指以货币表现的农、林、牧、渔业全部产品和对农业生产进行各种支持性服务活动的总量，它反映一定时期内农业生产总规模和总成果。从 2003 年开始农林牧渔业总产值执行新的国民经济行业分类标准，包括农业、林业、牧业、渔业、农林牧渔服务业，不再包括农民家庭兼营商品性工业。农林牧渔业总产值中的农、林、牧、渔四业的计算方法通常是按农、林、牧、渔业产品及其副产品的产量分别乘以各自单位产品价格求得，现行价格从 2003 年开始使用生产价格调查的价格；少数生产周期较长，当年没有产品或产品产量不易统计的，则采用间接方法匡算其产值；然后将四业产品产值与农林牧渔服务业产值相加即为农林牧渔业总产值。1957 年以前的农林牧渔业总产值中包括了厩肥和农民自给性手工业（如农民自制衣服、鞋、袜，自己从事粮食初步加工等）。1958 年及以后，林业中增加了村及村以下竹木采伐产值；牧业中取消了厩肥产值；副业中取消了农民自给性手工业产值，增加了村及村以下办的工业产值；渔业中增加了海洋捕捞水产品产值。1980 年及以后，在副业中增加了农民家庭兼营工业商品部分的产值。从 1984 年起村及村以下工业产值划归工业。从 1993 年起取消副业，将野生动物的捕猎划入牧业、野生植物采集和农民家庭兼营商品性工业划归农业，从 2003 年起不再包括农民家庭兼营商品性工业产值。1996 年第一次农业普查以后，由于畜牧业产品年报数据与普查数据之间存在一定的差距，国家统计局农调总队对畜牧业年报数据与普查数据进行衔接，相应的畜牧业产值进行调整。

粮食产量 指全社会的产量。包括国有经济经营的、集体统一经营的和农民家庭经营的粮食产量，还包括工矿企业办的农场和其他生产单位的产量。粮食除包括稻谷、小麦、玉米、高粱、谷子及其他杂粮外，还包括薯类和豆类。其产量计算方法，豆类按去豆荚后的干豆计算；薯类（包括甘薯和马铃薯，不包括芋头和木薯）1963 年以前按每 4 公斤鲜薯折 1 公斤粮食计算，从 1964 年开始及以后改为按 5 公斤鲜薯折 1 公斤粮食计算。城市郊区作为蔬菜的薯类（如：马铃薯等）按鲜品计算，并且不做为粮食统计。其他粮食一律按脱粒后的原粮计算。

油料产量 指全部油料作物的生产量。包括花生、油菜籽、芝麻、向日葵籽、胡麻籽（亚麻籽）和其他油料。不包括大豆，也不包括木本油料和野生油料。花生以带壳干花生计算。

水产品产量 指人工养殖的水产品和天然生长的水产品的捕捞量。包括海水的鱼类、虾蟹类、贝类和藻类以及内陆水域的鱼类、虾蟹类和贝类，不包括淡水生植物。

猪、牛、羊肉产量

指当年出栏并已屠宰后除去头蹄下水后带骨肉（即胴体重）的重量。

耕地面积 指年初可以用来种植农作物，经常进行耕锄的田地，除包括熟地、当年新开荒地、连续撂荒未满三年的耕地和当年的休闲地（轮歇地）外，还包括以种植农作物为主并附带种植桑树、茶树、果树和其他林木的土地，以及沿海、沿湖地区已围垦利用的“海涂”、“湖田”等面积。但不包括属于专业性的桑园、茶园、果园、果木苗圃、林地、芦苇地、天然或人工草地面积。

农作物播种面积 指实际播种或移植有农作物的面积。凡是实际种植有农作物的面积，不论种植在耕地上还是种植在非耕地上，均包括在农作物播种面积中。在播种季节基本结束后，因遭灾而重新改种和补种的农作物面积，也包括在内。

有效灌溉面积 指具有一定的水源，地块比较平整、灌溉工程或设备已经配套，在一般年景下当年能够进行正常灌溉的耕地面积。

农用化肥施用量 指本年内实际用于农业生产的化肥数量。包括氮肥、磷肥、钾肥和复合肥。化肥施用量要求按折纯量计算数量。折纯法化肥施用量是把氮肥、磷肥和钾肥分别按含氮、含五氧化二磷、含氧化钾的百分之一百成份折算后的数量。复合肥按其所含主要成分折算。

农业机械总动力 指主要用于农、林、牧、渔业的各种动力机械的动力总和。包括耕作机械、排灌机械、收获机械、农用运输机械、植物保护机械、牧业机械、林业机械、渔业机械和其他农业机械[内燃机按引擎马力折成瓦（特）计算，电动机按功率折成瓦（特）计算]。不包括专门用于乡、镇、村、组办工业、基本建设、非农业运输、科学试验和教学等非农业生产方面用的动力机械与作业机械。

农林牧渔业劳动力 指直接参加农林牧渔业生产劳动的劳动力。

期初（末）畜禽存栏头（只）数 指本期期初（末）农村各种合作经济组织和国营农场、农民个人、机关、团体、学校、工矿企业、部队等单位以及城镇居民饲养的大牲畜、猪、羊、家禽等畜禽的存栏头（只）数。

谷物 指籽实主要供作粮食的作物。这类作物包括稻谷、小麦、玉米、谷子、高粱和其他谷物，不包括豆类和薯类作物。

工业 指从事自然资源的开采，对采掘品和农产品进行加工和再加工的物质生产部门。具体包括：(1) 对自然资源的开采，如采矿、晒盐、森林采伐等（但不包括禽兽捕猎和水产捕捞）；(2) 对农副产品的加工、再加工，如粮油加工、食品加工、轧花、缫丝、纺织、制革等；(3) 对采掘品的加工、再加工，如炼铁、炼钢、化工生产、石油加工、机器制造、木材加工等，以及电力、自来水、煤气的生产和供应等；(4) 对工业品的修理、翻新，如机器设备的修理、交通运输工具（包括小卧车）的修理等。

工业统计调查单位 工业统计调查单位分为两类：独立核算法人工业企业和工业活动单位。

(1) 独立核算法人工业企业 是指从事工业生产经营活动的单位。独立核算法人工业企业应同时具备以下条件：

①依法成立，有自己的名称、组织机构和场所，能够承担民事责任；②独立拥有和使用资产，承担负债，有权与其他单位签订合同；③独立核算盈亏，并能够编制资产负债表。

(2) 工业活动单位 是指在一个场所从事一种或主要从事一种工业生产活动的经济单位。它包括独立核算工业企业按主营业务活动（即工业生产活动）划分的主营业务活动单位和非工业企业所属的工业生产活动单位（即原非独立核算工业生产单位）。工业活动单位，一般应同时具备以下三个条件：①具有一个场所，从事一种或主要从事一种工业活动；②单独组织工业生产、经营或业务活动；③单独核算收入和支出。

规模以上工业企业 是指年产品销售收入 2000 万元及以上的工业企业。

轻工业 指主要提供生活消费品和制作手工工具的工业。按其所使用的原料不同，可分为两大类：(1) 以农产品为原料的轻工业，是指直接或间接以农产品为基本原料的轻工业。主要包括食品制造、饮料制造、烟草加工、纺织、缝纫、皮革和毛皮制作、造纸以及印刷等工业；(2) 以非农产品为原料的轻工业，是指以工业品为原料的轻工业。主要包括文教体育用品、化学药品制造、合成纤维制造、日用化学制品、日用玻璃制品、日用金属制品、手工工具制造、医疗器械制造、文化和办公用机械制造等工业。

重工业 是指为国民经济各部门提供物质技术基础的主要生产资料的工业。按其生产性质和产品用途，可以分为下列三类 (1) 采掘（伐）工业，是指对自然资源的开采，包括石油开采、煤炭开采、非金属矿开采和木材采伐等工业；(2) 原材料工业，指向国民经济各部门提供基本材料、动力和燃料的工业。包括金属冶炼及加工、炼焦及焦炭化学、化工原料、水泥、人造板以及电力、石油和煤炭加工等工业；(3) 加工工业，是指对工业原材料进行再加工制造的工业。包括装备国民经济各部门的机械设备制造工业、金属结构、水泥制品等工业，以及为农业提供的生产资料如化肥、农药等工业。

根据上述划分原则，修理业中以重工业产品为修理作业对象的划为重工业，反之划为轻工业。

工业总产值 是以货币表现的工业企业在一定时期内生产的已出售或可供出售的工业产品总量，它反映一定时期内工业生产的总规模和总水平。它包括：在本企业内不再进行加工，经检验、包装入库（规定不需包装的产品除外）的成品价值，对外加工费收入，自制半成品、在产品期末期初差额价值。工业总产值采用“工厂法”计算，即以工业企业作为一个整体，按企业工业生产活动的最终成果来计算，企业内部不允许重复计算，不能把企业内部各个车间（分厂）生产的成果相加。但在企业之间、行业之间、地区之间存在着重复计算。

轻重工业总产值的划分也是按“工厂法”计算的，即一个工业企业在正常情况下生产的主要产品的性质属于轻工业，则该企业的全部总产值作为轻工业总产值；一个工业企业生产的主要产品的性质属于重工业，则该企业的全部总产值作为重工业总产值。

工业经济效益综合指数 是衡量工业经济效益各方面在数量上总体水平的一种特殊相对数，是反映工业经济运行质量的综合指标。它是以每项指标的实际值分别除以该项指标的全国标准值，并乘以其权数，加总后再除以总权数而求得。计算公式

$$\text{工业经济效益综合指数}=\Sigma\left(\frac{\text{某项指标的报告期数值}}{\text{该指标全国标准值}}\times\text{该指标权数}\right)\div\text{总权数}$$

固定资产原值 指企业在建造、购置、安装、改建、扩建、技术改造某项固定资产时所支出的全部货币总额。它一般包括买价、包装费、运杂费和安装费等。

固定资产净值 是指固定资产原值减去历年已提折旧额后的净额。

流动资产 是指可以在一年或者超过一年的一个营业周期内变现或者耗用的资产，包括现金及各种存款、短期投资、应收及预付货款、存货等。

利税总额 指企业利润总额、产品销售税金及附加和应交增值税之和。

资金利税率 指在一定时期内已实现的利润、税金总额与同期的资产（固定资产净值和流动资产）之比。计算公式：

$$资金利税率(\%)=\frac{报告期累计实现利税总额}{固定资产净值平均余额+流动资产平均余额}\times 100\%$$

资金利税率反映每单位（通常是每万元）资金所提供的利润税金额。它是考察和评价部门或企业资金运用的经济效益，分析资金投入效果的主要指标。

工业成本费用利润率 指在一定时期内实现的利润与成本费用之比，是反映工业生产成本及费用投入的经济效益指标，同时也是反映降低成本的经济效益的指标。计算公式：

$$工业成本费用利润率(\%)=\frac{利润总额}{成本费用总额}\times 100\%$$

流动资产周转次数 指在一定时期内流动资产完成的周转次数，反映流动资产的周转速度。计算公式：

$$流动资产周转次数=\frac{产品销售收入}{全部流动资产平均余额}$$

产品销售率 指一定时期内销售产值与同期全部工业总产值之比，反映工业产品已实现销售的程度。
计算公式：

$$工业产品销售率(\%)=\frac{报告期现价工业销售产值}{报告期现价工业总产值}\times 100\%$$

产品销售收入 指企业销售产品的销售收入和提供劳务等主要经营业务取得的业务总额。

产品销售成本 指企业销售产品和提供劳务等主要经营业务的实际成本。

产品销售税金及附加 指企业销售产品和提供工业性劳务等主要经营业务应负担的城市维护建设税、消费税、资源税和教育费附加。

产品销售利润 指企业销售产品和提供工业性劳务等主要经营业务收入扣除其成本、费用、税金后的利润。

利润总额 指企业实现的利润。

应交增值税 指企业在报告期内应交纳的增值税额。

全员劳动生产率指根据产品的价值量指标计算的平均每一个职工在单位时间内的产品生产量。是考核企业经济活动的重要指标，是企业生产技术水平、经营管理水平、职工技术熟练程度和劳动积极性的综合表现。目前我国的全员劳动生产率是将工业企业的工业增加值除以同一时期全部从业人员的平均人数来计算的。计算公式：

$$全员劳动生产率 = \frac{工业增加值}{全部从业人员平均人数}$$

实收资本 指企业实际收到投资者投入企业的可作为长期周转使用的主要经营资本，包括国家资本、法人资本、集体资本、个人资本和外商及港澳台资本。

总资产 指企业拥有或控制的全部资产。包括流动资产、长期投资、固定资产、无形及递延资产、其他长期资产、递延税项等，即为企业资产负债表的资产总计项。

(1) 固定资产 指企业固定资产净值、固定资产清理、在建工程、待处理固定资产损失所占用的资金合计。

(2) 无形资产 指企业长期使用而没有实物形态的资产。包括专利权、非专利技术、商标权、著作权、土地使用权、商誉等。

总负债 指企业承担并需要偿还的全部债务。包括流动负债和长期负债、递延税项等，即为企业资产负债表的负债合计项。

(1) 流动负债 指企业在一年内或者超过一年的一个营业周期内需要偿还的债务合计，包括短期借款、应付及预收款项、应付工资、应交税金和应交利润等。

(2) 长期负债 指企业在一年以上或者超过一年的一个营业周期以上需要偿还的债务合计，包括长期借款、应付债务、长期应付款项等。

所有者权益 指企业投资人对企业净资产的所有权。企业净资产等于企业全部资产减去全部负债后的余额，包括投资者对企业的最初投入，以及资本公积金、盈余公积金和未分配利润，对股份制企业即为股东权益。

能源生产总量 指一定时期内全国（地区）一次能源生产量的总和，是观察全国（地区）能源生产水平、规模、构成和发展速度的总量指标。一次能源生产量包括原煤、原油、天然气、水电及其他动力能（如风能、地热能等）发电量。不包括低热值燃料生产量、生物质能、太阳能等的利用和由一次能源加工转换而成的二次能源产量。

能源消费总量 指一定时期内全国（地区）物质生产部门、非物质生产部门和生活消费的各种能源的总和，是观察能源消费水平、构成和增长速度的总量指标，能源消费总量包括原煤和原油及其制品、天然气、电力。不包括低热值燃料、生物质能和太阳能等的利用。能源消费总量分为三部分，即终端能源消费量、能源加工转换损失量和损失量。(1) 终端能源消费量指一定时期内全国（地区）物质生产部门、非物质生产部门和生活消费的各种能源在扣除了用于加工转换二次能源消费量和损失量以后的数量。(2) 能源加工转换损失量指一定时期内全国（地区）投入加工转换的各种能源数量之和与产出各种能源产品之和的差额。它是观察能源在加工转换过程中损失量变化的指标。(3) 能源损失量指一定时期内能源在输送、分配、储存过程中发生的损失和由客观原因造成的各种损失量。不包括各种气体能源放空、放散量。

能源生产弹性系数 是研究能源生产量的增长与国民经济增长之间关系的指标。计算公式：

能源生产弹性系数 = 能源生产总量年平均增长速度 / 国民经济年平均增长速度

国民经济年平均增长速度，一般采用国内生产总值指标来计算。

电力生产弹性系数 是研究电力生产量的增长与国民经济增长之间关系的指标。一般来说，电力的发展应当快于国民经济的发展，也就是说电力应超前发展。计算公式：

电力生产弹性系数 = 电力生产量年平均增长速度 / 国民经济年平均增长速度

能源消费弹性系数 是反映能源消费增长速度与国民经济增长速度之间比例关系的指标。计算公式：

能源消费弹性系数 = 能源消费量年平均增长速度 / 国民经济年平均增长速度

电力消费弹性系数 是反映电力消费增长速度与国民经济增长速度之间比例关系的指标。计算公式：

电力消费弹性系数 = 电力消费量年平均增长速度 / 国民经济年平均增长速度

能源加工转换效率 指一定时期内能源经过加工转换后，产出的各种能源产品的数量与同期内投入加工转换的各种能源数量的比率。它是观察能源加工转换装置和生产工艺先进与落后、管理水平高低等的重要指标。计算公式：

能源加工转换效率 = 加工转换产出量 / 加工转换投入量 × 100%

货（客）运量 指在一定时期内，各种运输工具实际运送的货物（旅客）数量。是反映运输业为国民经济和人民生活服务的数量指标，也是编制和检查运输生产计划，研究运输发展规模和速度的重要指标。货运按吨计算，客运按人计算。货物不论运输距离长短，货物类别，均按实际重量统计；旅客不论行程远近或票价多少，均按一人一次作为客运量统计。半价票、小孩票也按一人统计。

货物（旅客）周转量 指在一定时期内，由各种运输工具运送的货物（旅客）数量与其相应运输距离的乘积之总和，是反映运输业生产总成果的重要指标，也是编制和检查运输生产计划，计算运输效率、劳动生产率以及核算运输单位成本的主要基础资料。通常以吨公里和人公里为计算单位。计算货物周转量通常按发出站与到达站之间的最短距离，也就是计费距离计算。

港口货物吞吐量 指由水运进出港区范围，并经过装卸的货物数量，包括邮件及办理托运手续的行李、包裹以及补给运输船舶的燃、物料和淡水。其计量单位为吨。货物吞吐量的货种分类及其主要流向流量，反映了港口在国内外物资交流和对外贸易运输中的地位和作用。吞吐量可以分为进口、出口，又可以分为国内贸易和对外贸易。

邮电业务总量 指以货币表现的邮电部门用于传递信息和提供其他邮电服务的总数量。它综合反映了一定时期邮电工作的总成果，是研究邮电业务量构成和发展趋势的重要指标。根据邮电管理体制不同，分为中央国营业务总量和地方国营业务总量。它用各种邮电分类业务量，如函件件数、电报份数、长话次数、市内电话和农村电话的年均户数、订销报刊累计份数等，分别乘以相应的平均单价（不变价），加总后再加上出租电路和设备的收入、代用户维护电话交换机和线路等设备的收入、其他业务收入求得。

城市电话用户 指直辖市、省辖市、地级市、县级市的市区、市郊区及县城（包括县人民政府所在地的县城关区或行政建制相当于县人民政府所在地的镇）范围内接入局用交换机的电话用户数，包括分布在农村地区的独立工矿区、林区、驻军等接入局用交换机的电话用户数。

住宅电话用户 是指安装在居民住宅或农民家里并按照住宅电话用户登记注册和收费的电话用户。包括私人付费、单位付费和按规定免费安装的住宅电话用户。

移动电话用户 指在邮电部门登记，通过移动电话交换机进入移动电话网、占有移动电话号码的电话用户。用户数量以实际办理登记手续进入邮电部门移动电话网的户数进行计算，一部或一台移动电话统计为一户。

局用交换机容量 是指安装在本地电信运营商内用于接续本地固定电话的电话交换机容量，有倍增设备按倍增后的数量计数。包括现用和备用的人工或自动交换机的全部容量。

社会消费品零售总额 指各种经济类型的批发零售贸易业、餐饮业、制造业和其他行业对城乡居民和社会集团的消费品零售额和农民对非农业居民零售额的总和。这个指标反映通过各种商品流通渠道向居民和社会集团供应的生活消费品来满足他们生活需要的情况，是研究人民生活、社会消费品购买力、货币流通等问题的重要指标。包括售给城乡居民用于生产消费的商品（不包括住房）和售给机关、团体、部队、学校、企业、事业单位和城市街道居民委员会、农村村民委员会用公款购买的用作非生产、非经营使用的消费品。

批发零售贸易业商品购、销、存总额 指以各种经济类型的批发、零售贸易业（不包括个体）为总体的商品购进、销售、存库总额。

商品购进总额 指从本企业（单位）以外的单位和个人购进（包括从国外直接进口）作为转卖或加工后转卖的商品。这个指标反映批发零售贸易业从国内、国外市场上购进商品的总量。商品购进总额包括：（1）从工农业生产者购进的商品；（2）从出版社、报社的出版发行部门购进的图书、杂志和报纸；（3）从各种经济类型的批发零售贸易企业（单位）购进的商品；（4）从其他单位购进的商品，如从机关、团体、企业、单位购进的剩余物资，从餐饮业、服务业购进的商品，从海关、市场管理部门购进的缉私和没收的商品，向居民收购的废旧商品等；（5）从国（境）外直接进口的商品。不包括企业（单位）为自身经营用，和未通过买卖行为而收入的商品以及销售退回、商品升溢等。

商品销售总额 指对本企业（单位）以外的单位和个人出售［包括对国（境）外直接出口］的商品。这个指标反映批发零售贸易业在国内市场上销售商品以及出口商品的总量。商品销售总额包括：（1）售给城乡居民和社会集团消费用的商品；（2）售给工业、农业、建筑业、运输邮电业、批发零售贸易业、餐饮业、服务业等作为生产、经营使用的商品；（3）售给批发零售贸易业作为转卖或加工后转卖的商品；（4）对国（境）外直接出口的商品。不包括：出售本企业（单位）自用的废旧包装用品；未通过买卖行为付出的商品；经本单位介绍，由买卖双方直接结算，本单位只收取手续费的业务；购货退出的商品以及商品损耗和损失等。

商品交易市场 指有固定场所、设施，有若干经营者入场实行集中、公开交易各类实物商品的市场。

商品交易市场成交额 指商品交易市场内所有经营者所实现的商品销售金额。商品交易市场包括消费品市场和生产资料市场。

进出口总额 海关进出口总额指实际进出我国国境的货物总金额。包括对外贸易实际进出口货物，来料加工装配进出口货物，国家间、联合国及国际组织无偿援助物资和赠送品，华侨、港澳台同胞和外籍华人捐赠品，租赁期满归承租人所有的租赁货物，进料加工进出口货物，边境地方贸易及边境地区小额贸易进出口货物（边民互市贸易除外），中外合资企业、中外合作经营企业、外商独资经营企业进出口货物和公用物品，到、离岸价格在规定限额以上的进出口货样和广告品（无商业价值、无使用价值和免费提供出口的除外），从保税仓库提取在中国境内销售的进口货物，以及其他进出口货物。进出口总额用以观察一个国家在对外贸易方面的总规模。我国规定出口货物按离岸价格统计，进口货物按到岸价格统计。

商品经营单位所在地进、出口额　指所在地海关注册登记的有进出口经营权的企业实际进、出口额。

商品目的地进口额和商品货源地出口额　目的地进口额指进口货物的消费、使用或最终抵运地的实际进口额，货源地出口额是指出口货物的产地或原始发货地的实际出口额。

外商直接投资 指外国企业和经济组织或个人（包括华侨、港澳台胞以及我国在境外注册的企业）按我国有关政策、法规，用现汇、实物、技术等在我国境内开办外商独资企业、与我国境内的企业或经济组织共同举办中外合资经营企业、合作经营企业或合作开发资源的投资（包括外商投资收益的再投资）。2005 年外商直接投资为经过商务部确认数。

对外承包工程 指各对外承包公司以招标议标承包方式承揽的下列业务 :（1）承包国外工程建设项目，（2）承包我国对外经援项目，（3）承包我国驻外机构的工程建设项目，（4）承包我国境内利用外资进行建设的工程项目，（5）与外国承包公司合营或联合承包工程项目时我国公司分包部分，（6）对外承包兼营的房屋开发业务。对外承包工程的营业额是以货币表现的本期内完成的对外承包工程的工作量，包括以前年度签订的合同和本年度新签订的合同在报告期内完成的工作量。

对外劳务合作 指以收取工资的形式向业主或承包商提供技术和劳动服务的活动。我国对外承包公司在境外开办的合营企业，中国公司同时又提供劳务的，其劳务部分也纳入劳务合作统计。劳务合作营业额按报告期内向雇主提交的结算数（包括工资、加班费和奖金等）统计。

旅游者人数（1）入境国际旅游者人数 : 指来中国参观、访问、旅行、探亲、访友、休养、考察、参加会议和从事经济、科技、文化、教育、宗教等活动的外国人、华侨、港澳同胞和台湾同胞的人数。不包括外国在我国的常驻机构，如使领馆、通讯社、企业办事处的工作人员 ; 来我国常住的外国专家、留学生以及在岸逗留不过夜人员。

（2）出境居民人数 : 指大陆居民因公务活动或私人事务短期出境的人数。公务活动出境居民人数包括在国际交通工具上的中国服务员工，因私出境居民人数不包括在国际交通工具上的中国服务员工。

（3）国内旅游者人数 : 指我国大陆居民和在我国常住 1 年以上的外国人、华侨、港澳台同胞离开常住地在境内其他地方的旅游设施内至少停留一夜，最长不超过 6 个月的人数。

国际旅游（外汇）收入 指入境旅游的外国人、华侨、港澳同胞和台湾同胞在中国大陆旅游过程中发生的一切旅游支出，对于国家来说就是国际旅游（外汇）收入。

私营企业注册资本 指私营企业办理开业登记，或变更登记时核准的资金数，不包括银行贷款。

个体工商业户数 指已经领取《营业执照》或《临时营业执照》的个体工商户的数量。

个体工商业从业人员 指经过工商行政管理部门核准的、参加经营活动并领取报酬的所有人员，包括个体经营者本人、帮手、学徒等。

个体工商业注册资金 指申请登记或变更登记时核准的资金。

财政收入 国家财政参与社会产品分配所取得的收入，是实现国家职能的财力保证。财政收入所包括的内容几经变化，目前主要包括：

(1) 各项税收 包括增值税、营业税、消费税、土地增值税、城市维护建设税、资源税、城市土地使用税、印花税、固定资产投资方向调节税、个人所得税、企业所得税、关税、农牧业税和耕地占用税等。

(2) 专项收入 包括征收排污费、征收城市水资源费收入、教育费附加收入等。

(3) 其他收入 包括基本建设贷款归还收入、国家能源交通重点建设基金收入、国家预算调节基金等。

(4) 国有企业计划亏损补贴 这项为负收入、冲减财政收入。

财政支出 国家财政将筹集起来的资金进行分配使用，以满足经济建设和各项事业的需要，主要包括：

(1) 基本建设支出；(2) 企业挖潜改造资金；(3) 地质勘探费用；(4) 科技三项费用；(5) 支援农村生产支出；(6) 农林水利气象等部门的事业费用；(7) 工业交通商业等部门的事业费；(8) 文教科学卫生事业费；(9) 抚恤和社会福利救济费国家预算用于抚恤和社会福利救济事业的经费；(10) 国防支出；(11) 行政管理费；(12) 价格补贴支出等。

中央财政收入和地方财政收入 按财政体制划分的中央本级收入和地方本级收入，1994 年分税制财政体制以后，属于中央财政的收入包括关税、海关代征消费税和增值税、中央企业所得税、地方银行和外资银行及非银行金融企业所得税，铁道、银行总行、保险总公司等集中缴纳的营业税、所得税、利润和城市维护建设税，增值税的 75% 部分，海洋石油资源税和证券（印花）税 88% 部分。属于地方财政的收入包括营业税，地方企业所得税、个人所得税、城镇土地使用税、固定资产投资方向调节税、城镇维护建设税、房产税、车船使用税、印花税、屠宰税、农牧业税、农业特产税、耕地占用税、契税，增值税 25% 部分，证券交易税（印花税）的 12% 部分和除海洋石油资源税以外的其他资源税。

存款 企业、机关、团体或居民根据可以收回的原则，把货币资金存入银行或其他信用机构保管并取得一定利息的一种信用活动形式。根据存款对象的不同可划分为企业存款、财政存款、机关团体存款、基本建设存款、城镇储蓄存款、农村存款等科目，它是银行信贷资金的主要来源。

城乡储蓄存款余额 城乡储蓄存款，包括城镇居民储蓄存款和农民个人储蓄存款两部分，不包括居民的手存现金和工矿企业、部队、机关团体等集团存款。储蓄存款余额，是指城乡居民存人银行及农村信用社储蓄的时点数（存入数扣除取出数的余额），如月末、季末或年末数额。

贷款 银行或其他信用机构根据必须归还的原则，按一定利率，为企业、个人等提供资金的一种信用活动形式。我国银行贷款分为流动资金贷款、固定资产贷款、城乡个体工商户贷款以及农业贷款等科目。

承保额 又叫保险金额。它是保险人员对被保险人负提损失补偿或约定给付的金额，它是保险合同上的最高责任额，也是计算保费的依据。

保费 又叫保险费。是保险人根据保险合同的有关规定，为被保险人取得因约定危险事故发生所造成的经济损失补偿（或给付）权利，付给保险人的代价。包括财产险和人身险储金收入。

赔款 保险事故发生后，经查证确属保险责任范围以内的保险标的损失，保险人根据保险合同的规定履行赔偿义务，给予被保险人的款项叫做赔款。赔款可分为已决赔款和未决赔款两种。

独立研究与开发机构 指有明确的任务和研究方向，有一定学术水平的业务骨干和一定数量的研究人员，具有研究、开发、开展学术工作的基本条件，主要进行科学研究与技术开发活动，并且在行政上有独立的组织形式、财务上独立核算盈亏，有权与其他单位签订合同，在银行有单独户头的单位。包括国务院各部门、中国科学院、中国社会科学院和各省、自治区、直辖市以及地（市）以上［含地（市）］各部门所属的国有独立的科学研究与技术开发机构。

独立研究与开发机构职工 指在科学研究与技术开发机构工作，并由其支付工资的各种人员。包括长期职工和临时职工，不包括编制以外的离休、退休人员和停薪留职人员，但包括招聘人员。

研究与发展经费支出 指报告期内用于研究与实验发展课题活动（基础研究、应用研究、实验发展）的全部实际支出。包括用于研究与发展课题活动的直接支出，还包括间接用于研究与发展活动的一切支出（院、所管理费，维持院、所正常运转的必需费用和与研究发展有关的基本建设支出）。

科学家和工程师 指具有大学本科及以上学历的和不具备上述学历但有高、中级职称的人员。

其他科技人员 指大专、中专毕业和具有初级职称的从事科技活动人员。

专业技术人员 指已取得科学技术职称，或大学、中专的理、工、农、医科系毕业，以及国民经济各部门从工作实践中提拔，从事理、工、农、医等自然科学技术的研究、教学、生产的专业人员和在机关、企业、事业中从事科学技术业务管理工作的专业人员。

工程技术人员 指在国民经济各行业从事工程技术工作的自然科学技术专业人员，包括：高级工程师、工程师、助理工程师、技术员和未评定职称的技术人员。

农业技术人员 指在国民经济各行业从事农业技术工作的自然科学技术专业人员，包括：高级农艺师、农艺师、助理农艺师、技术员和未评定职称的技术人员。

卫生技术人员 指在国民经济各行业从事卫生医务工作的自然科学技术专业人员，包括:正副主任医师、主治医师、医师、医（护）士和未评定职称的技术人员。

科学研究人员 指在国民经济各行业从事科学技术活动的自然科学技术专业人员，包括：正副研究员、助理研究员、研究实习员、技术员和未评定职称的技术人员。

自然科学教学人员 指在国民经济各行业从事自然科学技术方面教学活动的专业人员，包括：正副教授、讲师、助教、教师和在中学从事自然科学技术方面教学活动的人员。

发明 专利法及其实施细则所称的发明，指对有关产品、方法或其改进所提出的新的技术方案。

实用新型 指专利法及其实施细则所称的实用新型,指对产品的形状、构造或者其结构所提出的适于实用的新的技术方案。

普通高等学校 指按照国家规定的设置标准和审批程序批准举办，通过国家统一招生考试，招收高中毕业生为主要培养对象，实施高等学历教育的全日制大学、独立设置的学院和高等专科学校、高等职业学校和其他机构。

成人高等学校 指按照国家规定的设置标准和审批程序举办的，通过全国成人高等教育统一招生考试，招收具有高中毕业或同等学历的人员为主要培养对象，利用脱产、业余或函授等多种形式对其实施高等学历教育的学校。包括广播电视大学、职工高等学校、农民高等学校、管理干部学院、教育学院、独立函授学院、其他机构。

文化事业机构 指从事专业文化工作和为专业文化工作服务的独立建制的单独核算的单位。不包括这些单位另外举办独立核算的其他机构和各部门的业余文化组织。

艺术表演团体 指从事戏曲、音乐、舞蹈、杂技等专业艺术表演，有独立帐户，实行单独核算的团体。不包括半工半艺、半农半艺和民间职业剧团。

电影放映单位 指具有放映机器设备、固定或不固定的放映场所与专职与兼职的放映技术人员，经有关部门登记批准，经常为一定的观众对象放映电影的机构。包括批准对外开放进行营业，并与电影发行放映管理机构分帐的专用放映单位和军委系统租片单位。

艺术表演观众人数（人次） 指售票、包场演出或民族地区免费演出的艺术表演观众人次数。不包括彩排审查和内部观摩演出的观看人次数。

卫生机构 指从卫生行政部门取得《医疗机构执业许可证》，或从民政、工商行政、机构编制管理部门取得法人单位登记证书，为社会提供医疗保障、疾病控制、卫生监督服务或从事医学科研和教育等工作的单位。

卫生技术人员 指卫生事业机构支付工资的全部职工中现任职务为卫生技术工作的专业人员，包括执业医师、执业助理医师、注册护士、药剂人员、检验人员和其他卫生技术人员。

执业（助理）医师和注册护士 指领取医师执业证书和注册护士证书的人员。

等级运动员人数 指经考核正式批准授予等级运动员称号的人数。运动员等级分为国际级运动健将、运动健将、一级运动员、二级运动员、三级运动员、少年级运动员。

等级裁判员人数 指经考核正式批准授予等级裁判员称号的人数。裁判员等级分为国际裁判、国家级裁判、一级裁判、二级裁判、三级裁判。

社会福利企业单位 指以安置城镇有一定劳动能力的盲、聋、哑和肢体残疾人员就业为目的，享受国家减免税待遇的国有或集体经济性质的企业。包括福利工厂、福利商品服务业、假肢厂和安置农场等单位。

律师 指受聘参加法律顾问处工作，担任法律顾问、刑(民)事代理人、刑事辩护人，办理非诉讼事件、解答法律询问，代写法律事务文书等主要从事律师业务的专职法律工作者和兼职律师。

公证人员 指在国家公证机关依法办理公证事务的司法人员。包括公证员、助理公证员和在公证处工作的其他人员。

办理公证文书 指公证处在一定时期内办结的公证文书件数。公证文书应按司法部规定或批准的格式制作。包括国内公证和涉外公证两部分。其中国内公证分为经济合同公证和民事法律关系公证两大类。

调解人员 指在人民调解委员会担负调解民间一般民事纠纷和轻微违法行为所引起的纠纷的工作人员。包括调解委员会的委员和调解小组的调解员。

调解民间纠纷 指调解委员会依照法律规定，根据自愿原则，用说服教育的方法调解民间发生的有关民事权利和义务的争执，促成当事双方达到协议和谅解，解决纠纷. 包括婚姻家庭纠纷，财产权益纠纷等。不包括法院受理的纠纷案。

中国统计出版社最新图书简目

（仅供参考，以最后出书为准）

统计资料

中国统计年鉴-2013
2013中国发展报告
中国劳动统计年鉴-2013
中国建筑业统计年鉴-2013
中国商品交易市场统计年鉴-2013
中国民政统计年鉴-2013
中国科技统计年鉴-2013
中国高技术产业统计年鉴-2013
全国农产品成本收益资料汇编-2013
大中型批发零售和住宿餐饮企业统计年鉴-2013
第二次全国R&D资源清查资料汇编－工业企业卷
第二次全国R&D资源清查资料汇编－综合卷
中国统计摘要-2013
中国第三产业统计年鉴-2013
中国社会统计年鉴-2013
中国人口和就业统计年鉴-2013
中国房地产统计年鉴-2013
中国贸易外经统计年鉴-2013
中国农村统计年鉴-2013
中国教育经费统计年鉴-2013
中国科学技术协会统计年鉴-2013
中国住户调查年鉴-2013
中国县域统计年鉴-2013
中国人才资源统计报告-2011
中国民族统计年鉴-2013
国际统计年鉴-2013
中国区域经济统计年鉴-2013
中国城市统计年鉴-2013
中国工业经济统计年鉴-2013
中国能源统计年鉴-2013
2013中国地区经济监测报告
中国农产品价格调查年鉴-2013
中国农村贫困监测报告-2013
工业企业科技活动资料-2013
中国价格统计年鉴-2013
中国农村全面建设小康监测报告-2013
中国零售和餐饮连锁企业统计年鉴-2013
2010年中国第六次人口普查公报

2013年省级综合统计年鉴系列

北京　天津　河北　山西　内蒙古
河南　湖北　湖南　广东　广西
辽宁　吉林　黑龙江　上海　江苏
海南　重庆　四川　贵州　云南
浙江　安徽　福建　江西　山东
西藏　陕西　甘肃　青海　宁夏
新疆　新疆生产建设兵团

2013年市（县）级综合统计年鉴系列

天津滨海新区
运城　忻州　临汾　呼和浩特　包头
上海浦东新区　南京　苏州　无锡
杭州　宁波　绍兴　台州　温州
厦门经济特区　宁德　南昌　上饶
十堰　荆州　咸宁　长沙　广州
石家庄　唐山　邯郸　太原　大同
通辽　沈阳　大连　长春　吉林市
常州　徐州　南通　盐城　镇江
金华　嘉兴　衢州　舟山
济南　青岛　潍坊　郑州
东莞　惠州　深圳　桂林　南宁
贵阳　昆明　庆阳　西安
长治　阳泉　晋城　朔州　晋中
四平　哈尔滨　黑龙江垦区
宿迁　泰州　连云港　江阴　丹阳
福州　福州经济技术开发区
洛阳　三门峡　南阳　武汉　宜昌
柳州　来宾　河池　海口　成都　绵阳
兰州　银川　乌鲁木齐

2010年人口普查资料系列

中国2010年人口普查资料
浙江　安徽　福建　江西　山东
西藏　陕西　甘肃　青海　宁夏
中国分县2010年人口普查资料
北京　天津　河北　山西　内蒙古
河南　湖北　湖南　广东　广西
新疆　新疆生产建设兵团
中国分乡镇、街道2010年人口普查资料
辽宁　吉林　黑龙江　上海　江苏
海南　重庆　四川　贵州　云南
河南省各市2010年人口普查资料丛书
中国分民族2010年人口普查资料

“十一五”规划教材

统计学（“十二五”规划，黄良文）
统计学（“十二五”规划，单微）
统计学：从数据到结论（十二五规划，吴喜之）
非参数统计　（吴喜之）
多元统计分析　（任雪松）
经济计量学教程　（贺　铿）
社会统计学　（蒋　萍）
国民经济核算教程（杨　灿）
抽样调查理论与实践（“十二五”规划，冯士雍）
试验设计（“十二五”规划，茆诗松）
贝叶斯统计（“十二五”规划，茆诗松）
概率论与数理统计（茆诗松）
应用时间序列分析（王振龙）
质量管理统计方法（茆诗松）
市场调查与预测　（蒋志华）
概率论与数理统计（经济、管理类专业使用，朱胜）
医学统计学　（陆守曾）
现代金融投资统计分析（李腊生）
统计指数理论及应用　（徐国祥）
统计实验系列教材　（许涤龙）
统计学原理（非统计专业用，朱胜）

重点图书

挑大学选专业2013－高考志愿填报指南　挑大学选专业2013－考研择校指南